Ilse Kokula   Formen lesbischer Subkultur

ISBN 3-921 495-53-9
Alle Rechte vorbehalten
© Verlag rosa Winkel GmbH 1983

Umschlag: Claus Pfitzner, Hamburg
Gesamtherstellung: Jürgen Kleindienst, Berlin

Ich danke
meiner Freundin

Sigrid Herrmann,

ohne sie wäre diese Arbeit
weder begonnen noch
beendet worden.

Inhalt

Editorial

So wie homosexuelle Frauen und Männer seit je Randgruppen waren, blieb Homosexualität ein Randthema in den Wissenschaften, gleich anderen Exotica und Pathologica von Psychiatrie und Kriminologie verwaltet. Das sozialwissenschaftliche Interesse am Zustandekommen gesellschaftlicher Ordnung rückt nun auch die Phänomene in den Blick, die sich nicht den herrschenden Normalitäten fügen. ‚Abweichendes Verhalten' und die es im Zaume haltende ‚Soziale Kontrolle' bezeichnen einen breiten und beständigen Forschungsstrom innerhalb der Soziologie, die hierbei mit den klassischen Disziplinen in den Clinch gerät. Jedoch ging auch diese Forschung an den sexuellen Randgruppen vorbei, insofern Sexualität in den Sozialwissenschaften nach wie vor ignoriert wird.

Erst die vor zehn Jahren wieder einsetzende Selbstorganisation der Homosexuellen brachte eine Wende. Schon zu Beginn des Jahrhunderts hatte die erste Homosexuellenbewegung nichtrepressive Forschungen angeregt. Auch jetzt bedurfte es des Hervortretens aus der Isolierung, um seriöse, d. h. nicht ausschließlich sich als Service für Kontrollinstanzen verstehende Studien in Gang zu bringen. Auf der Suche nach einer kollektiven Identität waren die von der Schulwissenschaft angebotenen Theorien zur Homosexualität gewogen und als unbrauchbar befunden worden. Was hier den Lesben und Schwulen als Selbstbild angesonnen wurde, stimmte mit den eigenen Erfahrungen nicht überein und war von den Prämissen her auch gar nicht dafür entworfen, eine positive sozio-sexuelle Existenz zu untermauern. In ihren akademischen Zirkeln und den oft studentisch bestimmten Emanzipationsgruppen diskutierten die Betroffenen die Unzulänglichkeit des vorhandenen Wissens und die Notwendigkeit, neues Wissen zu schaffen, wenn sie überleben wollten. Seit Mitte der siebziger Jahre entstehen an den Hochschulen zahlreiche kleinere Untersuchungen, oft für Examenszwecke, worin Aspekte unserer Lebensweise abgehandelt werden, an denen die ‚große' Sozialwissenschaft hochmütig vorübergeht.

Diese Buchreihe will die Ergebnisse der immer wieder erstaunlich aufwendigen Projekte Einzelner oder kleiner Gruppen sammeln. Zwar gelangen solche Studien gelegentlich auch in die Programme der großen Verlage, jedoch eher zufällig und äußerst unvollständig. Erst ein Verlag, der aus der Homosexuellenbewegung heraus entstanden ist, kann hier mit Standards zu Werke gehen, die nicht auf Willkür oder Voyeurismus beruhen. Die Reihe soll allen Arbeiten offenstehen, die sich im weiten Zirkel der Sozialwissenschaften bewegen und etwas Neues zur Situation der Homosexuellen zu sagen haben — sei es nun sozialhistorisch, politologisch, soziologisch, sozialpsychologisch oder kulturanthropologisch.

Männliche und weibliche Homosexualität werden hier nicht in einen Topf geworfen, aber auch nicht als etwas gänzlich Verschiedenes gesehen. Sie teilen manche Züge ihrer sozialen Organisation — beispielsweise von den Phasen des Coming-out über einige Institutionen ihrer Subkulturen bis hin zu den Stigmatisierungsprozessen der Umwelt. Sie teilen auch den engen Bezug zur Polarisierung der Geschlechterrollen und zur Dominanz der Männer über die Frauen. Schwule und lesbische Sexualitäten trennen sich hingegen in den individuellen Entstehungsgeschichten, in den persönlichen Verarbeitungsweisen und in den Lebensformen; insbesondere die innige Verklammerung der Lesben mit der Situation der Frau schlechthin und mit der Frauenbewegung ist für schwule Männer einstweilen oder überhaupt nicht nachvollziehbar.

Längst vorbei sind die Zeiten, als mit kurzem Hingriff „die Homosexualität" abgehandelt werden konnte, wie es einzelne Autoren noch manchmal versuchen und wie viele ‚Experten' verfahren, wenn sie — als Lehrer, Jugendleiter, Therapeuten, Pfarrer, Politiker, Verwalter usw. mit Homosexuellen befaßt — sich informieren zu können glauben. Vielmehr ist hier ein differenziertes Wissensgebiet entstanden, dessen zahlreiche Fragestellungen viele Disziplinen beschäftigen (müssen). Eine Soziologie der Homosexualität beispielsweise hätte sich mit den folgenden, hier nicht einmal vollständig zu benennenden Themen zu befassen:

— soziale Konstellationen der individuellen Ätiologie und des kollektiven Auftretens von homosexuellem Verhalten; Coming-out und Going-public;
— Lebensbedingungen homosexueller Frauen und Männer; Stigmamanagement und Formen der Anpassung;
— die Sexualitäten der Homosexuellen; Institutionen der homosexuellen Subkulturen; homosexuelle Partnerschaften und alternative Lebensformen;
— Emanzipationsgruppen; Lesben- und Schwulenbewegung; das Verhältnis zwischen Frauenbewegung und Lesben/Schwulen;
— gesellschaftliche Diskriminierungsfelder; Stereotype und Vorurteile; sexuelle Liberalisierung und Entstigmatisierung der Homosexualitäten;
— Homosexualität als Thema der Wissenschaften, insbesondere der Medizin, Psychiatrie und Psychoanalyse;
— Selbststigmatisierung und Identitätsbildung; inhärenter Neurotizismus (‚Entwicklungsstörung') oder/und sekundäre Devianz (‚Etikettierung');
— Geschlechterrollen und Homosexuelle; Patriarchat und Antihomosexualität;
— die Homosexuellenfrage in den politischen Parteien und in der Arbeiterbewegung; Nationalsozialismus und Homosexuellenverfolgung;
— Homosexualität als soziales Motiv in Literatur und Kunst; Ästhetisierungen der Homosexualität.

Nötig sind nicht nur deskriptive Untersuchungen zu Geschichte und Gegenwart aller genannten Dimensionen, sondern auch und erst recht die erklärende Verknüpfung mit den jeweils wirksamen Mechanismen auf gesamtgesellschaftlicher, institutioneller und interaktioneller Theorie-Ebene. Erst im Zusammenhang solcher Forschungen werden sich die historischen, politischen, ökonomischen und kulturellen Kontexte homosexueller Existenz herausschälen.

Universität Bremen   Rüdiger Lautmann
August 1980

Einleitung

Die Anfänge der meisten sozialen Bewegungen sind undeutlich und fallen wenig auf. Die bemerkenswerten Elemente ihrer Herkunft sind eher verschwommen oder bereits vergessen, wenn professionelle Beobachter versuchen, sie zu erforschen. Rückblickende Analysen sind schwierig. Untersuchungen und Analysen müssen angestellt werden, solange die Daten noch erreichbar sind und in Erinnerung gerufen werden können. Gerade in den Anfängen einer sozialen Bewegung haben die Beteiligten alles andere im Sinn, als ihre Ideen und Taten festzuhalten, über sie zu reflektieren und diese Reflexionen auch noch niederzuschreiben. Die ersten Kontakte der Beteiligten untereinander sind häufig — wenn nicht sogar fast immer — zufällig, eine Zielgerichtetheit entwickelt sich erst später im Prozeß der Konstituierung der sozialen Bewegung. Die Motivationen und Anlässe, Kontakte aufzunehmen, sich Gruppen anzuschließen oder Gruppen zu gründen, sind vielfältig. Krisen, die häufig der Beginn einer sozialen Bewegung sind, produzieren in der Rückschau Erinnerungslücken oder Überbetonungen. So hat es seine Vorteile, wenn der Beginn einer sozialen Bewegung von Beteiligten dokumentiert und analysiert wird. Und dies vor allem, wenn es in der Hoffnung geschieht, daß sich aus den Anfängen auch etwas weiterentwickelt.

Die teilnehmende Beobachtung einer sozialen Bewegung, wobei der Schwerpunkt zudem noch auf der Teilnahme liegt, hat natürlich auch ihre Nachteile; die große Nähe zu den anderen Beteiligten und zu den Ereignissen schafft Verzerrungen und Überbetonungen, die sich aus der Beteiligung, Betroffenheit und subjektiven Verarbeitung ergeben.

Diese Arbeit über den Prozeß des Sichtbarwerdens lesbischer Frauen, über die Voraussetzungen und Konsequenzen lesbischen Zusammenschlusses sowie über die Selbsthilfe und Selbstorganisation lesbischer Frauen entstand auf der Grundlage einer zehnjährigen Mitarbeit in Gruppen lesbischer Frauen, in die Phasen wissenschaftlicher Aufarbeitung und Analyse eingebettet waren. Wir wissen von Herbert Blumer[1], daß soziale Bewegungen aufgebaut werden müssen. Sie entstehen nicht urwüchsig von selbst und können auch nicht ausschließlich in Begriffen psychologischer Dispositionen oder Motivationen von Teilnehmern erklärt werden. Soziale Bewegungen können aber auch nicht ausschließlich aus der Diffusion gesellschaftlicher Ideologien abgeleitet werden. Soziale Bewegungen — wie die Emanzipationsbemühungen lesbischer Frauen — werden in mühevollen Arbeitsschritten aufgebaut. So verstehe ich sowohl meine praktische Arbeit als auch diese vorliegende wissenschaftliche Arbeit als Beiträge zum Aufbau einer sozialen Bewegung lesbischer Frauen, deren Ziel es ist, der gesellschaftlichen Stigmatisierung und Benachteiligung entgegenzuwirken. Daß sich praktische Tätigkeit und wissenschaftliche Arbeit nicht ausschließen müssen — so sehr dies auch dem gegenwärtigen Verständnis von Wissenschaft entgegengesetzt ist —, zeigen die Arbeiten der Politologin Jo Freeman[2] über die US-amerikanische Frauenbewegung. Jo Freeman war ‚von Anfang an‘, das heißt schon in den sechziger Jahren, an Gruppengründungen beteiligt, und ihre Untersuchungen gehören wohl zu den besten über die US-amerikanische

Frauenbewegung, deren Ursprünge, Ziele, Auswirkungen, Aktionen und Schwierigkeiten. In dieser Tradition der praktisch-beteiligten, parteilichen, aber auch kritischen Forschung möchte ich meine Arbeit verstanden wissen.

In meiner empirischen Arbeit habe ich die Bedingungen für den Zusammenschluß lesbischer Frauen, ihr Gesellungsverhalten und dessen Auswirkungen auf ihre Lebenssituation anhand dreier Bereiche untersucht: In der Geschichte erforschte ich das Entstehen der sozialen Kategorie ‚lesbische Frauen'. Der Schwerpunkt liegt dabei um die Jahrhundertwende. Hier interessierte vor allem das Verhältnis der ersten deutschen Frauenbewegung und der Emanzipationsgruppen homosexueller Männer zu den lesbischen Frauen. Diese Arbeit ist unter dem Titel „Weibliche Homosexualität um 1900 in zeitgenössischen Dokumenten"[3] erschienen. In einer zweiten Studie eruierte ich die Lebensbedingungen lesbischer Frauen in ländlichen Gebieten am Beispiel Schleswig-Holsteins. Hier wurden die Isolation und die daraus resultierende Einsamkeit, die Quasi-Gesellungsformen und die Ansätze eines Kommunikations- und Kontaktnetzes erforscht. Diese Untersuchung erscheint demnächst.

Im hier veröffentlichten Teil befasse ich mich mit den Gesellungsformen lesbischer Frauen in einer Großstadt. Im Blickpunkt meines Interesses stehen hier die Frauenlokale als Kommunikationsorte lesbischer Frauen, denn sie haben einen wesentlichen Beitrag zum Aufbau eines Kontaktnetzes zwischen lesbischen Frauen und zu ihrem gesellschaftlichen Sichtbarwerden geleistet. Da mir nicht möglich war, alle Emanzipationsgruppen in einer Großstadt wie Berlin-West zu erfassen, beschränke ich mich auf die Darstellung der beiden bekanntesten Gruppen, des „Lesbischen Aktionszentrums" und der „Gruppe L '74".

Die Studien stellen drei aufeinanderfolgende Zeitabschnitte dar: erstens das Auftauchen lesbischer Existenz in der neueren Geschichte, zweitens die Situation lesbischer Frauen, die zwar schon über eine Identität als Lesbierin verfügen, aber nur ein rudimentär ausgeprägtes Kontakt- und Kommunikationsnetz untereinander haben, und drittens die entwickelte und differenzierte Lebensform lesbischer Frauen in einer Großstadt. Der Begriff ‚Subkultur' wird hier *nicht* in der speziellen Bedeutung verwendet, wie ihn lesbische Frauen für die Damenbars benutzen (oft in der Kurzform ‚Sub'), sondern entsprechend der Definitionstradition der amerikanischen Sozialanthropologie. Er bezeichnet ein Gesamtgebilde aus erlerntem Verhalten und Verhaltensresultaten (Objektivationen von Lokalitäten, Zeichensystemen, Kunstgegenständen, Aufklebern und Plakaten usw.), dessen Elemente von den Mitgliedern einer Bevölkerungsgruppe geteilt und übermittelt werden[4].

Im vergangenen Jahrhundert und davor besaß weibliche Homosexualität noch kein eigenes Profil. Lesbische Frauen wurden mit (weiblichen) Transvestiten und Transsexuellen gesellschaftlich als eine Kategorie weiblicher Menschen behandelt, die den sich damals etablierenden Vorstellungen von ‚Weiblichkeit' nicht entsprachen. Auch die um die Jahrhundertwende auftauchenden Begriffe, um lesbische Frauen zu bezeichnen, lassen sich nicht gänzlich klären, da sie willkürlichen Definitionen derjenigen entsprachen, die sich mit dem Thema befaßten. Tribade, Sapphistin, Urninde, homogene Frau, homosexuale Frau, konträrsexuelle Frau sind solche Bezeichnungen.

Die Primärgruppen sind nur begrenzt relevant für lesbische Frauen. Eine lesbische Frau muß sich aus ihrem Familienverband — sei es die Herkunftsfamilie oder die Ehe, die sie eingegangen ist — lösen, um als Lesbierin zu leben. Sie ist dann vereinzelt und isoliert. Der erste Schritt aus der Isolation ist der Beitritt zu einer Gruppe lesbischer Frauen, genauer gesagt, der Beitritt zu einer informellen Gruppe oder, dem eigenen Sprachgebrauch folgend, der Beitritt zu einer ‚Clique'. Über diese informellen Gruppen konstituiert sich auch die lesbische Subkultur der Emanzipationsgruppen. In diesen Cliquen wird die Sicherheit erworben, als lesbische Frau gegen die gesellschaftlichen Konventionen zu leben.

„Die Gruppe, der ein Einzelner angehört, ist der Boden, auf dem er steht, der ihm einen sozialen Rang gibt oder versagt, ihm Sicherheit und Hilfe gibt oder versagt. Die Festigkeit oder die Unsicherheit dieses Bodens mag nicht mit dem Bewußtsein bemerkt werden, genau so wie die Festigkeit des physischen Bodens, auf den wir treten, nicht immer beachtet wird.[5]"

Diese Feststellung von Kurt Lewin, die er in bezug auf die diskriminierte Minderheit der Juden machte, trifft auch auf die stigmatisierte und diskriminierte Minderheit lesbischer Frauen zu. Durch Normen und Konformitätsdruck schafft die Gruppe die soziale Identität des Individuums. Die Identität der Gruppe ist eine Abgrenzung nach außen, eine abweichende Identität wird durch sie erst möglich, auch wenn das Bewußtsein der Differenz bestehen bleibt. Diese neue Identität als lesbische Frau ist ein Ergebnis von Kommunikation.

„Treten zwei oder mehrere Individuen über einen gewissen Zeitraum hinweg miteinander in engeren Kontakt, so resultieren daraus eine wechselseitige Angleichung der individuellen Perspektiven, eine verstärkte Ähnlichkeit in kognitiver, emotionaler und verhaltensmäßiger Hinsicht, verbunden mit einem Bewußtwerden dieser Kongruenz. Den Inhalt solcher interindividuellen Überschneidungen von Bezugssystemen und Betrachtungsweisen, von Annahmen, Werten, Gefühlen und Verhaltensnormen, können wir die gemeinsame Kultur einer Gruppe nennen.[6]"

Lesbische Frauen erleben häufig ihre neuen Zugehörigkeitsgruppen als Heimat und Familienersatz. Die gesellschaftliche Situation der lesbischen Frauen ist von einer extremen Isolation und Unsichtbarkeit gekennzeichnet. Lesbierinnen haben hier ein Merkmal mit allen Frauen gemeinsam. Geschichtlich gebunden an ihre Familie und isoliert von ihren Geschlechtsgenossinnen sind Frauen wahrscheinlich die am wenigsten organisierte soziale Kategorie in der westlichen Industriegesellschaft.

Nur eine geringe Zahl der lesbischen Frauen hat überhaupt Zugang zu den Gesellungsformen der Bar und der Emanzipationsgruppe. Die große Mehrheit lebt einsam ohne Bekannte oder als lesbische Frauen isoliert in einem heterosexuellen Bekannten-, Freundes- oder Kollegenkreis[7]. Viele Frauen schaffen nicht einmal den Sprung in Cliquen. In der meines Wissens ersten größeren empirischen Untersuchung der Nachkriegszeit über die Lebenssituation und die Gesellungsformen lesbischer Frauen in der westlichen Hemisphäre stellt der heute prominente Soziologe Sagarin unter dem Pseudonym Donald Webster Cory 1965 fest, daß lesbische Paare selten in Bars anzutreffen sind, sie besuchen auch weniger Parties homosexueller Frauen und Männer und leben zurückgezogen in ihren Wohnungen[8]. Die eigentlich interessante Fragestellung ist deshalb auch nicht, weshalb lesbische Frauen Orte aufsuchen, an denen sie andere Frauen treffen und deren Kontakte sie suchen können. Zu klären ist vielmehr, warum sie das nicht häufiger tun, auch in Situationen, in denen sie die Möglichkeit dazu hätten. Da diese Frauen jedoch nicht befragt werden können, gibt es nur Vermutungen. Diese stammen von Frauen, die den Schritt aus der Isolation getan haben und sich nun wundern, warum andere ihnen nicht folgen. Die Vermutungen entzünden sich vor allem am Vorhandensein der Bars, die auch in den vergangenen Jahrzehnten die Existenz lesbischer Frauen signalisierten, als es noch keine Emanzipationsgruppen gab. Als Gründe, weshalb sie die Orte nicht aufsuchen, an denen sie andere treffen können, kommen in Betracht:

Die Teilnahme an der Öffentlichkeit und der Besuch von öffentlichen Plätzen ist Männern vorbehalten. Frauen können Männer, vor allem Ehemänner, nur begleiten. Die ‚Kneipenkultur' in Europa und in den USA ist eine Männerkultur, in der Frauen nur als Begleiterinnen geduldet werden[9]. Der Besuch von Bars und Kneipen durch Frauen ohne Männerbegleitung ist in unserer westlichen Kultur die Ausnahme; wenn Frauen in Bars und Kneipen gehen, wird ihnen unterstellt, sie seien auf der Suche nach einem sexuellen Partner (und sie werden dementsprechend behandelt). Meine Beobachtungen lassen den Schluß zu, daß auch lesbische Frauen diese Deutung übernommen haben und auch mit dem Besuch einer Frauenbar sexuelle Motive verknüpfen.

— Die lesbische Frau ist typischerweise eine Berufsfrau. Dies legt nahe, daß sie gerade im Rahmen ihres Privatlebens ihre Weiblichkeit kultiviert. Zum Klischee von Weiblichkeit gehört nicht der Besuch von Kneipen und Bars, es sei denn, die Frau hat aus beruflichen Gründen dort zu tun.

— Von einem Besuch der Frauenlokale hält ferner die Scheu ab, dort ‚Monster' anzutreffen, wie sie in der medizinischen, psychiatrischen und sexologischen Literatur bisher vorgestellt wurden[10]. Auch in der Fantasie einer lesbischen Frau erscheinen andere lesbische Frauen als ‚monsterhaft', als Frauen, die sich wie Männer geben und Frauen belästigen, während sie sich selbst als ‚normale' und gesunde Frau sieht.

— Auch die Angst vor einer Entdeckung hält vom Besuch der Bars ab. Es besteht die Befürchtung, jemand könne den Eintritt in das Lokal beobachten und sie als Lesbierin identifizieren. Der Besuch wird außerdem vermieden, weil die Frauen befürchten, durch Indiskretionen anderer Besucherinnen am Arbeitsplatz oder im Bekanntenkreis enttarnt zu werden.

— Manche lesbischen Frauen scheuen den Vergleich mit anderen, halten sich als Mensch für weniger attraktiv.

— Sie erschrecken aber auch vor der vermuteten erotischen Atmosphäre. Sie nehmen an, daß sie in dieser Atmosphäre nicht bestehen können, daß sie ihnen Gefühle der Niederlage oder des Mißerfolgs bereitet. Sie meiden den Ansturm der Gefühle.

— Eine weitere Barriere, ein Frauenlokal aufzusuchen, ist die Angst, dort die Freundin an eine andere Frau zu verlieren. Eine der am häufigsten genannten Vermutungen über die Ereignisse in Frauenlokalen ist, daß dort eine fortwährende Partnerinnensuche stattfände, die auch vor Frauen in Partnerschaften nicht haltmache[11].

Die geschilderten Ängste sind gleichzeitig die Barrieren, die das Aktivwerden in Emanzipationsgruppen behindern. Die Angst vor einer Enttarnung ist hier noch größer als in einer Bar. Den Emanzipationsgruppen wird, ohne sie zu kennen, unterstellt, sie dienen vorrangig zur Befriedigung erotischer und sexueller Bedürfnisse.

Feldforschung

Als Untersuchungsort wurde aus mehreren Gründen Berlin gewählt. Diese Stadt hat eine besondere Geschichte der Emanzipationsbewegung der Frauen und der Emanzipationsgruppen homosexueller Frauen und Männer, die in der Gründung des „Instituts für Sexualwissenschaft'' 1919 durch Magnus Hirschfeld einen Ausdruck fanden. Berlin war das Zentrum der männlichen homosexuellen Subkultur in Europa, die lesbischen Frauen hatten in der Weimarer Zeit ihre Geselligkeits- und Emanzipationsgruppen, Festlichkeiten und Veranstaltungen[12] und zahlreiche Bars[13], die noch gesondert von mir dargestellt werden. Diese Tradition der lesbischen Subkultur fand ihre Fortsetzung nach dem Zweiten Weltkrieg in einem zaghaften Aufbau, über den noch keine Untersuchungen vorliegen. Berlin ist auch einer der Orte, an dem in den siebziger Jahren die Emanzipationsbewegung der Frauen ihren Ausgang nahm und die Emanzipationsbemühungen der lesbischen Frauen und homosexuellen Männer ihren ersten Ausdruck fanden. Berlin ist aber auch ein abgeschlossenes Gebiet, in dem viele politische Bewegungen früher und wie durch ein Brennglas schärfer sichtbar werden als in anderen deutschen Städten, in dem sich andererseits aber auch nur ein Teil der Entwicklung abspielt. Es fehlen hier der manchmal lähmende, oft aber auch befruchtende Einfluß von Korrekturen von außen und die Besänftigung durch räumliche Entfernung. Darüber hinaus habe ich Berlin gewählt, weil ich seit einem Jahrzehnt dort lebe und der lesbischen Subkultur in ihren verschiedenen Ausprägungen verbunden bin.

Die Bars für lesbische Frauen in Berlin-West sind mir durch gelegentliche Besuche seit neun Jahren bekannt. Meine teilnehmende Beobachtung fand von April bis September 1981 statt, mit einer Pause in den Sommermonaten Juni und Juli. Die Häufigkeit meiner Besuche schwankte, manchmal besuchte ich die Lokale nur an einem Abend in der Woche, manchmal auch an vier Abenden. Ich besuchte dann jeweils mehrere Lokale, um Vergleiche hinsichtlich der Zahl der anwesenden Frauen anzustellen. Auch versuchte ich, die Bars an unterschiedlichen Tagen und zu verschiedenen Zeiten aufzusuchen. Das Publikum der Bars ist an Werktagen und an Wochenenden jeweils unterschiedlich zusammengesetzt, die Struktur des Publikums ist auch im Verlauf eines Abends verschieden. Aufgrund der physischen Belastung gelang es mir nicht, an einem Abend von 21 Uhr bis in den Morgen hinein beobachtend teilzunehmen. Ich löste dieses Problem, indem ich die Bars manchmal erst um 23 Uhr aufsuchte oder gar erst um 3 Uhr morgens.

In den ersten Wochen der intensiven Beobachtungen habe ich versucht, mir einen Gesamteindruck von den einzelnen Bars zu bilden. In meinen Unterlagen habe ich mir Größe, Ausstattung der Bars und allgemeine Daten über Besucherinnen und Barfrauen notiert. Später konzentrierte ich mich auf Gesprächsthemen, Bemerkungen oder Verhaltensaspekte der Besucherinnen und der Barfrauen. Manchmal konzentrierte ich mich auf ein einziges Detail (zum Beispiel: wie begrüßt die Barfrau die Besucherinnen?).

In der Mehrzahl war ich bei meinen Besuchen allein. Einige Male aber besuchte ich mit meiner Freundin oder mit mir befreundeten Frauen die Lokale.

Mir war daran gelegen, so wenig wie möglich aufzufallen. Aus diesem Grund verhielt ich mich bei den Gesprächen an der Theke oder an den Tischen meist abwartend. Wenn allerdings Frauen ein Gespräch mit mir begannen, sprach ich mit ihnen, solange sie daran interessiert waren. Ich habe mich auch manchmal an der Theke vorsichtig in Gespräche eingeschaltet. Viele Frauen in den der Frauenbewegung nahestehenden Frauenlokalen wußten von meinem Vorhaben. Es waren häufig mit mir befreundete Frauen oder Studentinnen aus von mir geführten Seminaren an der Hochschule. Sie fragten auch nach meinem jeweiligen Interesse und gaben mir gern Hinweise (zum Beispiel über die Häufigkeit ihres Besuches; die Höhe der Ausgaben; ob sie allein, zu zweit oder in einer Clique im Lokal waren). Zwei Barfrauen gaben mir viele wichtige Informationen über die Bar und ihre Besucherinnen.

Wichtige Hinweise erhielt ich bei geselligen Treffen mit lesbischen Frauen, bei denen ich dann gezielt das Thema auf Barbesuche (oder Teilnahme an Emanzipationsgruppen) lenkte. Hier wurde dann über die Bar (bzw. über die Emanzipationsgruppe) gesprochen. Diese Art von Gesprächen führte ich über einen Zeitraum von zirka eineinhalb Jahren. Neun Frauen wurden ausführlich interviewt. Dies war notwendig, da ich mich in den Damenbars passiv-beobachtend verhielt, während ich bei den Gesprächen und Interviews gezielter fragen konnte und auf diese Weise Informationen beschaffte.

Die Emanzipationsgruppen habe ich nicht eigens besuchen müssen, da ich sie aus mehrjährigen eigenen Aktivitäten kannte und zudem genügend Selbstaussagen und Darstellungen in verschiedenen Publikationen vorliegen. Ich habe aber eine Gruppendiskussion mit zwölf Frauen der Gruppe L 74 durchgeführt und eine Frau interviewt, die über Jahre hinweg im Lesbischen Aktionszentrum aktiv war und den Auflösungsprozeß dieser Gruppe miterlebt hat.

Im Beobachtungszeitraum führte ich immer ein kleines Notizheft mit, in das ich dann noch in der Bar oft stichwortartige Notizen machte. Nur in einem Frauencafé war es möglich, ausführliche Notizen anzufertigen, da hier auch andere Besucherinnen schrieben (zum Beispiel Briefe). Die stichwortartigen Notizen habe ich zu Hause erweitert. Ein Teil der Notizen war standardisiert. Ich vermerkte immer Datum, Wochentag, Zeitpunkt und Dauer des Besuches und die Atmosphäre in dem jeweiligen Frauenlokal; außerdem versuchte ich die Anzahl der anwesenden Frauen zu erfassen. Darüber hinaus fertigte ich von Gesprächen Protokolle und Karteikarten an. Die Interviews transkribierte ich zum Teil oder machte Zusammenfassungen.

In diesen Text fließen auch die Erfahrungen einer fast zehnjährigen Zugehörigkeit zur lesbischen Subkultur ein. Diese Erfahrungen und das daraus resultierende Wissen sind nirgends fixiert. Zu diesen Erfahrungen gehört auch, daß ich Damenbars in den USA besuchte sowie ein bekanntes Lokal für Frauen in Hamburg. Ferner habe ich mich mit homosexuellen Männern über ihre Bars unterhalten und ihre Motive, die Bars aufzusuchen. Ich habe schließlich mehrmals eine Bar für Männer aufgesucht, um die Unterschiede zu verstehen.

Für eine Studie über die Voraussetzungen und Konsequenzen lesbischen Zusammenschlusses erschienen mir — wie in der Arbeit über die Situation lesbischer Frauen in ländlichen Gebieten — teilnehmende Beobachtung die geeigneten Forschungsmethoden. Ich habe sie in der genannten Arbeit schon ausführlich dargestellt. Hier in Berlin überwog allerdings bei der teilnehmenden Beobachtung die passive und registrierende Haltung.

Lokale für lesbische Frauen

Entwicklung und Typologie

Rückblick auf die Damenbars der Weimarer Zeit

Die Bar ist, insgesamt betrachtet, ein untypischer Ort der lesbischen Lebensweise, trotzdem liegen in der angelsächsischen Literatur zahlreiche journalistische und wissenschaftliche Aussagen vor. Offenbar besaß die Frauenbar — zum Beispiel im Gegensatz zur Arbeitsplatzsituation lesbischer Frauen — eine geradezu magische Anziehung für das journalistische und wissenschaftliche Interesse, obgleich die Bar im Gegensatz zum Arbeitsplatz als Ort, an dem Frauen eine Partnerin finden können, keine bedeutende Rolle spielt[14]. Das mag daran liegen, daß die Bar etwas ,Geheimnisvolles' an sich hat. Es mag aber auch daran liegen, daß hier — außer in den Praxen von Medizinern, Psychiatern und Analytikern sowie in den entsprechenden Kliniken — lesbische Existenz sichtbar wird, daß sich hier das ,Geheimnis' lesbischer Lebensweise Beobachtern dem Anschein nach enthüllt.

Die Emanzipationsgruppen tauchen, historisch gesehen, erst in der Zeit nach dem Zweiten Weltkrieg auf. Sie legen ihr Innenleben in Form von öffentlichem Erscheinen, Flugblättern, Artikeln und eigenen Publikationen dar. Sie richten sich an eine lesbische und heterosexuelle Offentlichkeit und sind deshalb auch weniger ,geheimnisvoll', sie sind weniger selbstgenügsam und mehr fordernd.

Die lesbische Bar hatte im Prozeß des Sichtbarwerdens lesbischer Existenz bisher die bedeutendste Funktion. Sie war der Ort, an dem eine Frau sicher sein konnte, andere lesbische Frauen zu treffen, ein Ort, an dem sie sich nicht verbergen mußte. Hier konnte sie hoffen, eine Gefährtin zu finden, konnte Freundschaften mit anderen Frauen eingehen. So gibt es heute sehr wenig Zeugnisse über die Arbeit und Funktionsweise von Emanzipationsgruppen lesbischer Frauen in der Weimarer Zeit, wie etwa über den ,,Damenclub Violetta'', der dem ,,Bund für Menschenrechte'' angeschlossen war. Die Zeitschrift ,,Die Freundin'' und andere Zeitungen berichten dagegen sehr häufig von Veranstaltungen und Festlichkeiten in den Bars und Clubs[15]. Auch die Romane über lesbische Frauen der damaligen Zeit erwähnen die Bars[16], genauso wie Aufklärungsbücher und Berlin-Führer. In ,,Berlins lesbische Frauen'' stellt Ruth Margarete Roellig vierzehn Berliner Bars und Clubs vor, die hauptsächlich von Frauen besucht wurden. Das Buch verfolgt den ,,Zweck, der breiten Offentlichkeit Aufklärung zu bringen über die Wesensart, den Charakter und die Gewohnheiten dieser Menschengruppe, teils um tiefeingewurzelte Vorurteile auszurotten, teils um gedankenlose Ungerechtigkeiten und Härten gegen Andersfühlende zu zerstören[17]''. Roellig stellt allgemeine Überlegungen über das Wesen der lesbischen Frauen an, betont deren Zugehörigkeit zu allen sozialen Schichten (mit Ausnahme der Intellektuellen), die Bereitschaft der Frauen, sich in den Bars schichtenunspezifisch zu mischen, und beschreibt das Rollenverhalten der Besucherinnen. Hier unterscheidet sie zwischen der ,,virilen'', mehr männlich gekleideten

Frau und der mehr femininen. Curt Moreck, der in seinem „Führer durch das ‚lasterhafte' Berlin" neun Frauenlokale aufzählt, hat die Beschreibungen weitgehend von Roellig übernommen. Im Gegensatz zu ihr, die Weiblichkeit und Eleganz der Frauen in den Lokalen hervorhebt, betont er deren Männlichkeit.

Ruth Margarete Roellig nennt die Gründe, warum lesbische Frauen diese Lokalitäten besuchen, in denen sie „frei von jeder gesellschaftlichen oder beruflichen Rücksicht, sich einmal für kurze Stunden ‚unter sich' fühlen" (S. 12f.), und unterteilt die Lokale in „Klappen", Tanzdielen, internationale Bars und exklusive Klubs (S. 13). Eine Reihe der von ihr aufgezählten Lokale werden auch von heterosexuellen Frauen und Männern — vor allem von Männern — aufgesucht. Sie werden als zahlende Kunden geschätzt, eine Tatsache, die auch in den Bars der Gegenwart eine Rolle spielt.

Die Lokale der Weimarer Zeit hatten sich auf ein jeweils unterschiedliches lesbisches Publikum spezialisiert und unterschieden sich im Hinblick darauf, ob sie auch nichtlesbisches Publikum aufnahmen. Dies läßt darauf schließen, in welch ausgeprägtem Maß die lesbische Subkultur zu dieser Zeit in Berlin differenziert und entwickelt war. J. Harry[18] analysierte 1974 eine große Anzahl von Homosexuellenbars der USA und kam zu dem Schluß, daß mit der Urbanisierung eine Differenzierung des Barangebots einhergeht. Dies wiederum reflektiert eine steigende Heterogenität homosexueller Lebensstile in den Großstädten. Diese Veränderung und Mannigfaltigkeit scheint für ihn durch ökonomische und kulturelle Zwänge verursacht zu sein, die sich auch im heterosexuellen Leben zeigen. Die kleine Studie von Roellig zeigt, auf welche Weise die einzelnen Lokale ein jeweils unterschiedliches Publikum ansprechen; im „Café Domino" sind „viele schicke Frauen mit eleganten Allüren ... Stammgäste" (S. 45), während in der „Taverne" „eine fast fühlbare Atmosphäre von Derbheit und Urwüchsigkeit herrscht" (47f.). In der „Taverne" trafen sich Frauen, die über wenig Geld verfügten. In den einzelnen Lokalen trafen sich auch Vereine (zum Beispiel im „Café Prinzess") wie ein Sparverein, ein Lotterieklub oder ein Skatklub. Diese Vereinigungen hatten nur lesbische Frauen als Mitgliederinnen. Roelligs Hinweis lassen darauf schließen, daß die Frauen sich in kleinen Gruppen wieder trafen, also Cliquen bildeten. Eine besondere Stellung unter den aufgezählten Treffpunkten nahm der „Damenclub Violetta" ein, der im „Nationalhof" in der Bülowstraße seine Abende veranstaltete. Er führte nicht nur Tanzabende durch, sondern war bestrebt, seinen Mitgliederinnen eine Art Heim zu bieten (S. 57). Darüber hinaus hatte dieser Klub politische Ziele. Er war — wie schon erwähnt — dem „Bund für Menschenrechte" angegliedert und setzte sich für Aufklärung und Entstigmatisierung lesbischer Frauen ein. Er hatte auch Angehörige anderer sexueller Minderheiten in seinen Reihen; weibliche Transvestiten hatten ihre „Transvestiten-Abende".

Erste Versuche einer subkulturellen Organisierung in der Nachkriegszeit

Die Entstehung der lesbischen Subkultur und die Manifestation lesbischer Lebensweise durch Damenbars nach dem Zweiten Weltkrieg liegt noch im dunkeln. Bei dem Wiederaufbau der Subkultur und dem Entstehen einer lesbischen Gemeinschaft dürfte die jetzt schon fast neunzig Jahre alte Kati R. in Berlin wesentlich mitgewirkt haben.

Kati R. hatte in den Lokalen der Weimarer Zeit schon als Künstlerin und Organisatorin von Bällen mitgewirkt. In der Zeitschrift ,,Die Freundin'' finden sich Informationen über Bälle, die sie mitgestaltete und bei denen sie als Sängerin auftrat[19]. An diesen Veranstaltungen nahmen bis zu achthundert Frauen teil. Kati R. ließ diese Tradition nach dem Zweiten Weltkrieg wieder aufleben, 1945 eröffnete sie mit einer weiteren Frau, Lotte Hahm, in Berlin-Ost ein Lokal, das sie nach eineinhalb Jahren wieder schließen mußte. Hierauf eröffnete sie das Lokal ,,Max und Moritz'' in der Oranienstraße, das zwar in einem ,,Westsektor'', aber nicht weit entfernt lag. Dieses ,,Max und Moritz'' war in den fünfziger und sechziger Jahren ein beliebter Treffpunkt für Frauen. Heute hat es ein studentisches Publikum und gehört zur ,alternativen Scene' im Stadtteil Kreuzberg. Bald nach Kriegsende organisierte Kati R. auch einen ,,Elite-Tanzabend'', der einmal im Monat über all die Jahre hinweg bis heute stattfindet. Von diesen Tanzabenden konnten nur eingeweihte Frauen wissen, da die Lokale in den ersten Jahren ständig wechselten. Die Räume wurden durch eine Hintertür betreten. Mit der allgemeinen Liberalisierung in Berlin fanden diese Abende später stets in demselben Lokal statt. Informantinnen berichteten mir, daß das erste feste Domizil ein Café in der Nähe des Kurfürstendamms war, ein weiteres war ein gut ausgestatteter Altenclub, ebenfalls in der Nähe des Kurfürstendamms. Gegenwärtig treffen sich die Frauen zum ,,Elite-Tanzabend'' in einem Hotel. Ich habe 1975 zum erstenmal von diesen Veranstaltungen gehört und sie 1977 zweimal besucht. An den Abenden, über die Informationen vorliegen, bzw. die ich selbst besuchte, nahmen etwa hundert Frauen teil. Es sind zumeist ältere Frauen, die entweder mit ihrer Lebensgefährtin oder in einer Gruppe kommen. Frauen unter vierzig kommen in der Regel mit ihrer älteren Lebensgefährtin oder gehören zu einer Clique. Ich brachte in Erfahrung, daß sogar einige ältere Engländerinnen für ein Wochenende nach Berlin fliegen, um an den Tanzabenden teilzunehmen. Ich beobachtete bei meinen beiden Besuchen diese Frauen, die im Verlauf des Abends von Kati R. begrüßt wurden. Die meisten Frauen sind ihr persönlich bekannt und werden von ihr eingeladen. Informantinnen berichteten, daß sie bei der Kontaktaufnahme mit Kati R. die Quelle nennen mußten. Mir erging es ebenso.

Kati R. gestaltet den Verlauf des Abends. Die Kapelle wird vorgestellt, es werden Tänze angekündigt und eine Polonaise, die alle Frauen erfaßt, wird durchgeführt. Der Abend verläuft nach einem Ritual, bei dem zwischen Gesprächsmöglichkeiten am Tisch, Besuchen an anderen Tischen, Tanzen und der Polonaise abgewechselt wird. Die Frauen, die als Paare oder Cliquen kommen, sind gegenüber Neuhinzugekommenen abweisend, auch wenn diese — was fast immer geschieht — von Kati R. an den Tisch placiert werden. Kati R. trägt einen schwarzen Frack oder weißen Smoking, dirigiert über ein Mikrophon in der Mitte der Tanzfläche die Aktivitäten und macht ihre Ansagen. Im Verlauf des Abends, wenn sie Gäste willkommen heißt, erwähnt sie mehrmals, daß das Zusammentreffen der Frauen in einer ,gepflegten Atmosphäre' stattfände. Kati R. ist bei den Frauen ein wichtiger Gesprächsstoff im Verlauf des Abends. Frauen, die mir Informationen gaben, nannten als Gründe für ihre Teilnahme an diesen Tanzabenden die ,,Echtheit'' und ,,Wärme'', das ,,Willkommensein'' und die gepflegte Atmosphäre, sowie die Gemeinschaft, die sie an ein Zuhause erinnere. Neuhinzugekommene Frauen jedoch hoben die ablehnende Haltung der anderen

Frauen ihnen gegenüber hervor. Betont wurde mehrmals, daß die Paare, die die Bälle besuchen, lange zusammenleben würden.

Quantitatives über die heutigen Damenbars

Auch über die Rekonstruktion der Subkultur der homosexuellen Männer nach dem Zweiten Weltkrieg gibt es kein Material. Die Subkultur der homosexuellen Männer hat sich in einem weit ausgeprägteren Maß entwickelt als die der Frauen. Die Zahl der Frauenbars ist im Vergleich zu den Bars für homosexuelle Männer sehr gering. Ich schätze ein Verhältnis von 1 : 10 oder 1 : 15. Allerdings dürfen in einige der Homosexuellenbars auch Frauen, dies hängt jedoch von der Genehmigung der Männer ab. Je kleiner die Stadt und je abgeschiedener ein Ort ist, desto eher besuchen homosexuelle Frauen und Männer einen gemeinsamen Treffpunkt; es dominieren allerdings die Männer.

Das ungleiche Zahlenverhältnis findet sich auch in den USA, dem Land, aus dem die meisten Angaben vorliegen. Cory, ein Kenner des Homosexuellenmilieus, schätzte 1965, daß es in den gesamten USA der sechziger Jahre nur zwanzig bis dreißig Bars gab, zu denen ausschließlich Frauen Zutritt hatten. Die Zahl der Bars für homosexuelle Männer schätzte er dagegen hundertfach so hoch ein. Sharon M. Raphael zählte im Gebiet von Los Angeles zweihundert bis dreihundert Bars, die hauptsächlich von homosexuellen Männern besucht wurden, während zur selben Zeit, um 1972 und 1973, nur fünfzehn bis zwanzig Frauenbars existierten[20]. Die jüngsten Zahlen stammen von Sasha Gregory Lewis. Sie schreibt, daß es mehr als sechshundert Bars für Homosexuelle in den USA gibt, von denen nur ungefähr zweihundert ausschließlich für Frauen sind[21]. Hier zeigt sich für Frauen ein günstiges Zahlenverhältnis, Lewis gibt allerdings nicht an, woher sie die Daten hat. Elula Perrin, die Inhaberin des bekannten Pariser Frauenlokals ,,Katmandu'' und gute Kennerin des Barmilieus für homosexuelle Frauen und Männer, nennt nur wenige Lokale für Frauen[22].

In ,,Gaia's Guide'' 1981, einem Verzeichnis unter anderem von lesbischen Bars, Clubs und Frauenrestaurants, der von einer Gruppe US-amerikanischer Frauen herausgegeben wurde, sind für die gesamte Bundesrepublik und Berlin-West einundsechzig Bars und Clubs verzeichnet. Nur ein kleiner Teil, nämlich etwa zehn Prozent wird dabei ausschließlich von Frauen besucht. Obgleich die Zahlen mit Sicherheit zu niedrig liegen, spiegeln sie doch ein Bild der isolierten Situation lesbischer Frauen wider.

Jutta Brauckmann erfuhr von Mitgliedern der Kölner ,,gay liberation front'' (glf e. V.), einem weiteren Zentrum der deutschen männlichen homosexuellen Subkultur, daß es dort etwa sechzig Lokale für homosexuelle Männer geben soll, aber nur etwa fünf für lesbische Frauen[22]. Hamburg hat fünfzig Kneipen, Discos und Nachtlokale für männliche Homosexuelle, aber nur zwei Damenbars, die im übrigen auch Männern zugänglich sind[23]. In Berlin-West existieren über Jahre hinweg etwa fünfzig Lokale für homosexuelle Männer und etwa fünf für lesbische Frauen. Nach jüngsten Informationen gibt es derzeit dreiundfünfzig Bars für homosexuelle Männer[24]. Die Fluktuation, das heißt, die Gründung und Schließung, bei den Lokalen für homosexuelle Frauen und Männer ist stark.

Typen von Damenbars

Während des Zeitraums meiner intensiven Beobachtungen existieren acht Lokale für Frauen. Nur ein Lokal, der Damenclub „La Piccola", war an drei Tagen in der Woche auch für Männer offen, und zwar für homosexuelle Männer mit einer Clubkarte, und für Männer, die in Begleitung einer Frau kamen. Es handelte sich um die Tage, die üblicherweise wenig Besucherinnen hatten (Montag, Donnerstag und Sonntag). Die Namen der Lokale stammen mit Ausnahme von „Die Zwei" aus der englischen, französischen oder italienischen Sprache.

US-amerikanische Untersuchungen unterscheiden zwischen den „pick up bars" und den „quiet couple type bars"[25]. Der erste Typ ist eine Bar oder ein Lokal, der im Verlauf eines Abends von vielen Frauen aufgesucht wird und deshalb auch mehr Kontaktmöglichkeiten bietet, die in sexuelle Kontakte oder Partnerschaften münden können. Der letztere Typ wird dagegen hauptsächlich von Frauen besucht, die in einer Partnerschaft leben. Die Frauen besuchen dann als Paar gemeinsam die Bar, um sich mit anderen Paaren zu treffen.

Diese beiden Typen finden sich auch in meiner Untersuchung. Ich möchte den ersten Typ jedoch eher als Frauen-Discothek bezeichnen, weil dort einfach mehr Frauen anwesend sind, die auch wegen der Möglichkeit, in einer größeren Gemeinschaft von Frauen tanzen zu können, das Lokal aufsuchen. Diese Frauen kommen allein, zu zweit oder in kleinen Gruppen. Ihr Ziel ist es, nicht ausschließlich mit der Lebensgefährtin einen gemütlichen Abend zu verbringen. Meine Beobachtungen führen mich zu dem Schluß — im Gegensatz zu Tanner[26] —, daß die Discothek mit den vielen Besucherinnen der bevorzugtere Ort ist. An den Tagen mit einer hohen Besucherinnenzahl sind in der einen Discothek etwa zweihundert Frauen anwesend, in einer weiteren etwa einhundertfünfzig. Die Mehrzahl der tanzfreudigen Frauen ist im jüngeren Alter. Die größere Kontaktbereitschaft dürfte auch eher auf das Alter zurückzuführen sein. Die beiden Lokale „Die Zwei" und „Pour Elle" entsprechen diesem Typ. Die ruhigeren Bars, die eher Clubcharakter haben und in der US-amerikanischen Literatur „quiet couple bars" genannt werden, umfassen die folgenden: „Madame", „La Femme", „La Piccola" und „She and She".

Für lesbische Frauen waren in der Beobachtungszeit noch zwei weitere Lokale von Bedeutung, die sich auch an nicht-lesbische Besucherinnen wendeten: das Frauencafé „Orlanda" und das Frauenrestaurant „Paramount". Ein großer Teil der Besucherinnen hier ist lesbisch, alle Besucherinnen sympathisieren mit der Frauenbewegung oder sind selbst in ihr aktiv. Dieser Typ von Frauenlokal ist historisch sehr jung und wurde meines Wissens bisher nur in den Untersuchungen über die lesbische Gemeinschaft von Barnhart und Wolf erwähnt[27].

Offenheit und Geheimhaltung in der Präsentation der Frauenlokale gegenüber der Umwelt

Die Lokale lassen sich auch hinsichtlich ihrer Offenheit in der Präsentation gegenüber der Umwelt kategorisieren. Hier spielen zwei Gesichtspunkte eine Rolle. Erstens, wie sie sich gegenüber der Umwelt, vor allem gegenüber der Nachbarschaft öffnen, und zweitens, wie sie bereit sind, diese in sich aufzunehmen. An dieser Stelle muß jedoch vorausgeschickt werden, daß es zum Selbstverständnis der Lokale für Frauen gehört, daß sie sich — im Gegensatz zu den Emanzipationsgruppen — nicht an die Umwelt oder Teile der Umwelt (zum Beispiel an eine lesbische, an eine aufklärungswillige Bevölkerung) richten und keine Öffentlichkeit herstellen wollen. Als ‚Faustregel' kann gelten: Je näher ein Lokal mit seinen Besucherinnen der Frauenbewegung steht (oder der Bewegung der homosexuellen Männer), desto ‚offener', desto heterogener ist das Publikum und desto mehr Symbole der jeweiligen Bewegung (wie Plakate, Ankündigungen von Veranstaltungen und Aktivitäten, Zettel über Wohnungswünsche und -angebote sowie Reklame für Zeitschriften und Bücher) finden sich. Ich möchte hier schon erwähnen, daß sich auch die Emanzipationsgruppen lesbischer Frauen hinsichtlich ihrer Offenheit einteilen lassen. Die Lokale lassen sich in drei Kategorien hinsichtlich ihrer Offenheit einteilen.

Dem Typ einer „Geheimgesellschaft" (Simmel) entsprechen am ehesten die Lokale, die ein äußerst homogenes Publikum, eine Dominanz der Barfrau und Einlaßkontrollen haben. Sichtbares Merkmal für die Dominanz der Barfrau und die Einlaßkontrollen sind die geschlossene Tür und die Klingel an der Tür. Über ein Lichtsignal oder einen Ton meldet sich die Einlaß wünschende Kundschaft. Die Barfrau entscheidet dann, wer eingelassen wird, oder delegiert diese Funktion an eine andere Frau, die dazu da ist, die Besucher/innen eintreten zu lassen. Barfrau in dem von mir verstandenen Sinn ist in der Regel die Inhaberin des Lokals, es kann aber auch eine Angestellte sein. In den Lokalen sind immer mindestens zwei Frauen tätig, eine arbeitet hinter dem Tresen, die andere versorgt die Besucherinnen an den Tischen. Eine dritte Frau versorgt oft die Musik, wenn diese nicht von der Frau hinter dem Tresen bedient wird. Die Einlaßkontrolle an der Tür übernimmt gelegentlich eine Besucherin, die mit den Gepflogenheiten der Bar vertraut ist, also zur Stammkundschaft gehört, und das Vertrauen der Besitzerin hat.

Die drei Lokale, die zur ersten Kategorie, der mit der ausgeprägtesten Geheimhaltung gehören, sollen hier kurz vorgestellt werden.

„La Femme", hier verkehren fast ausschließlich ältere Paare, die mit der Besitzerin und ihrer Lebensgefährtin befreundet sind. Sie bilden eine Stammkundschaft. An den Wänden oder am Tresen finden sich keine Symbole der Emanzipationsbewegung.

„Madame ist ebenfalls ein kleines gemütliches Lokal. Hier werden Zeitschriften von den Gruppen lesbischer Frauen und der Frauenbewegung sowie Bücher lesbischen Inhalts zum Verkauf angeboten.

„Pour Elle" ist das bekannteste und älteste Lokal. Es hat den Charakter einer Discothek. In ihm sind die meisten Frauen anzutreffen.

Der zweiten Kategorie, die eine Mischform darstellt, gehört der Damenclub „La Piccola" an. Hier besteht zwar auch die Dominanz der Barfrauen (Inhaberin, mitarbeitende Lebensgefährtin und Angestellte); es gibt eine Einlaßkontrolle durch eine Frau, die die Besucher/innen einläßt oder abweist. Dadurch aber, daß sowohl Frauen als auch Männer Zutritt haben, besteht an bestimmten Tagen eine gewisse Heterogenität. Die Emanzipationsgruppen der lesbischen Frauen und homosexuellen Männer legen hier ihr Informationsmaterial aus. Es gibt ein Zettelbrett, an dem Kauf- und Tauschgesuche inseriert werden. Die Besitzerin und ihre Lebensgefährtin sind Mitgliederinnen einer Partei, die die Entdiskriminierung homosexueller Frauen und Männer in ihrem Parteiprogramm hat. Beide Frauen arbeiten in einem entsprechenden Arbeitskreis dieser Partei. In diesem Lokal werden deshalb auch oft die Probleme und Aktionen, die die gesellschaftliche Emanzipation homosexueller Frauen und Männer betreffen, diskutiert.

Die dritte Kategorie bilden die Lokale, die ohne Klingel, ohne die Passage der Musterung beim Eintritt auskommen und die hauptsächlich von Sympathisantinnen und Aktivistinnen der Frauenbewegung besucht werden. Das Publikum ist hier sowohl alters- als auch interessenhomogen.

Die Diskothek ,,*Die Zwei*'', das Frauencafé ,,*Orlanda*'' und das Frauenrestaurant ,,*Paramount*'' lassen ohne jede Kontrolle jede Frau eintreten. An Sommerabenden ist bei der Diskothek ,,Die Zwei'' die Tür offen und Passanten/innen können in das Innere blicken. An warmen Abenden oder bei Überfüllung begrüßen sich vor allen drei Lokalen Frauen vor der Tür, sitzen oder stehen dort und reden miteinander oder tauschen Zärtlichkeiten aus.

In diesen drei Lokalen werden die Ereignisse der Emanzipationsgruppen lesbischer und nichtlesbischer Frauen erörtert; die Wände sind voll von Plakaten mit Informationen, und Flugblätter werden verteilt[28]. Bei Frauenveranstaltungen in Berlin verdoppelt oder verdreifacht sich die Besucherinnenzahl.

Die Existenzdauer von Frauenlokalen

Bei der vorangegangenen Kategorisierung habe ich die Bar ,,She and She'' nicht erwähnt. Diese Bar ist ein Beispiel für die Kurzlebigkeit von Lokalen für ein lesbisches und männlich-homosexuelles Publikum. Diese starke Fluktuation wird in vielen US-amerikanischen Studien erwähnt und von Roxanne Thayer Sweet bezüglich der Männerbars in San Francisco beschrieben. Das Verschwinden von Bars für einen homosexuellen Besucherkreis wird in den USA vor allem auf die polizeilichen Kontrollen, die Schließung durch die Polizei und den Lizenzentzug durch den ,,Alcoholic and Beverage Control Board'' zurückgeführt. Das Personal eröffnete dann nach einer erfolgten Schließung bei nächstbester Gelegenheit unter einem anderen Namen an einem anderen Platz ein Lokal[29]. In Gesprächen mit amerikanischen Frauen erfuhr ich, daß die dortige Mafia an der Gründung und Schließung beteiligt sei. Beweise für diese Behauptung konnten mir jedoch nicht gegeben werden[30]. Eine Barfrau in Cleveland/Ohio berichtete mir, daß sie Anfang der siebziger Jahre vom Besitzer der Bar, die sie als Pächterin leitete, mehrmals aufgefordert worden sei, ihm Name und Anschrift der Besucherinnen zu nennen. Sie habe dann auf eine Verlängerung des Pachtvertrages verzichtet und eine andere Bar aufgemacht. Die Barbesucherinnen in den USA werden durch Polizeikontrollen verunsichert.

,,Polizeikontrollen wurden den Gästen des Hinterzimmers durch helle Lichtsignale und durch Laserstrahlen der Musik angekündigt. Die Frauen hörten dann auf zu tanzen und kehrten zu ihren Plätzen zurück. Die Polizisten suchten nach dem Inhaber, vermutlich um Bestechungsgelder zu kassieren. Schmiergelder sind nämlich ein Bestandteil des Barlebens. Wenn Politiker vor der Wahl stehen und damit drohen, den ,Staat zu säubern', kommt es manchmal zu Razzien. Die Angst vor Festnahmen hält die Frauen eine Zeitlang von Barbesuchen ab, danach kommen sie zurück oder gehen in eine andere, sicherere Bar, vielleicht mit noch höheren Preisen.''[31]

Derartige Schikanen wurden mir während der langjährigen Beobachtungszeit als gelegentliche Besucherin von Frauenlokalen und während der intensiven Beobachtungszeit im Rahmen der Feldforschung nicht bekannt. Sie wären, hätten sie stattgefunden, sicher in der Lebensgemeinschaft bekannt geworden, da Ereignisse, die sich um Bars drehen, einen wichtigen Gesprächsstoff bilden. Nach Sweet wurde bis 1964 in San Francisco die Anzahl der Bars durch fortwährendes Schließen von seiten der Polizei geregelt. Als diese Kontrolle nach einer Liberalisierung nicht mehr stattfand, wurde die Zahl der Bars durch die Kundschaft bestimmt. Es trat ein Wettbewerb in den Preisen und Angeboten ein. Einige Bars mußten aus Mangel an Kundschaft schließen. Die liberalere Haltung der Polizei und Ordnungsbehörden bewirkte keine Vermehrung der Lokale.

Die Berliner Bar ,,She and She'' wurde im Mai 1981 eröffnet. Meine Versuche, sie aufzusuchen, scheiterten, da sie einmal wegen Ruhetag geschlossen war und einmal wegen Betriebsferien. Im August 1981 wurde der Betrieb aufgegeben. Es war nicht gelungen, Stammkundschaft zu gewinnen, obgleich die Bar nach der Eröffnung von vielen Frauen besucht worden war[32].

Am Ende des Beobachtungszeitraumes im Rahmen der Feldforschung schlossen außer ,,She and She'' nach circa eineinhalbjährigem Bestehen noch das Frauencafé ,,Orlanda'' und nach knapp einjährigem Bestehen die Bar ,,Madame''. Während dieses Zeitraumes oder kurz davor waren die Lokale ,,Madame'', ,,She and She'' und ,,Paramount'' eröffnet worden.

Die Lokale für lesbische Frauen lassen sich deshalb auch hinsichtlich der Dauer ihres Bestehens in Kategorien einteilen. Bars, die über einen langen Zeitraum bestanden, waren nur ,,Die Zwei'', ,,Pour Elle'' und ,,La Femme''. Selbst sie wurden nicht mehr als acht Jahre lang geführt bzw. dienten nicht dem gleichen Zweck. Das Lokal ,,La Femme'' war mehrere Jahre, nachdem es schon eine Frauenbar gewesen war, eine Sexfilmbar für ein Männerpublikum. An dieser Fluktuation zeigt sich die von *direkten* Einflußnahmen (zum Beispiel durch polizeiliche Kontrollen und Schließungen) unabhängige Entstehung und Entwicklung der Subkultur der Lokale lesbischer Frauen. Nicht nur in dem jeweiligen Lokal findet eine Besucherinnenrekrutierung und -selektion statt, auch die lesbische Gemeinschaft selektiert hinsichtlich der Akzeptierung oder Ablehnung eines Lokales.

Lage und Ausstattung der Frauenlokale

Die verschiedenen Lokale für lesbische Frauen befinden sich im dichtbesiedelten und mit öffentlichen Verkehrsmitteln gut erschlossenen Zentrum von Berlin in der Nähe des Kurfürstendammes. Drei der Bars sind im Norden des Bezirkes Schöneberg, wo sich auch hauptsächlich die Bars, Kneipen, Diskotheken für homosexuelle Männer befinden. Zwei dieser Bars liegen einander gegenüber, die dritte ist etwa 300 m entfernt. An Abenden, in denen üblicherweise die Lokale sehr besucht werden — es handelt sich um den Mittwoch, Freitag und Samstag — pendeln Frauen zwischen diesen Lokalen. Die beiden sehr stark besuchten discoähnlichen Bars befinden sich hier, zwischen denen vor allem jüngere Frauen pendeln. Diese Fluktuation ist im Straßenbild bemerkbar. Erhöht wird die Sichtbarkeit der lesbischen Besucherinnen durch die Existenz einer vierten Bar, die zwar überwiegend von Männern besucht wird, in die aber Frauen oft eine kurze Visite machen. Die Bar war früher eine Frauenbar gewesen, die allerdings schon damals Männern Zutritt gestattete.

US-amerikanische Studien über die lesbische Barszene zeichnen ein Bild der Tristesse:

„Die Bars liegen meist versteckt in Geschäftsvierteln unterm Dach oder im Keller, in verlassenen Straßen mit im Dunkeln herumtreibenden Papierfetzen und Flaschen, was den Reiz des Verbotenen erhöht. Oft ist eine Bar von außen nicht erkennbar, der Eingang ist unbeleuchtet und ohne Hinweis. Durch die Fenster oder das Guckloch in der Tür sieht man nur sehr wenig."

Diese Schilderung trifft für die Berliner Lokale nicht zu, auch wenn sie die Türen verschlossen haben und die Fenster abgedichtet sind. Allerdings befindet sich nicht weit — nur ein paar Straßen — entfernt das Berliner Zentrum der Bordelle, Peepshows und Sexfilm-Bars. Der Tristesse im Äußeren entspricht nach amerikanischen Schilderungen die Tristesse im Innern:

„In der Bar ist die Dekoration oft ärmlich und heruntergekommen: rote Beleuchtung, falsche Brokattapeten, eine Musikbox. Der Barkeeper, oft eine Frau, hat schon alles gehört, alles gesehen, alles hinter sich. Das ganze ist ein abgenutzter, schmutziger Ort. Die Preise für die verdünnten Getränke sind hoch: man zahlt für den Schutz".[34]

Aber auch in den deutschsprachigen literarischen Darstellungen der Barsubkultur wird die Armseligkeit und Schwülstigkeit der Ausstattung betont.

„Drinnen sieht es aus wie in alten Filmen der 20er Jahre: Plüsch, exklusive Bar, kostbarer Teppich. Brokatstoffe. Diese künstliche Atmosphäre verhindert oft jede Möglichkeit, ein normales Gespräch anzufangen."[35]

„Wenn das Sunset (...) eine langweilige, biedere Kneipe gewesen war, so war dies (das Hamburger Lokal ,Dorian Gray', I. K.) jetzt ein verstaubtes, plüschiges, schmuddeliges Loch in verruchtem Lila ...

Mondän war es sicher nicht (das Lokal ,Ika-Stuben', I. K.), eher gut- bis kleinbürgerlich, und eigentlich hatten wir uns etwas sehr Elegantes und Exklusives gewünscht".[36]

„An den Wänden des dunklen Treppenaufganges prangten nackte Frauen, mit Leuchtfarbe gemalt, die an einigen Stellen schon abblätterte, so daß die übertriebenen Rundungen abrupt eckig wurden ... Der Metallboden der erhöhten Tanzfläche lag leer und stumpf da, an der Decke wechselnde Lichter vor sich hin und warfen zuckende Farbblitze in die dumpfe, nach jahrhundertealtem Alkohol riechende Luft".[37]

Mir ist keine Darstellung bekannt, die nur die Ausstattung beschreibt und dabei auf eine Wiedergabe der Stimmung der Verfasserin verzichtet, die in der Regel negativ getönt ist. Die weder neutrale noch wohlwollende Einstellung der Frauen, die über Frauenlokale schreiben und den Emanzipationsgruppen nahestehen, setzt sich in der Darstellung des Geschehens innerhalb der Lokale fort. Ursula Linnhoff schreibt in ihrer Studie über „Weibliche Homosexualität zwischen Anpassung und Emanzipation" über die Bars:

„Die meisten Lesbierinnenbars werden von eher konservativen Lesbierinnen geführt. Bezeichnend ist, daß viele solcher ,Wirtinnenpaare' selbst in einem Paarverhältnis Weibchen/Kesser Vater stehen und anti-emanzipatorisches, patriarchalisches Autoritätsgehabe voll verinnerlicht haben. Die meisten Bars haben eine plüschig-bordellhafte Aufmachung. Das Dekor ist auf die durch die Versteckens- und Isolationsschädigungen zustande gekommene Exhibitionsbedürfnisse des größten Teils des Publikums zugeschnitten. Zu hohen Preisen werden hier Illusionen und Ersatzbefriedigungen angeboten."[38]

Ich dagegen habe festgestellt, daß in den Lokalen für lesbische Frauen Gemütlichkeit, entspannte Atmosphäre und eine eigene Note betont wird. Die Wände sind teilweise mit Holz verkleidet, aber immer ist zumindest eine Wand mit dunkler — zumeist brauner — Farbe gestrichen; Äste mit Papierblumen, Lampions oder bunte Lampen und eine herabgezogene oder dunkle Decke vermitteln einen höhlenartigen, anheimelnden Charakter. Ich habe keine Damenbar getroffen, die schmuddelig oder verwahrlost war. Die Barfrauen und die Stammgäste bemühen sich, das Lokal gepflegt zu halten. Zu dieser Gepflegtheit gehört, daß immer frische Blumen auf der Theke oder auf Wandbrettern stehen. Die Lokale lassen sich mit gutgehenden deutschen oder ausländischen Restaurants vergleichen, die auch bemüht sind, ihren Gästen eine anheimelnde Atmosphäre zu bieten und deshalb die genannten Punkte betonen. Die Art der Musik und die Darstellung von Frauen in meist erotisch-zärtlichen Posen unterscheidet die Damenbars von letzteren. Die Frauenlokale, die von den Frauen der Frauenbewegung besucht werden, ähneln dagegen mehr den Lokalen der linken Berliner ‚Scene'. Klaus Laermann stellt in seinen Beobachtungen über die Kneipen mit studentischem und linkspolitisch-orientiertem Publikum fest, daß dort der „Omaplüsch", den man insgeheim verachte, dazu dient, „den Raum der Kneipe der Gegenwart zu entziehen, ihn nostalgisch gegen das zu immunisieren, was draußen geschieht".[39] Dies gilt auch für die Damenbars. Jedes Lokal hat eine eigene Note, zum Beispiel wurden im „Madame" an den Wänden Bilder zum Verkauf angeboten; im „Pour Elle" fallen die gepflegten Antiquitäten am Eingang besonders auf und die teuren Sitzgelegenheiten nahe der Tanzfläche.

Jede Damenbar — hier zähle ich das Frauencafé und das Frauenrestaurant nicht dazu — enthält in der Raumaufteilung drei wichtige Elemente: Die Theke, die Tanzfläche und einige kleine Sitzgelegenheiten. Dies gilt auch für die von mir besuchten Bars in den USA. Theke und Tanzfläche sind zwei entgegengesetzte Punkte, die häufig auch räumlich getrennt sind, da die Damenbars in der Regel aus zwei ineinanderübergehenden Räumen bestehen. Diese Plätze haben verschiedene Funktionen. Der Tresen dient der Kommunikation mit wenigen Frauen, vor allem dient er dem Gespräch mit der Barfrau. Im Unterschied zu anderen Lokalen muß, wer in eine Damenbar geht, nicht unbedingt an der Theke stehen. Vor der Theke bildet sich oft eine zweite und dritte Reihe von Besucherinnen, die in kleinen Gruppen miteinander sprechen. An der Wand gegenüber sind deshalb Bretter zum Abstellen der Gläser angebracht. Dadurch entsteht am Eingang eine gewisse Enge. Wird diese Enge an den besucherreichen Tagen wie Mittwoch, Freitag und Samstag nicht zumindest stundenweise erreicht, ist die Damenbar nicht mehr ‚in' und wirkt langweilig und verödet.

Interaktionen

Zum Verlauf eines Abends

Jedes der Lokale für Frauen hat an einem oder zwei Abenden geschlossen; es handelt sich um den Montag, Dienstag oder Donnerstag. Mittwoch, Freitag und Samstag sind die Tage mit den höchsten Besucherinnenzahlen. An diesen Tagen verändert sich auch die Atmosphäre in den Lokalen durch die Anzahl der anwesenden Frauen und deren Verschiedenheit vom üblichen Stammpublikum. Die Damenbars öffnen erst um 21.00 Uhr, während das Frauencafé und das Frauenrestaurant schon am späten Nachmittag und frühen Abend Gäste einlassen.

Ein Abend in einer Damenbar hat einen bestimmten phasenhaften Ablauf. Diese Phasen werden durch äußere Einflüsse mitbestimmt. Das Publikum unterscheidet sich in den einzelnen Phasen; eine Rolle spielt hierbei die Tatsache, ob die Besucherinnen überwiegend berufstätig sind und am nachfolgenden Tag zur Arbeit müssen oder nicht. Weiter sind von Bedeutung die öffentlichen Verkehrsmittel, so leeren sich kurz vor 1.00 Uhr die Lokale, weil viele Frauen noch billig nach Hause fahren wollen. Ist jedoch die Stimmung im Lokal gut, und der folgende Tag kein Arbeitstag, entscheiden sich viele Frauen, bis zur ersten U-Bahn oder dem Einsetzen der Busse gegen 5.00 Uhr im Lokal zu bleiben.

Zwischen 21.00 und 22.00 Uhr sind nur wenige Besucherinnen in den Bars; im Frauencafé und im Frauenrestaurant dagegen herrscht schon reger Betrieb. Während dieser Zeit sind die Frauen anwesend, die sich vorwiegend von der Arbeit erholen oder sich mit Freundinnen treffen wollen. In den Bars sind auch die Frauen, die mit den Barfrauen sprechen möchten. In dieser Zeit sind ebenso die Frauen anzutreffen, die noch neu in diesem Milieu sind und den Rhythmus einer Bar noch nicht kennen.

Der Hochbetrieb herrscht in den Bars zwischen 23.00 und 1.00 Uhr. Das Fernsehprogramm hat die Hauptspielzeit beendet, Kinos und Theater schließen ihre Vorstellungen. Viele Frauen runden ihren Kino- oder Theaterbesuch mit einer Visite in einem Frauenlokal ab. Frauen, die zuvor im Frauencafé oder im Frauenrestaurant waren, gehen nun in die Bars. Für die Cliquen ist gegen 23.00 Uhr erst Aufbruchzeit.

„Man geht ja um zehn (22.00 Uhr; I. K.) aus in München, weil um eins die Lokale zumachen. Und hier gehste aus, wenn ein Anruf (von einer Freundin; I. K.) kam um elf: ‚Haste Lust mitzugehen?'. Dann haste gesagt, o.k., wir treffen uns um halb zwölf oder zwölf." (Lisa)

Diese Zeit ist für alle die interessanteste. Die Theke ist umlagert, die Tanzfläche voll und die Sitzgelegenheiten sind besetzt. Die Frauen können in der Bar viel sehen und werden von vielen gesehen. Es zeigt sich das Paradox, daß je voller der Raum ist, es sich desto leichter in ihm bewegen läßt. Auch die Frau, die Neuling in der Bar ist, fühlt sich in dieser Zeit am wohlsten. Sie geht in der relativen Anonymität unter und kann scheinbar unbeobachtet alles beobachten. Die Fülle des Raumes erzwingt Kontakte, ohne daß frau aufdringlich ist. Bei dieser relativen Personendichte ist auch das strikte Abschotten der Freundschaftscliquen vom übrigen Publikum nicht mehr möglich, ein gegenseitiges Kennenlernen wird durch die Umgebung bedingt. Kontakte zwischen nichtbekannten Individuen und Gruppen sind unvermeidbar. Frau stößt sich versehentlich an der Tanzfläche und muß sich entschuldigen, frau kämpft sich zur Tanzfläche vor und muß dabei Durchlaß erbitten. So bieten sich unverfängliche Anlässe zu einer Kontaktaufnahme. Die Musik kann kommentiert werden, eine Frau kann zum Tanz gebeten werden oder frau wird selbst aufgefordert. Während dieser Zeit ist die Heterogenität der Besucherinnen in einer Bar am stärksten ausgeprägt.

Danach folgt bis zur Schließung des Lokales eine ruhige Phase. Alle Fremden, die nicht zum Stammpublikum gehören, sind verschwunden. Zurückgeblieben sind Paare, die die Nacht durchfeiern wollen, Cliquen, die noch etwas gemeinsam unternehmen wollen, und Frauen, die darauf warten, daß sie noch Gelegenheit erhalten, sich näher kennenzulernen.

„Dann ist was los, dann ist es nicht mehr so proppevoll. Dann kannste tanzen, lustig sein, dann quatscht man und trinkt noch einen. Dann geht man raus, frühstücken. Dann geht man noch an die Havel oder zu jemanden in die Wohnung." (Lisa)

Die Schließung des Lokales wird von der Bardame eingeleitet. Sie signalisiert dies über das Waschen der Gläser und über die Musik. Eine Bardame berichtete mir, was mit meinen Beobachtungen übereinstimmt, daß sie zuerst Musik laufen läßt, die sich rhythmisch von der vorhergehenden unterscheidet. Dann wird Musik gespielt, die die Müdigkeit fühlen läßt, und danach wird sie abgestellt. Frauen, die diese Signale noch immer nicht verstanden haben, werden dann gebeten, nun das Lokal zu verlassen.

Ein Abend in einer Bar für Frauen läßt sich in seiner Regelhaftigkeit, seinen Ritualen im Ablauf und dem sozialen Agieren der Beteiligten mit einer privaten Party vergleichen. Bei beiden ist die soziale Homogenität der Besucher(innen), deren Bekanntheit untereinander und mit der Gastgeberin (im Fall der Bar der Barfrau) und dem Gastgeber für das Gelingen des Abends von größter Bedeutung. Eine gelungene Party und ein gelungener Abend in einer Bar sind Höhepunkte beim Ausbruch aus dem Alltag. Parties sind Versammlungen einer Gruppe von Freunden und Bekannten, die in der Hauptsache aus Tanzaktivitäten, Unterhaltung und Zecherei bestehen. Soziale Kontakte kommunikativer und erotischer Art, Selbstdarstellung beim Tanz und eine gewisse zufriedene Erschöpfung finden sich im Verlauf der Nacht sowohl bei Parties als auch in den Damenbars[40].

Ereignisse in der Bar

Der Verlauf eines Abends und einer Nacht in einer Bar wird neben den äußeren Einflüssen durch die unterschiedlichen Bedürfnisse der Besucherinnen gestaltet. Der Abend beginnt mit den Frauen, die sich nach der Arbeit entspannen wollen.

„Wenn es mir nicht gut geht und ich auch nicht allein sein will, gehe ich in die Bar und trinke ein Bier. Das muß nichts mit meinem Lesbischsein zu tun haben. Es kann Ärger auf der Arbeit sein. Dann sitze ich da und trinke ein Bier. Da will ich auch mit niemandem sprechen. Ich habe das Gefühl, es (die Bar, I. K.) ist eine Verlängerung meines Wohnzimmers." (Anna)

Ferner sind bald nach der Eröffnung auch die Frauen da, die sich mit Freundinnen treffen wollen, und Neulinge, die die Gepflogenheiten noch nicht kennen. Diese Frauen verlassen auch relativ früh wieder den Ort. ,,Pendlerinnen'', ,,die den Markt begucken'' (Ilona), besuchen die verschiedenen Damanbars und erfreuen sich an der unterschiedlichen Atmosphäre der einzelnen Bars und registrieren, wer alles anwesend ist und wie groß die lesbische Gemeinschaft in den Bars ist. Wer sich sehen lassen, tanzen und mit fremden Frauen ins Gespräch kommen will, besucht zwischen 23.00 und 1.00 Uhr die Bars. In dieser Zeit verlassen die frischverliebten, glücklichen Paare, die für eine Stunde in den ,Sub' tauchen wollten, die Bar. Etwas später verlassen die Paare den Ort, die schon über Jahre hinweg zusammenleben. Sie tun dies oft mit der Bemerkung, der nächste Tag werde anstrengend und sie müßten ins Bett. Frauen, die sich an dem Abend gefunden haben, verlassen ebenfalls gemeinsam das Lokal.

Die zurückgebliebenen Frauen sind Mitgliederinnen von Cliquen, die die Nacht durchfeiern, Frauen, die darauf warten, angesprochen zu werden oder jemanden ansprechen zu können und Frauen, auf die niemand zu Hause wartet. In dieser ruhigen Phase kommen die Frauen mehr ins Gespräch, Freundschaften entstehen, Cliquen werden gebildet oder einzelne Frauen werden in Cliquen aufgenommen. Die Bar wird langsam leer, es ist ein langsames Abbröckeln. Die, die bis zuletzt bleiben, frühstücken an Wochenenden in der Bar. Manche Frauen gehen in Gruppen in nahegelegene Frühstückslokale oder in die Wohnung einer Frau.

Im Verlauf des Abends und einer Nacht werden zwei sehr unterschiedliche Bedürfnisse befriedigt. In der Zeit, die die meisten Besucherinnen verzeichnet, kann gesehen und gespürt werden, wie viele lesbische Frauen es gibt, daß Lesbischsein nichts Ungewöhnliches ist und daß diese Frauen sehr unterschiedlich sein können. In den ruhigen Phasen können die Eindrücke verarbeitet werden, die eigene Lebenssituation und die Situation anderer Frauen diskutiert werden. Frauen, die die gesamte Nacht zu den Gästen einer Bar zählen, bleiben aber nicht die ganze Zeit über in der Bar. Rückblickend erinnert sich eine Frau an die Nächte in einer Hamburger Damenbar, in der sie meist drei Nächte in der Woche verbrachte:

''Ich kann gar nicht sagen, was wir die ganze Zeit gemacht haben. Wir haben uns viel gesehen. Wir haben uns ja immer in der gleichen Clique bewegt.''
Frage: ,,Es war doch laut. Oder war keine Musik? Habt Ihr Euch unterhalten?''
,,Ins Ohr gebrüllt, vielleicht bis halb drei, dann ging man runter. Das ,Camelot' ist ja im ersten Stock. Da war ein Grieche, da hat man gegessen, getrunken und ist um fünf wieder hoch. Um sechs, halb sieben machte der Bäcker wieder auf, dann ist man frühstücken gegangen. Das fanden wir abendfüllend.''
Frage: ,,Ihr seid sonst noch in der Zwischenzeit essen gegangen?''
,,Wir sind ganz oft zum Chinesen gegangen. Zwischendurch. Nach ein paar Stunden ,Camelot' dann mal raus, die Ohren ein bißchen auslüften. Und auf dem Kiez gibt es ja viele Chinesen, die die Nacht durch aufhaben. Und bei dem einen traf sich zuweilen das halbe ,Camelot'. Der war man ,in', dann war mal ein anderer ,in'.'' (Sabine)

Ich habe in Berlin-West nicht überprüfen können, ob dieses ,Essengehen' so stark ausgeprägt ist, da auch in den Damenbars ein Imbiß angeboten wird. Einige Frauen gehen jedoch ebenfalls in ein griechisches Lokal, das in der Nähe der drei Damenbars liegt.

Diese Ausflüge in eine ruhige Atmosphäre werden für intensive Gespräche genutzt, die der Klärung des eigenen Selbstverständnisses und für die Diskussion von Sachproblemen innerhalb von Partnerschaften dienen.

„Und auf jeden Fall ist man am Abend runter zu . . . Da bahnten sich immer welche Sachen an. Affären. Die eine mußte mit der anderen reden über die Dritte. Oder die Vierte war unglücklich und mußte dies unbedingt in Ruhe besprechen. Weil die Musik wirklich zu laut war.''

Frage: „Die Kommunikation lief dann in einem anderen Raum? Die Geschichten liefen dann außerhalb des ‚Camelot'. Das ‚Camelot' war der Ort, wo die Frauen sich kennenlernten, dann verabredeten, daß sie gemeinsam zum Essen runtergehen oder Biertrinken in einem Bierkeller. Haben sie dann da die privaten Kontakte geknüpft?''

„Dann haben sich die richtigen wahrscheinlich schon nebeneinander gesetzt. Obwohl mir das damals nicht so vorkam. Damals empfand ich das als eine gemeinsame Aktion!'' (Sabine)

Ein Wechsel von Örtlichkeiten und Aktivitäten ließ sich in Berlin jedoch nur bei den Frauen deutlich beobachten, die der Frauenbewegung nahestehen. Sie wechselten vom Frauencafé oder dem Frauenrestaurant in die Damenbars.

Von seiten der Bar wird aber auch für Höhepunkte und einen gewissen Rhythmus gesorgt. Durch die Musik werden Höhepunkte geschaffen, es wird sich der Stimmung des Publikums angepaßt oder die Stimmung wird durch musikalischen Einfluß weiterentwickelt[41]. Eine bis vor kurzem tätige Barfrau war für ihre Polonaisen bekannt, die sie im Verlauf eines Abends initiierte. Die einzelnen Bars haben auch ein spezielles Angebot an Höhepunkten. Es werden Versteigerungen, Tombolas und Wettbewerbe veranstaltet, wie zum Beispiel die Prämiierung des schönsten Hutes, des originellsten Kostüms. Darüber hinaus gibt es Bälle zu verschiedenen Themen und Anlässen, wie den ‚Ball der kessen Väter', ‚Tanz in den Mai' oder zu Anlässen, die einen Bezug zur Barfrau haben (zum Beispiel zum Geburtstag der Inhaberin). Einige Bars machen auch kulturelle Angebote wie Lesungen von Gedichten lesbischen oder frauenspezifischen Inhalts und Gesangsdarbietungen. Das Vortragen von Literatur lesbischen Inhalts ist mir auch von einem Kölner Lokal bekannt.

Zu diesen Veranstaltungen laden zumeist handgemalte Plakate ein, die einige Wochen vorher an den Wänden angebracht wurden. Häufig erfolgen Einladungen durch Briefsendungen. Im Frauencafé „Orlanda'' wurden jeden Dienstag Frauenfilme gezeigt; diese Veranstaltung wurde von einem eingetragenen Verein durchgeführt. Auf Informationsblättern wurde jeweils einen Monat im voraus das Programm angekündigt. Diese Blätter wurden in anderen Lokalen ebenfalls verteilt. Die Filme waren zeitweilig eine große Attraktion und zogen viele Besucherinnen an.

Eine der Bars veranstaltete ein- oder zweimal im Jahr (zum Beispiel in der Vorweihnachtszeit) einen Ball in einem Lokal, das ein Fassungsvermögen von etwa tausend Personen hat und für diesen Tag gemietet wird[42]. Bisher wurden Eintrittskarten verkauft, die immer schnell vergriffen waren. Diese Bälle mit Kapellen, Gesangs- und Showdarbietungen sind ein Höhepunkt in der (mir bisher nicht zugänglichen) Subkultur lesbischer Frauen. An ihnen läßt sich ermessen, wie groß der Kreis von Besucherinnen der Bar ist, die den Ball initiiert. Unter ihnen sind Frauen, die nur gelegentlich diese Bar aufsuchen, die aber Kontakte zu anderen Frauen haben, die selten oder nie die Bar selbst, wohl aber diese Bälle aufsuchen. Die Mehrzahl der Besucherinnen sind nach Berichten im Alter von vierzig bis fünfzig Jahren, also älter als das Barpublikum.

Häufigkeit des Barbesuches

Die Zahlenangaben über die Häufigkeit des Besuches von Damenbars schwanken bei den Studien, die zu diesem Thema Aussagen machen. Hierbei ist jedoch nochmals zu betonen, daß ein großer Teil der lesbischen Frauen niemals eine Damenbar betreten hat. Im folgenden werde ich wieder US-amerikanische Studien zu diesem Komplex referieren, da die Situation der lesbischen Frauen und folglich auch die Situation der Damenbars in den USA der in der Bundesrepublik ähnlich ist. Außerdem stellt nur die Sozialwissenschaft im anglo-amerikanischen Raum Daten über die Kommunikation lesbischer Frauen untereinander zur Verfügung.

In der Arbeit von Marilyn Fleener sind es elf Prozent der untersuchten Frauen, die niemals in einer ‚gay bar‘ waren[43]. In der Vergleichsuntersuchung von Andrea Kincses Oberstone an fünfundzwanzig lesbischen und fünfundzwanzig alleinstehenden heterosexuellen Frauen im Alter von zwanzig bis fünfundvierzig Jahren in Kalifornien — einem Staat der USA, der über viele Bars für homosexuelle Frauen und Männer verfügt — geben ungefähr die Hälfte der befragten lesbischen Frauen — wie auch der heterosexuellen — an, niemals in eine entsprechende Bar zu gehen[44]. In der Studie von Alice Moses sind es ungefähr zehn Prozent der befragten Frauen, die mehr als zweimal in der Woche eine Bar aufsuchen. Ungefähr vierzig Prozent der Frauen gaben an, sie würden unregelmäßig — wie zweimal im Jahr oder weniger — eine Bar aufsuchen, und sogar siebzehn Prozent berichteten, daß sie weniger als einmal im Jahr in eine Bar gehen würden[45]. Joyce Albro und Carol Tully erfuhren in ihrer Befragung von einundneunzig lesbischen Frauen, daß 86,5 Prozent weniger als einmal im Monat in eine Bar gehen[46]. In der großangelegten Untersuchung von Alan Bell und Martin Weinberg in San Francisco waren fünfzehn Prozent der weißen lesbischen und elf Prozent der farbigen lesbischen Frauen in den zwölf Monaten vor der Befragung nicht in einer Bar gewesen; siebenundzwanzig Prozent der weißen und fünfundzwanzig Prozent der farbigen Frauen gingen nur zu besonderen Gelegenheiten in eine Bar, und nur elf Prozent der weißen und acht Prozent der farbigen Lesbierinnen gingen zweimal oder öfters in der Woche in eine Bar[47]. Die Daten von Bell und Weinberg ergeben, daß mehr als ein Drittel der befragten Frauen nie oder nur bei besonderen Anlässen eine Damenbar besuchte; ein weiteres Drittel ging allerdings einmal pro Woche in eine Bar. In diesen Studien wird aufgrund der Tatsache, daß eine Bar kontinuierlich besteht, angenommen, daß auch ihr Besuch durch lesbische Frauen kontinuierlich erfolgt. In der Literatur gibt es aber zahlreiche Hinweise, daß der Barbesuch phasenhaft verläuft und daß die Subkultur der Bars von den Frauen selektiv genutzt wird.

Hinweise auf die Diskontinuität des Barbesuches geben Cory, Abbott und Love. Der Aufbau einer stabilen Partnerschaft (die im deutschen Sprachraum als ‚Zweierbeziehung‘ bezeichnet wird) geht in der Regel einher mit einem Rückzug aus der ‚gay community‘[48]. Einen weiteren Hinweis gibt Elisabeth Barnhart in ihrer anthropologisch angelegten Untersuchung über die Gemeinschaft lesbischer Frauen von Portland/Oregon[49]. Sie stellte fest, daß dann nicht nur ein Rückzug aus der Barscene erfolgt, sondern aus der gesamten Gemeinschaft. Bei der Mehrzahl der von ihr beobachteten Frauen ist die Sorge um die Erhaltung der ‚lesbian community‘ größer als die Sorge um die Erhaltung von Partnerschaften, die nicht lange dauern. Paare aber, denen die Partnerschaft wichtiger ist als der fortwährende Kontakt zwischen den Mitgliederinnen der Gemeinschaft, verlassen diese und ziehen sich ins Private zurück.

Rita Bass-Hass[50] beschreibt in ihrer Arbeit von 1968 das durch das Alter der Frauen bedingte Aufsuchen der ‚community'. Im Alter von etwa dreißig Jahren wird es für die weißen und schwarzen Frauen schwieriger, Kontakte zu schließen: Die Frauen in der lesbischen Gemeinschaft kennen sich, und der Prozeß des Aufbaus einer Partnerschaft verläuft nach einem restriktiven Muster. Die kleinen Gruppen befreundeter Frauen haben sich ins Private zurückgezogen und erlauben nur selten neuen Frauen den Zutritt, da diese die Konkurrenz unter den Frauen beleben würden oder den Zusammenhalt der Gruppe zerstören würden. Im Alter von vierzig haben viele Frauen den Kontakt zur Gemeinschaft verloren oder noch Schwierigkeiten, eine neue Zweierbeziehung zu gründen. Dies ist dann die Zeit, in der die alleinstehende Frau erneut die Gemeinschaft aufsucht. Die Verfasserin beschreibt dies sehr allgemein. Die Studie wurde auch zu einer Zeit durchgeführt, in der es außer den Bars keine weiteren sichtbaren Manifestationen lesbischer Existenz gab. Die Arbeit von Bass-Hass läßt sich auch als eine Beschreibung des Rückzugs und des Wiedereintritts in die Subkultur der Damenbar verstehen.

Die beiden deutschen Untersuchungen, die Zahlanangaben zum Barbesuch machen, sind von Siegrid Schäfer/Gunter Schmidt und von Susanne von Paczensky. Auch hier wird betont, daß der Anteil lesbischer Frauen, die keine Bars aufsuchen, eine unbekannte Größe ist. In der Erhebung von Schäfer/Schmidt hatten nur acht Prozent der Frauen in den letzten zwölf Monaten nie lesbische Lokale besucht[51], allerdings wurden in ihr 210 der 520 Fragebögen „direkt an Besucherinnen lesbischer Bars verteilt'' (S. 4). Susanne von Paczensky[52], die durch Vermittlung von Kontaktfrauen und bereits befragten Frauen sowie durch persönliches Ansprechen und Zeitungsannoncen fünfundsiebzig Tiefeninterviews mit lesbischen Frauen machte, stellte fest, daß auch von den „Bewegungslesben''[53] nur ein sehr kleiner Teil (12 %) grundsätzlich jeden Besuch von Bars meidet, alle anderen sind mehr oder weniger häufig in den Damenbars zu Gast (S. 153). In dieser Untersuchung wurden allerdings nur Frauen aus Hamburg und der Umgebung von Hamburg befragt. Susanne von Paczensky spricht von einem „phasenweisen'' Besuch der Damenbars (S. 155). Diese Beobachtung wird durch meine Feldforschung bestätigt. Auch die Annahme, daß für viele Frauen der erste Besuch einer Bar auch der Einstieg in ein lesbisches Milieu bedeutet und oft sogar die erste Kontaktaufnahme mit anderen lesbischen Frauen ist, bestätigen meine Beobachtungen und Interviews. Die Soziologin von Paczensky stellte in ihrer Untersuchung fest, daß dieser Lebensabschnitt rückblickend als besonders einschneidend empfunden wird; „er verbindet sich mit intensiver Partnersuche, einer fast süchtigen Abhängigkeit von der neu entdeckten Subkultur und findet meist irgendwann einen Abschluß''.

Motivationen zum Besuch von Bars

Der Einstieg in das lesbische Milieu einer Bar ist oft mit einer Lebenskrise verbunden oder mit einer bewußten Entscheidung, die eigene Homosexualität in einem größeren Kreis einzugestehen[54]. Diese Krise gibt den Mut, den bisher völlig unbekannten Ort aufzusuchen. Eine Bar oder mehrere Bars werden dann eine Zeitlang, die meinen Erfahrungen nach etwa sechs bis achtzehn Monate dauert, intensiv besucht. Jede mögliche Zeit wird in der Bar oder mit Frauen, die dort kennengelernt wurden, verbracht. Der Geldverbrauch ist in dieser Zeit hoch.

„Da war ich monatelang fast jeden Abend im ‚Sappho‘, und jeden Abend war das Gleiche: Zehn, fünfzehn Mark für Bier, stundenlanges Rumsitzen an der Theke‘‘.[55]

Oft ist mit der Entdeckung der eigenen Homosexualität eine Reihe von familiären und beruflichen Problemen verbunden, die dann in der intensiven Phase des Barbesuches geklärt werden. Das nachfolgende, längere Zitat stammt von einer Frau, die mit fünfundzwanzig Jahren nach siebenjähriger Ehe ihr persönliches als auch ihr berufliches Leben veränderte.

„Es waren eineinhalb Jahre. Das ist aber nicht so wichtig. Für mich war es so, wenn du in dieser come-out-Phase[56] bist, dann bist du darauf aus, mit den Leuten zu reden, mit den Leuten zu diskutieren. Du kommst von der Arbeit; ich bin damals mit einer guten Freundin unterwegs gewesen. Die hat auch eine schlimme Phase in dieser Zeit gehabt, in der Beziehung. Wir rein, was getrunken, weil du es nicht aushältst. Ein bißchen angeballert, lustig gewesen, getanzt, Blödsinn gemacht, sich unterhalten, von einem ins andere gezogen oder die ganze Nacht durchgetanzt, geredet ... Du findest es in dieser Zeit auch gut, du möchtest es auch nicht anders. bis du eigentlich den Punkt hast.
Jetzt trifft man sich mal draußen, lädt sich zum Kaffee ein. Es kommt vor, daß man öfters mal zusammen frühstückt ...
Das hängt wahrscheinlich mit einem selber zusammen. Wenn du da reingehst, hast du viel zu verdrängen. Ich habe viel getrunken. Ich trinke heute noch ganz gut. Ich meine doch, nicht mehr so viel. Einfach, um alles zu verdrängen.‘‘
Frage: „Was hast du verdrängen müssen?‘‘
„Meine Probleme mit den Eltern. Ich habe mit siebzehn geheiratet. Ich habe mit meinem Mann großen Ärger gehabt und heute noch. Und dann meine erste große Liebe war mein Problem ... Ich stand mir selbst im Weg. Das geringste war eigentlich die Homosexualität. Mein Mann machte sich da nicht so viel (aus der Sexualität, I. K.) und da gab es keine Schwierigkeiten. Bloß ich habe das jahrelang selbst sehr gut verdrängt. Damit fertig zu werden, war eigentlich sehr wenig. Das geringste, es selber zu akzeptieren.
Mein Mann ist dann also zu meinen Eltern gegangen. Die machten mir Vorwürfe. Meine Mutter: ‚Du kannst alles machen, auf den Strich gehen, aber warum nur ausgerechnet so ...‘
Da habe ich meinen Job fallen lassen, den ich gelernt habe und gearbeitet habe, acht Jahre. Richtig chaotisch. Dann habe ich einen Job nach dem anderen gehabt. Dann hatte ich Geld gespart für ein Motorrad, das habe ich auch vertrunken.‘‘ (Lisa)

Die Damenbar ist für viele Frauen ein Zufluchtsort aus dem mit Problemen überfrachteten Alltag, der zur Klärung dieser Probleme nur Psychiater und Pastoren anbietet. Nicht immer muß eine Krise der Anlaß sein, eine Bar aufzusuchen. Oft mag auch der Wunsch ausschlaggebend sein, in dem bisherigen Leben eine Wende herbeizuführen oder andere lesbische Frauen kennenzulernen. Informationsquellen über lesbische Bars sind hierbei für die Frauen oft Taxifahrer, Illustrierte oder Führer über das Nachtleben von Großstädten. Häufig werden die Frauen auch von Kolleginnen und Bekannten mitgenommen[57]. Gesprächspartnerinnen nannten mir ebenfalls immer wieder diese Möglichkeiten, wobei auffallend war, daß die Frauen sich sehr gut an ihren ersten Schritt in eine lesbische Bar erinnerten.

Die Bar ist neben der Emanzipationsgruppe der einzige Ort, an dem frau mit Gewißheit lesbische Frauen treffen und kennenlernen kann. Das Kennenlernen bezieht sich sowohl auf das Eintauchen in die lesbische Gemeinschaft als auch auf den Wunsch, eine Lebensgefährtin zu finden.

„Ich wollte ja eine Freundin haben, also mußte ich in diese Lokale gehen. Wußte ja nicht, wie ich das sonst machen sollte."

„Ich habe einen Haß auf die Lokale. Aber zum Kennenlernen bin ich doch hingegangen. Eine Zeitlang ging ich jedes Wochenende, weil ich mich so einsam fühlte. Bis ich was Festes fand."[58]

Die Chancen, eine Lebensgefährtin in einer Bar kennenzulernen, sind nicht groß. Ich werde im folgenden wieder US-amerikanische Arbeiten referieren, da hierzu sehr wenig deutsche Aussagen vorliegen. In seiner Studie über homosexuelle Paare, in der die Beziehungsstruktur von fünf weiblichen und zehn männlichen Paaren erforscht wurde, stellte Neil Tuller[59] fest, daß sich nur ein Paar in einer Bar kennengelernt hatte. Er nimmt deshalb an, daß die Begegnung, die zu einer Paarbildung führt, vorrangig eine soziale im Gegensatz zu einer sexuellen ist. Auch in der Untersuchung von zwölf lesbischen Paaren von Donna Tanner fand sich nur ein Paar, das sich in einer Bar kennengelernt hatte. Die anderen Paare lernten sich am Arbeitsplatz, an der Ausbildungsstätte (Schule, College und Universität) oder durch gemeinsame Freunde und Freundinnen kennen[60]. Letitia Anne Peplau untersuchte mit anderen bei einer Gruppe von 127 Frauen das Zugehörigkeitsgefühl („attachment") und die Autonomie in lesbischen Beziehungen mit einem Fragebogen. Von den 127 Frauen wurden 77 befragt, wo sie ihre gegenwärtige Partnerin getroffen haben. Ungefähr ein Viertel dieser Befragten gab an, die Partnerin durch Freunde kennengelernt zu haben; ein weiteres Viertel hatte sie an der Ausbildungsstätte (16 %) oder an der Arbeitsstelle (10 %) kennengelernt; 18 % der Befragten begegneten der Partnerin bei Aktivitäten der Emanzipationsbewegung lesbischer Frauen (zum Beispiel Tanzveranstaltungen, Treffen, Selbsterfahrungsgruppen). 12 % der befragten Frauen hatten ihre Freundin durch feministische Aktivitäten kennengelernt, und nur eine der 77 Frauen hatte ihre Partner in einer Damenbar getroffen[61].

Zu einer ähnlichen Reihenfolge bei der Auswertung der Orte des Kennenlernens kamen Joyce Albro und Carol Tully. In ihrer Untersuchung lernten sich die meisten lesbischen Paare durch gemeinsame homosexuelle Freunde und Freundinnen kennen, an zweiter Stelle wurden Frauengruppen genannt und erst an dritter Stelle die Bar[62]. Zu anderen Ergebnissen kam Susanne von Paczensky in ihrer Befragung von fünfundsiebzig Frauen: „Die Hälfte der ‚Sublesben' und immerhin mehr als ein Viertel der ‚Bewegungslesben' lernten die erste Frau, zu der sie eine sexuelle Beziehung hatten, im ‚Camelot' oder in den ‚Ikastuben' kennen" (S. 157). Dieser scheinbare Widerspruch zwischen den referierten Studien läßt sich erklären. Susanne von Paczensky wandte sich unter anderem gezielt an Frauen, die der Emanzipationsbewegung lesbischer und nichtlesbischer Frauen fernstanden. Zudem war diese Emanzipationsbewegung zum Zeitpunkt der Befragung erst in ihren Anfängen und bot deshalb noch sehr wenige Möglichkeiten für Frauen, sich als lesbische Frauen kennenzulernen. Außerdem fragten Peplau und andere nach der gegenwärtigen Lebensgefährtin, und nicht nach der ersten sexuellen Partnerin. Aufgrund meiner Beobachtungen schlage ich für weitere Untersuchungen vor, danach zu fragen, ob frau in der Bar eine sexuelle Bekanntschaft gemacht hat, ob frau dort direkt die Partnerin kennengelernt hat oder ob dies indirekt (durch Freundinnen oder die Vermittlung der Barfrau) geschah. Sowohl bei der Vermittlung durch die Barfrau als auch beim

Bekanntmachen von Freundinnen in der Clique ist das Vorfeld der Beziehung, nämlich der soziale Hintergrund der potentiellen Partnerin, schon bekannt.

Der Wunsch, eine Partnerin kennenzulernen, ist nach meinen Beobachtungen ein sehr starkes Motiv, als Neuling eine Bar aufzusuchen. Um so verblüffender ist es, daß in der Untersuchung von Schäfer und Schmidt nur 28 % der Frauen angeben, in der Bar eine Freundin zu suchen[62]. Ich stimme der Vermutung von Jutta Brauckmann zu, daß es in Wirklichkeit viel mehr Barbesucherinnen sind, ,,die in den Lokalen eine Freundin zu finden hoffen''.[64] Jutta Brauckmann vermutet drei ,weibliche' Verhaltensweisen, die durch diese Verleugnung offenbart werden:

a) ,,. . . die Frauen sind sich dieses Bedürfnisses gar nicht bewußt,
b) sie verdrängen das Bedürfnis, um nicht zugeben zu müssen, daß sie darauf angewiesen sind oder sich alleine fühlen,
c) sie verharren in Passivität und hoffen auf die Initiative einer anderen Frau. Viele Frauen haben nicht gelernt, den ersten Schritt zu tun.'' (S. 31 f.)

Obwohl die Bar bis vor kurzem — vor dem Entstehen der Emanzipationsgruppen lesbischer Frauen und deren Veranstaltungen — der einzige Ort war, an dem lesbische Frauen eine Partnerin zu finden hoffen konnten, wird gerade die *offensichtliche Suche* nach einer Lebensgefährtin oder Sexualpartnerin tabuisiert. Frauen, die allzu offensichtlich nach einer Partnerin Ausschau halten, werden gemieden. Sie finden auch keinen Anschluß an die Cliquen in den Bars. Ein Grund für ihre Ablehnung könnte sein, daß sie die Sexualisierung der Bar erhöhen; sie erhöhen aber auch den Wettbewerb und die Konkurrenz unter den Frauen und bewirken damit emotionellen Aufruhr. Sie erzeugen ebenfalls Verlustgefühle und Angst, die Partnerin an eine solche suchende Frau zu verlieren. Dieses Verhalten der einsamen Frau erinnert daran, daß ihr Unglück für die anderen jetzt glücklichen Frauen auch wieder Realität werden könnte. Die Frauen haben Angst vor dieser Vision. Viele Frauen sehen die Bar ausschließlich als einen Ort an, an dem frau eine Freundin finden kann, und nicht als einen Ort, an dem frau sich gesellig verhalten kann. In ihren Augen ist dann folglich die Bar der Ort, an dem sie die Freundin auch wieder am schnellsten verlieren können. Dies hängt auch von dem Gefühl der eigenen Attraktivität ab.

,,Die Frauen fühlen sich nicht stark und als Sexualobjekt nicht begehrenswert genug. Lesben halten sich nicht für begehrenswert. Sie halten andere für begehrenswert und sich eigentlich nicht für schön, akzeptabel, anziehend . . .
Es hat damit zu tun, daß die Frauen es sich nicht zutrauen, jemanden zu erobern. Die Freundin, die sie derzeit haben, hat einen besonderen Wert, weil man von der Knappheit des Angebotes ausgehen muß. Man geht von der Knappheit des Angebots aus und hält fest, was man hat. Mit der derzeitigen Freundin hat man eine stabile Lebenssituation. Alle haben sich an sie gewöhnt. Die Homosexualität kommt erst wieder aufs Tapet, wenn man wechselnde Beziehungen hat . . .'' (Anna)

Eine Frau, die auf der Suche nach einer Partnerin ist, muß ein Ritual durchlaufen, in dem sie darlegt, daß sie nicht in die bestehenden Partnerschaften einbrechen will.

,,Zwischen zwei Frauen, die beide passiv erzogen sind, kann es sehr schwierig sein, ein Gespräch in Gang zu bringen, oder für eine, genug Mut und Entschlossenheit aufzubringen, um anzufangen. Den ersten Schritt zu machen, kann ein langer, komplizierter Vorgang sein. Eine Frau zum Tanzen aufzufordern, ist oft mit Angst und Verlegenheit verbunden. Sogar eine freundliche Geste einer Frau im Lokal gegenüber erfordert die Auslotung der Situation, indem man sie eine zeitlang beobachtet: Ist sie mit ihrer Freundin oder nur mit einer

Bekannten zusammen? Ist die Freundin eifersüchtig? Führt dies möglicherweise zu Auseinandersetzungen? Bei der ersten Annäherung stellt man einfach rituelle Einleitungsfragen: ‚Was macht ein nettes Mädchen wie Sie hier?' Oder: ‚Kommen Sie oft hierher?' ‚Möchten Sie etwas trinken?' oder ‚Möchten Sie tanzen?' "[65]

Eine Frau, die die Damenbar nur aufsucht, um eine Freundin kennenzulernen, wird sich deshalb auch wieder zurückziehen, wenn sie eine Partnerin gefunden hat.

„Zwei Frauen, die zusammenleben wollen, meiden wenn irgendmöglich die Bar. Es ist gefährlich für eine, allein dorthin zu gehen. Sehr oft verbieten Frauen ihren Freundinnen, allein in die Bar zu gehen. Ohne Ehering, gemeinsames Eigentum und gesellschaftliche Absicherung wird eine lesbische Beziehung als unbedeutend betrachtet, auch wenn beide Partner eine Bindung eingehen wollen." [66]

Abbott und Love führen in diesem Zitat die vermeintlich geringere Achtung von Partnerschaften auf die allgemeine gesellschaftliche Geringschätzung lesbischer Partnerschaften zurück, die sich dann im Verhalten der lesbischen Frauen wiederfindet. Eine Frau wird dann allerdings wieder die Damenbar aufsuchen, wenn die Partnerschaft beendet ist, und sie sich erneut auf die Suche nach einer Partnerin begibt.[67]

Die lesbische Gemeinschaft in einer Bar reagiert auf verschiedene Weise auf die Partnerinnensuche und den so häufig diffamierten ‚Sexmarkt'.

„Niemand würde bestreiten, daß der Hauptgrund in die Bar zu gehen ist, eine Freundin zu finden. Manche suchen Liebe und ‚Ehe' . . . aber — eine Anzahl Frauen schätzt die Chance, an so einem Ort eine passende Langzeit-Freundin zu finden, gering. Sie suchen eine Frau für eine Nacht. Es herrscht eine sexuelle Drucksituation vor. Am Ende des Abends geht für manche die Paarung auf." [68]

Ein anderer Mechanismus der Kanalisierung und Neutralisierung der durch Wettbewerb und Konkurrenz geschürten Emotionalisierung innerhalb einer Bar ist das Bilden von Cliquen, die nur selektiv Außenstehende aufnehmen. Als einen weiteren Neutralisierungsmechanismus sehe ich ferner das große Interesse, daß dem Bilden von Partnerschaften entgegengebracht wird. Dieses Bilden von Partnerschaften wird in der US-amerikanischen Literatur ‚pairing' genannt. Ein Indiz für das starke Interesse an den Paarbeziehungen ist, daß bei Begegnungen lesbische Frauen sich zwar immer zuerst nach dem persönlichen Wohlergehen befragen, hieran sich aber dann jeweils die Frage anschließt, ob die Gefragte noch mit der XY (Name der Partnerin) zusammen sei, und wie lange sie schon mit ihr in einer Partnerschaft lebe. Jedes genannte Jahr wird mit Wohlgefallen registriert.

Wenn ein Paar sich getrennt hat, geht diese Information im Lauffeuer durch die lesbische Gemeinschaft. Das Ereignis wird von allen kommentiert, und in der Regel werden beide Partnerinnen bedauert; hat jedoch eine die Partnerschaft einseitig beendet, wird die andere besonders bedauert und getröstet. Dieses ‚pairing' ist nach Elisabeth Barnhart[88] ein konstitutives Element in der ‚lesbian community'. In der von ihr und anderen untersuchten lesbischen Subkultur von Portland/Oregon ermunterten sich die Frauen fortwährend gegenseitig, emotional-sexuelle Beziehungen einzugehen. Barnhart vermutet als Ursache dafür, daß alleinstehende Frauen von anderen als potentielle Rivalinnen gesehen werden, die in die Partnerschaften einbrechen könnten (S. 108).

Das Interesse am Beobachten des Eingehens von Beziehungen ist keine typische Verhaltensweise lesbischer Frauen, auch wenn sie ausgeprägt sein mag.

Goffman betont, daß das intensive Interesse an der Bildung von Paaren ein allgemeines Phänomen unserer Gesellschaft ist:

„In der modernen Gesellschaft interessiert man sich intensiv für die Bildung der Paare, was übrigens nicht liierte oder bereits liierte Personen einschließt, die, indem sie eine neue Bindung eingehen, eine andere Beziehung verleugnen ... Tatsächlich schafft die Bildung und Neubildung von Paaren einen der Zufälle und eine der Hauptfreuden des öffentlichen Lebens, wenigstens an den zahlreichen Orten, wo sich die Geschlechter begegnen."[69]

Von der Partnersuche befreit sind die Freundinnenpaare. Die meisten Paare ziehen sich zurück in die Privatheit. Ein Teil bleibt jedoch Publikum in den Bars und wird zur Stammkundschaft, die mäßig aber regelmäßig die Bar aufsucht.

„Ich kenne sehr viele ältere Beziehungen, denen es sehr gut geht. Pärchen, weißt du, die kommen immer zusammen. die trinken drei Flaschen Sekt am Wochenende, tanzen die ganze Nacht durch, die beiden. Sie haben nette Bekannte und sind auch bekannt." (Lisa)

Die Freundinnenpaare sind es, die die Bar auch am ehesten für ihre geselligen Bedürfnisse nutzen können. Das dominierende Bedürfnis, eine Partnerin zu finden, ist bei ihnen ja befriedigt. In der Untersuchung von Schäfer/Schmidt gehen 83 % der Frauen in eine Bar, um mit ihrer Freundin zu tanzen, 62 % um „mit ihrer Freundin in Ruhe ein Bier zu trinken" (S. 92). Nur wenige der Paare haben keinen Bekanntenkreis in der Bar. Sie sind zudem meistens mit der Barinhaberin oder dem anderen Personal locker befreundet. Die Paare befriedigen in der Bar Bedürfnisse nach Geselligkeit in einem Kreis, in dem sie ihr Lesbischsein und ihre lesbische Partnerschaft nicht verstecken müssen. Die meisten Frauen betreten mit einer anderen Frau eine Bar. Der Lokalbesuch ist eine gemeinsame Freizeitbeschäftigung mit besonderen sozialen Funktionen. 70 % der von Schäfer/Schmidt befragten Frauen gehen in die Bar, weil „es ein beruhigendes Gefühl ist, daß alle anderen Frauen dort in der Regel auch lesbisch sind", und 73 %, weil sie sich in dieser Umgebung wohlfühlen (S. 92). Die zweithöchste Nennung in dieser Untersuchung bezog sich vage auf das Geborgenheitsgefühl im Kreis Gleichbetroffener und Gleichgesinnter. Auch in der Studie von Joyce Albro und Carol Tully gaben die regelmäßigen Barbesucherinnen an, daß sie aus geselligen Gründen („social reasons") die Bar aufsuchten (S. 338). Die von der Gesellschaft geschaffene Zwangsgemeinschaft wird als Gemeinschaft erlebt und genutzt. Meine Beobachtungen und die von mir geführten Gespräche belegen ebenfalls, daß die Bar auch positiv als der Ort erlebt wird, an dem eine lesbische Frau Gefühle zeigen kann, deren Ausagieren an anderen Orten mit Sanktionen belegt wird.

Die Damenbar ist aber ebenso der Ort, an dem frau Freundinnen treffen kann, ohne sie selbst bewirten zu müssen. Geburtstage, Jahrestage in den Partnerschaften, Erfolge im Beruf werden in der Bar im Kreise befreundeter Frauen gefeiert, wobei mit der Barinhaberin ein Sonderpreis ausgehandelt wird.

„Ich habe meinen Geburtstag da gefeiert ... Wir haben gesagt. Jutta machst du uns einen guten Extrapreis, wir laden ein paar Freunde ein (. . .) Wir haben gesagt, wir trinken vorwiegend Wodka. Es hat sich wirklich gelohnt. Ein Freundschaftspreis. Wir haben nur aus Flaschen getrunken, die sie hingestellt hat. Kerzen hat sie hingestellt. Da hat sie echt einen touch für. Und ganz toll dekoriert oder reserviert ...

Gabi hat damals mit Gudrun zusammen gefeiert. Da kam sie (die Barbesitzerin) auch gleich an. Oder so eine hübsche Karte ‚du kannst doch heiraten'. So mit Musik ...

Beim Geburtstag ist am beliebtesten ‚alles Gute zum Geburtstag' ... (Das Lied) wird dann um zwölfe gespielt. Oder sie hat dann auch so nette Einfälle ... (Lisa)

Diese Nutzung der Bar wurde auch schon von Donna Tanner festgestellt (S. 84).

Die Frauen, die entweder in Paaren oder in Cliquen kommen, sind es, die die zuweilen heitere Atmosphäre in der Bar verbreiten. Cory stellte schon 1965 diese Fröhlichkeit in den Damenbars im Gegensatz zu den Bars für homosexuelle Männer fest (S. 153 ff.). Seiner Meinung nach konnte diese Fröhlichkeit aber auch künstlich sein. Sidney Abbott und Barbara Love widersprachen Cory und betonten die Tristesse in den Damenbars (S. 110). Beide Verfasserinnen standen der Frauenbewegung nahe und sahen in den Bars eine schlechte Alternative zum Isoliertleben. Die Fröhlichkeit und Ausgelassenheit, das Gefühl des Befreitseins, sich keine Zwänge auferlegen zu müssen, habe ich oft beobachtet, und es wurde mir von vielen Informantinnen genannt. Frauen jedoch, die allein in die Bar kommen, um eine Partnerin zu finden oder Frauen, die die Bar als den Ort aufsuchen, an dem sie ihre Trauer über den Verlust einer Freundin zeigen dürfen, sind davon ausgeschlossen. Dies gilt selbstverständlich auch für Paare, die in einer Krise leben. Die Bar wird von Frauen aufgesucht, die sich im Kreise von anderen vom Berufsalltag erholen wollen und Abstand gewinnen wollen. Dies sind die Frauen, die schon kurz nach der Eröffnung erscheinen oder die am Wochenende, vor allem am Freitagabend, die ganze Nacht durchtanzen. So ist der Freitagabend immer von einer unterschwelligen Hektik gekennzeichnet, im Gegensatz zum Samstagabend, an dem die Frauen ausgeruhter, ruhiger und gelassener sind.

Einen weiteren Anlaß, die Bar aufzusuchen, bietet das Publikum. Es ist eine der größten Attraktionen einer Bar. Bars, die leer sind, werden gemieden. Aus diesem Grund sind auch die Tage, die eine hohe Besucherinnenzahl aufweisen, besonders anziehend. Es ist, als ob sich vergewissert werden soll, wie viele Frauen sich zur lesbischen Gemeinschaft zählen. Allein die Menge der anwesenden Frauen fasziniert. Je mehr Frauen anwesend sind, desto größer ist die Chance befreundete oder bekannte Frauen zu treffen. So sind die Tage mit den vielen Besucherinnen auch für Frauen attraktiv, die die Bar allein aufsuchen wollen oder müssen, die aber nicht an einem Gespräch mit der Barfrau oder den anderen Frauen an der Theke interessiert sind. Die menschlichen Begegnungen werden als anregend und spannend empfunden.

,,Paß mal auf, wenn ich in den Sub gehe, weißte, was mir daran am besten gefällt? Ich weiß nicht, wie der Abend wird. Wenn ich ins Kino gehe, weiß ich, wie der Film wird; wenn ich in eine normale Diskothek gehe, weiß ich, o.k., ich tanze da. Aber ich weiß nicht, ob ich diskutiere, tanze, frühstücke oder ob ich nach einer Stunde wieder nach Hause gehe. Ich gehe meistens mit einer guten Freundin hin, und oft sehen wir uns den ganzen Abend nicht, mal tanzen wir die ganze Nacht durch. So verschieden ist das. Wie man Lust und Laune hat, wenn man Leute trifft. Oder eben auch Neue. Ach, und da kannst du auch tausend Geschichten erzählen. Nette Begebenheiten, immer wieder, die überwiegen. Selten Enttäuschungen.'' (Lisa)

Das Aufsuchen einer Damenbar ist ein Schritt auf dem Weg zur Selbstannahme und damit ein individueller Stabilisierungsversuch. Evelyn Hooker[70] stellte diese Funktion der Bars schon in den sechziger Jahren fest. Sie untersuchte allerdings Bars für homosexuelle Männer. Jutta Brauckmann weist ebenfalls auf diesen eindeutig positiven Aspekt des Besuches einer Damenbar hin: ,,Im Gegensatz zur Flucht in Ehe, Therapie oder Bisexualität hat diese Entscheidung eindeutig das Annehmen der eigenen Homosexualität zum Ziel''[71]. Die Besucherin einer Bar wählt nicht die Individualisierung ihrer Problematik, sondern den Weg in die Gemeinschaft lesbischer Frauen. So kann zwar ,,das Abdrängen in ein neues Getto dem Annehmen der eigenen Homosexualität im Wege stehen, da der Konflikt mit der Außenwelt erhalten bleibt. Dagegen eröffnen sich Identifikationsmöglichkeiten mit anderen lesbischen Frauen, die die Lesbe vorher nicht hatte."[72].

Die Subkultur in den Damenbars schützt vor dem Anpassungszwang, den die heterosexuell strukturierte und antilesbische Umwelt gerade gegen lesbische Frauen anwendet. Die Bar wird als Freiraum empfunden, in dem frau mit anderen Frauen zusammen sein kann:

„Gerade wenn man sich mit den Frauen unterhält, gerade über das Lesbischsein. Man spricht ja oft so, wie wars bei Dir? Und so. Man spricht doch mal immer wieder darüber. Es kommt dann raus, daß es nicht allein wichtig ist für Frauen, lesbisch zu sein, eine Beziehung zu haben, sondern, daß es für die Frauen heißt, unter Frauen zu sein. Mit Frauen zusammenzusein, mit ihnen viel zu tun. Zu akzeptieren, daß es bei der Arbeit zwar anders ist, daß man mit den Menschen gut auskommt, daß man aber die Freizeit mit Frauen verbringen will . . ." (Lisa)

Aus der Sicht einer Barfrau lassen sich die Besucherinnen in drei Gruppen einteilen:
1. Frauen, die ‚auf den Putz hauen wollen', das heißt, die feiern und in Cliquen ausgelassen sein wollen;
2. Frauen, die unglücklich sind; das sind die, die keine Freundin oder gerade Probleme in ihrer Partnerschaft haben;
3. Frauen, die mal zu Besuch kommen.

Damit sind die unterschiedlichen Motivationen, die zum Besuch in einer Damenbar führen, auf knappe und präzise Weise beschrieben. Ältere Frauen betonen in Gesprächen, daß für sie die Bar der einzige Ort war oder ist, an dem sie zu ihrem Lesbischsein stehen konnten. Er war für sie die lesbische Insel in einer antilesbischen Umwelt. Vermutlich wird die Bar desto eher als ‚Zufluchtsort' empfunden, je feindlicher die Umwelt ist, wie dies Cory von der Nach-McCarthy-Aera der USA beschreibt[73]. Die Bar ist das Sicherheitsventil, das den Druck, die Anpassung an die Umwelt und die Monotonie des Alltagslebens erträglich macht.

Selektion der Besucherinnen

Die erste Auswahl der Kundschaft findet schon an der Tür statt. Es haben nur Frauen Einlaß, die im großen und ganzen die Regeln des Lokals akzeptieren. Einige Frauen berichteten mir, daß sie selbst zeitweilig in ein Lokal nicht eingelassen wurden. In einer Homosexuellenkneipe, die von Männern und Frauen besucht wird, beobachtete ich, daß einer angetrunkenen Frau der Eintritt mit dem Hinweis verweigert wurde, sie besitze keine Clubkarte. In diesem Lokal werden jedoch keine Clubkarten vergeben.

Innerhalb der Bar und innerhalb des Besucherinnenkreises findet dann eine weitere Selektion statt. Nichterwünschte und vor allem nicht als Stammkundschaft erwünschte Frauen werden beim Eintritt nicht freundlich begrüßt, sondern ignoriert. Sie werden bei Bestellungen übergangen, indem die Reihenfolge nicht eingehalten wird. Bei der Entgegennahme der Bestellung und bei der Bezahlung werden sie auch nicht direkt angeguckt. Zudem werden von seiten der Wirtin keine freundlichen Bemerkungen und Kommentierungen ihnen gegenüber gemacht. Einer nicht erwünschten oder von der Barfrau nicht akzeptierten Frau wird der Platz an der Theke verweigert.

„Aber in den ‚Ika-Stuben‘, diesem anderen Lokal in Hamburg. Da muß man privilegiert sein, um an die Bar zu kommen."

Frage: „Was heißt ‚privilegiert‘ an der Bar. Wer regelt dies?"

„Die beiden Besitzerinnen, die die Bar und die Musik machen. Wenn du dich mit denen verstehst, und du öfters kommst und viel verzehrst. Wenn du am Abend an einer Cola nuckelst, dann kommst du da nie hin . . . Das habe ich mitgekriegt, weil ich zuerst gar nicht wußte, weshalb ich nicht an der Bar sitzen soll, wenn es halb leer ist . . .

Normalerweise ist das so: Wenn du rein kommst und an die Bar gehst, dann sagen sie, da ist besetzt. Dann wirst du irgendwo hin verwiesen. Wenn die dich mögen und merken, du kommst öfters und du schnackst auch mal ein Wort mit denen, dann lassen sie dich sitzen. Das ist auch ein Kreis an der Bar, die kennen sich alle untereinander und kommen auch alle wieder. Und dann kommst du auch mit denen in Kontakt." (Sabine)

Ein weiterer Schritt ist dann, daß die Besucherin nicht mit in die Gespräche einbezogen wird. Die Barfrau beginnt das Gespräch mit den an der Theke sitzenden Frauen und formt einen Gesprächskreis. Sollte eine noch nicht akzeptierte Besucherin den Mut haben, ein Gespräch zu beginnen, kann die Barfrau ausweichen, indem sie mit anderen Frauen spricht, die Tür öffnet — mehr oder minder demonstrativ — die Gläser wäscht. Eine derart nichtbeachtete Frau wird dann auch von den anderen Frauen nicht mit ins Gespräch einbezogen. Sie muß ihre Entschlossenheit, in der Bar Fuß zu fassen, unter Beweis stellen. Dieses ‚Fußfassen‘ in einer Damenbar erfolgt auf verschiedenen Wegen, die sich ergänzen können.

Die neue Frau muß eine Weile nur Kundin sein. Es wird dann die in den Publikationen der Emanzipationsgruppen so häufig erwähnte Frau sein, die einsam und traurig an der Theke oder an einem Tisch sitzt und die ganze Nacht still vor sich hin trinkt. Sie wird dann allerdings nach einer Weile von den anderen Stammgästen erkannt und wohlwollend als eine Dazugehörige begrüßt und noch später als eine der ihren aufgenommen. Der Prozeß der Anpassung und Verankerung kann sich beschleunigen, wenn die Besucherin auf eine Clique stößt oder mit anderen eine Clique bildet. Dies erfordert aber, daß sie aktiv wird, andere anspricht und nicht wartet, bis sie endlich angesprochen wird. Der Verankerungsprozeß kann sich auch verkürzen, wenn die Besucherin von der Inhaberin oder anderen Mitarbeiterinnen der Bar integriert wird. Dies wiederum hängt in starkem Maße von dem Konsum an Getränken und von der Zahl der spendierten Getränke ab. Hierzu ist es notwendig, daß die Bar als Ort des Konsums und des Vergnügens betrachtet wird.

Die Frau, die den inneren Kreis durchbrochen hat und als Stammkundin an der Theke sitzt, gehört dann zur Clique mit dem höchsten Status in der Bar.

„Später, als ich dann an der Bar saß und mit anderen, die schon seit Jahrzehnten dort sitzen, dann haben mir die Frauen hinter der Bar auch mal einen Gin Tonic ausgegeben. Das war offenbar schon was, wurde mir gesagt . . . Was alle toll fanden, zu meiner Zeit jedenfalls, war, wenn die Barfrau sie kannte. Das war auch im ‚Dorian Gray‘, wenn man sich mit der L. (Besitzerin) gut stand.

Frage: „Warum ist es so wichtig, mit der Barfrau befreundet zu sein?"

„Ich glaube, dann gehören sie dazu. Sonst bist du eine Unbekannte, die mal reinguckt. Du gehörst dazu, das ist ganz wichtig." (Sabine)

Attraktive Frauen oder Frauen, die signalisieren, daß ihnen der Besuch der Bar eine Befreiung vom bisherigen Leben bedeutet, haben einen leichteren Einstieg in das Barleben. Sehr viele Frauen jedoch gehen unfreiwillig und unglücklich in eine Damenbar; sie tun dies mit den entsprechenden Vorurteilen.

Eine Studentin berichtet in der Dokumentation über die jährlichen Pfingsttreffen, daß sie von der Studienkollegin, in die sie verliebt war, zum Barbesuch ermuntert wurde, damit sie andere lesbische Frauen kennenlernt:

,,Schließlich fiel ihr ein, daß sie mit ihrem Verflossenen mal an einer Kneipe namens ,Sappho' oder so ähnlich vorbeigekommen war, und er hatte gesagt: ,Hier treffen sich die lesbischen Weiber . . .' Sappho: Das Guckloch und die Klingel ängstigten mich; für sie war logischerweise alles einfacher; sie war ja nicht betroffen. Als ich mich drinnen umsah, war ich angenehm überrascht. Was hatte ich mir für Vorstellungen gemacht von dem Innenleben einer solchen Kneipe! Ich war den allerschlimmsten Klischees aufgesessen gewesen; hatte mir häßliche, ausgemergelte Gestalten vorgestellt, die mit dem Glas in der Hand durch den Raum torkeln; sehr ,männliches' Verhalten an den Tag legen; andere wiederum, ,Weibchen', die dasitzen und darauf warten, zum Tanzen aufgefordert zu werden; auch sie waren nicht ,hübsch', sondern hatten alle irgendeinen Mangel.

Was ich jetzt sah, war Asthetik, Jugend. Und auch Kommunikation, die in meinen Vorstellungen überhaupt nicht vorgekommen war. Es war noch früh und relativ leer, es tanzte niemand, aber die Frauen unterhielten sich (jeweils zu zweit, versteht sich), zwei küßten sich. Die Musik gefiel mir. Trotzdem hatte ich das Gefühl, hier muß ich wieder raus. Wir gingen und tranken ein Bier''[74].

Frauen, die ein derart gebrochenes Verhältnis zur Bar haben, werden weder von einer Barfrau noch von einer Clique integriert.

Die freudige Begrüßung an der Tür durch die Barfrau ist ein wichtiger Selektionsmechanismus. Willkommene Frauen und besonders Frauen, die der Barfrau nahestehen, werden freudig und mit Koseworten wie ,,Hallo, Mausi'' oder ,,Guten Abend, Schätzchen'' begrüßt. Die Begrüßung kann soweit gehen, daß die Barfrau etwas spendiert.

,,. . . Morgens um fünf von der Autobahn ins ,Pour Elle'. Wir sagten, J., wir brauchen was zu trinken. J. sagte, ich denke, ihr seid in München. Wir kommen da her! Was? Es hat uns nicht gefallen. Wir wollten bei Dir tanzen. Toll. Leg mal auf. J. hatte zwei Flaschen Sekt ausgegeben. Sie fand es so irre, daß wir uns ins Auto gesetzt haben.'' (Lisa)

Die umstehenden Frauen merken, daß die neuangekommene Besucherin ein willkommener Gast ist. Auch wenn nicht alle Besucherinnen derart enthusiastisch begrüßt werden, ein freundlicher Handschlag erfolgt immer.

,,Der Geräuschpegel von vielen Anwesenden vermittelt das Gefühl, ein angenehmes Gefühl, man wird nicht explizit beobachtet. Gleichzeitig, wenn eine Frau mit ,hallo' begrüßt wird, und sich sechs oder acht Augenpaare auf die jeweilige Frau richten, empfindet sie das nicht als unangenehm, wie wenn sie jetzt allein ist. Mehr oder weniger allein ist und vielleicht nur von ein, zwei Frauen beobachtet wird. Es ist ein Baden in Gefühlen. Baden kann man nur, wenn viele da sind.'' (Elsa)

Ist das Lokal überfüllt oder die Barfrau in ein Gespräch vertieft, wird die freundschaftliche Begrüßung nachgeholt. Aber auch die befreundeten Frauen begrüßen sich mit Handschlag und oft — wenn das Wiedersehen nicht geplant und überraschend war — mit großem Hallo. Die Frauen in den Lokalen mit stark studentischem und frauenbewegtem Publikum begrüßen sich, indem sie sich umarmen und leicht auf beide Wangen küssen.

Der Konsum ist eines der wichtigsten Selektionsmittel. Von seiten der Barfrau ist es unerläßlich, daß sie eine Reihe von Kundinnen hat, die größere Summen ausgeben können. Frauen, die bereit sind, einen größeren Teil ihres Einkommens in der Bar auszugeben, werden von der Barfrau gern in den Kreis der von ihr favorisierten Clique integriert. Hier muß jedoch betont werden, daß die Bereitschaft Geld auszugeben, nicht allein genügt, um eine wohlgelittene Besucherin zu werden. Voraussetzung auf seiten der Besucherin ist, daß sie die Bar akzeptiert und die Regeln einhält.

Annahme einer Damenbar durch lesbische Frauen

Im Beobachtungszeitraum wurden einige Lokale für Frauen eröffnet und andere geschlossen. Meine Beobachtungen führten zu Vermutungen, unter welchen Bedingungen eine Damenbar von dem lesbischen Publikum angenommen wird. Diese Vermutungen müssen jedoch noch durch längere und intensivere Beobachtungen sowie Recherchen der lesbischen Barsubkultur in anderen Städten ergänzt und überprüft werden. Ich möchte hier auch nicht in den Verdacht geraten, Marktforschung für Damenbars zu betreiben; ich will stattdessen Aussagen über das Gesellungsverhalten lesbischer Frauen machen. Dabei ist die Damenbar einer der beiden Orte, an dem dieses Verhalten sichtbar ist.

Wichtigste und zugleich formale Voraussetzung für die Annahme eines Lokals sind zuverlässige Öffnungszeiten; weil die Lokale nicht in Wohnnähe der Besucherinnen liegen, hält eine unangekündigt verschlossene Tür von weiteren Besuchen ab. Eine neueröffnete Bar hatte bei meinen beiden Versuchen, sie zu besuchen, geschlossen. Ein Frauencafé wurde im Zeitraum meiner Besuche dreimal und vor meiner intensiven Beobachtungszeit ebensooft nichtgeöffnet vorgefunden. Vor diesem Frauencafé traf ich enttäuschte Frauen, die ihren vergeblichen Besuch entsprechend kommentierten. Frauen, die zu angekündigten Filmvorführungen gekommen waren, verließen unzufrieden das Lokal, als aus organisatorischen und technischen Gründen die Vorführungen nicht stattfanden.

Stetigkeit bei der Öffnungszeit, Kontinuität und Zuverlässigkeit im Angebot sind die äußeren Voraussetzungen, die Frauen veranlassen, das Lokal aufzusuchen und darin heimisch zu werden. Eine weitere Kategorie von Gründen für eine Annahme bilden die Harmonie, die von der Barfrau und den anderen Angestellten ausgeht, die Geborgenheit, die das Lokal vermittelt und die Initiative, die eine Barfrau entwickelt.

Von der Barfrau wird verlangt, daß sie eine konfliktfreie Atmosphäre herstellt. Dazu gehört auch, daß sie selbst nicht in Konflikte und vor allem nicht in Partnerschaftskonflikte verwickelt ist, die sie davon abhalten, freundlich aufzutreten und auf die Besucherinnen einzugehen. Die Barfrau soll abstrakte Partnerin für alle Besucherinnen sein und keine erotisch-sexuellen Beziehungen zu den Besucherinnen aufnehmen. Eigene Probleme halten sie zwar davon ab, auf die Besucherinnen einzugehen, andererseits sind ihre Probleme oder Liebesgeschichten ein willkommener Anlaß für Gespräche in der Bar. Beziehungskonflikte und Liebesgeschichten von Barfrauen sind als Gesprächsthema für Besucherinnen interessant, weil sie Gesprächsstoff abgeben und gleichzeitig Informationen über die Gestaltung von Partnerschaften und die Probleme in Partnerschaften sowie über die Gestaltung der lesbischen Lebensweise liefern. Es findet ein Meinungsbildungsprozeß über die Art und Weise der Gestaltung von Partnerschaften statt. Gleichzeitig muß aber die Barfrau ein Beispiel für geglückte, konfliktfreie Beziehungsgestaltung abgeben. Sie ist in der Rolle einer Gastgeberin, die dafür zu sorgen hat, daß alle Besucherinnen sich wohlfühlen.

Die Bar muß Geborgenheit ausstrahlen. Für die Frauen — und vor allem für die Stammkundschaft — ist die Bar kein öffentlicher Ort, sondern ein zweites Zuhause, ein verlängertes Wohnzimmer, ein vertrauter Ort, der aufgesucht wird, wenn frau sich in der eigenen Wohnung nicht wohlfühlt und deshalb andere Frauen treffen möchte[75].

„Die Leute, die ins ‚Pour Elle' gehen oder in ‚Die Zwei'. Das ist die Familienatmosphäre. Hier bin ich wie zuhause. Denk mal, wenn ich Geburtstag habe; hier redet man mit mir, wenn ich Angst habe. Wenn ich mich nicht wohlfühle, läßt man mich in Ruhe. Das ist Wohlfühlen, das ist Heimat. Du hast überall Probleme, mit den Eltern, mit der Arbeit, meistens. Und hier fühlst du dich geborgen. Das ist unheimlich wichtig. Hier kannst du gute Laune hintragen und schlechte. Hier gehst du nicht kaputt. Hier schmeißt man dich nicht raus; wenn du betrunken bist, legt man dich hinten hin . . . Es sind immer Leute da, wenn du dich betrinkst, aggressiv wirst. Es ist den Leuten bewußt, was in dir abläuft." (Lisa)

Von der Barfrau wird erwartet, daß sie mit der Besucherin Gespräche führt und Gespräche zwischen den Besucherinnen initiiert. Von ihr wird erwartet, daß sie Veranstaltungen durchführt, die viele andere Frauen animieren, die Bar aufzusuchen. Diese Veranstaltungen sind dann oftmals der Anlaß, mit Freundinnen aus dem Bekanntenkreis die Bar aufzusuchen. Dies wiederum erhöht den Reiz des Lokales, weil viele Frauen anwesend sind.

Vom gesamten Personal in einer Bar wird erwartet, daß es für einen geordneten Ablauf sorgt, daß sowohl Störungen von außen als auch von innen unterbleiben. Es wird erwartet, daß frau sich nicht selbst mit Besuchern oder Besucherinnen auseinandersetzen muß, die die Atmosphäre verändern. Dem Personal in einem Frauenlokal wird unterstellt, daß es ihm Freude und Spaß bereitet, in der Bar zu arbeiten. Auch diese Annahme trägt zum diffusen Gemeinschaftsgefühl bei, das in der Bar herrscht. Die Lokale setzen sich durch diese scheinbar minimale Funktion der harmonischen Insel von der Außenwelt ab und verwischen jeden Gedanken an einen Dienstleistungsbetrieb.

Eine dritte Kategorie von Voraussetzungen für die Annahme eines Frauenlokals bildet das Publikum. Es kann eine Attraktion sein, die zum Besuch ‚animiert,: Wo viele Frauen sind, gehen viele Frauen hin. Dieses ‚viel' hängt vom Lokal ab. In einer mehr diskothekähnlichen Bar herrscht eine andere Vorstellung von ‚viel' als in einer ‚quiet couple bar' oder dem Frauencafé. Alle aber werden besonders gern an Tagen besucht, an denen viele Frauen zu erwarten sind.

Eine vierte Kategorie bildet das Musikangebot. Die Musik signalisiert, welche Frauen als Stammkundschaft dominieren. Die Musik muß zur Zielgruppe passen. Ältere Paare lesbischer Frauen bevorzugen sentimentale Lieder über Liebe („Ich glaube an die Liebe, Liebe und Musik"), Treue („love me tender, love me true") und Mutterliebe („Mama"); die jungen, beruflich gut situierten Frauen in Berlin lieben derzeit Lieder der italienischen Sängerin Milva, und das studentische und der Frauenbewegung nahestehende Publikum bevorzugt gegenwärtig Lieder der Punk-Sängerin Nina Hagen („Am Damenklo vom Bahnhof Zoo").

Die Barfrau als Zentrum der Kommunikation

Die wichtigste Person in einer Damenbar ist die Besitzerin oder die Pächterin. Sie ist häufig im gleichen Alter oder etwas älter als die Mehrheit des Stammpublikums. Im Gegensatz zu einer Barfrau für ein heterosexuelles Publikum ist sie nicht besonders herausgeputzt und entspricht auch nicht den Schönheitsvorstellungen der Werbung. Im Gegensatz zu den Klischees signalisiert sie nicht die Käuflichkeit von Prostituierten. Sie verkörpert in ihrem Erscheinungsbild das Frauenideal der Damenbar, die selbständige Geschäftsfrau. Alle Barfrauen — ob Inhaberin oder Angestellte —, die ich kennenlernte, verkörpern den Typ der netten, jüngeren Frau von ‚nebenan', der die Wohnungsschlüssel bei Urlaubsantritt anvertraut werden oder die gebeten wird, bei Abwesenheit nach den Kindern oder den Blumen zu sehen. Oft wirken die Barfrauen mütterlich-energisch. Judith Offenbach[76] beschreibt die Barfrauen zweier Hamburger Lokale als ,,eine dickliche Mutti'' und ,,eine patente, etwas männlich wirkende ältere Frau'' (S. 109). Sieht man von dem etwas negativen Unterton ab, mit dem die Autorin die Hamburger Damenbars und ihre Wirtinnen schildert, zeigt sich die Alltäglichkeit der Barfrauen. Sie könnten in jeder anderen Gaststätte hinter der Theke stehen.

Die Barfrau ist Identifikationsfigur; sie symbolisiert ein unabhängiges Berufsleben, geglückte Lebensbewältigung und Gestaltung der Partnerschaft. Eine Informantin schildert die Voraussetzungen des Erfolges einer Berliner Barfrau:

,,Das liegt daran, daß bei X. keine Beziehungskacke ist, möchte ich mal sagen. Das ist effektiv so. Im B. stehen Y. und N. hinter dem Tresen. Die haben eine Beziehung miteinander. Das hat eine eingebracht. Diese Eifersucht, mal hin, mal her: Flirte du nicht mit der.
Und dann hatten sie hier und da was.
Wenn du das oberflächlich mitgekriegt hast.
Im C. hat es auch geknistert. Das stört die Atmosphäre. Das merkst du. So gern ich die beiden hab, aber man hat es gemerkt. Im A. die X. und die Z. sind sehr lange zusammen. Sie haben ein irres Vertrauen zueinander. Sie sind Kompagnons, wenn du so willst. Sie machen alles, aber es gibt nichts (Sexuelles, I. K.).'' (Lisa)

Die Familienorientiertheit der lesbischen Frauen zeigt sich auch darin, daß sie die Bar als eine Verlängerung des Wohnzimmers, als eine Art zweites Zuhause empfinden. Im weiteren Verlauf der Arbeit werde ich zeigen, daß auch den Emanzipationsgruppen lesbischer Frauen derartige Empfindungen entgegengebracht werden. Homosexuelle Männer dagegen betrachten die Homosexuellenbars eher als Jagdgründe für sexuelle Kontakte, in die sie sich als anonyme Individuen begeben. Sie würden eine Bar melden, die eine derart familiäre Atmosphäre hat.

Die Barfrau initiiert die Kommunikation an der Theke. Frauen, die in eine Damenbar gehen und nicht zum bekannten Kundinnenkreis gehören, beginnen selten ein Gespräch miteinander. Aber auch Frauen, die schon in der Bar ‚zuhause' sind, sprechen nicht mit ihnen unbekannten Frauen. Die Barfrau beginnt das Gespräch und zieht sich nach einer Weile zurück, wenn sie der Meinung ist, daß das Gespräch ohne ihr Zutun weiterläuft. Der Rückzug erfolgt allerdings nicht abrupt, oft wird eine Bestellung oder das Öffnen der Eingangstür zum Anlaß genommen. Die Barfrau gibt auch die Themen vor. Ereignisse der lesbischen Welt, Klatsch über prominente lesbische Frauen, Theater- oder Kinoaufführungen, Mode wie Reisepläne und -erfahrungen werden ausgetauscht. Ein wichtiges Thema sind auch die Eröffnungen weiterer Frauenlokale, wobei die Kommentierung von seiten der Barfrau vorsichtig abwartend ausfällt. Durch ihre Kundinnen sind die Barfrauen relativ gut informiert, was in anderen Frauenlokalen passiert. Diskutiert wird auch über die Emanzipationsgruppen lesbischer Frauen und deren Aktivitäten.

Die Barfrau ist Gastgeberin und zeigt mütterliche Züge und Verhaltensweisen. Sie ist eine abstrakte Partnerin für alle. Als Integrationsfigur ist sie die Weise, alles Überblickende, die das Leid, den Liebeskummer und die Freude ihrer Besucherinnen kennt und versteht. Sie ist nur selten Adressatin sexueller Wünsche, obwohl es zu den sozialen Gesetzmäßigkeiten gehört, daß fast alle Neulinge in einer Bar sich in eine der Barfrauen verlieben.

„Du siehst es auch, wenn die beiden hinter dem Tresen sind, ist immer Harmonie. Das spricht die Leute unheimlich an. Ich habe mich oft mit vielen Frauen darüber unterhalten, die woanders waren oder in ‚Die Zwei'; die aus Westdeutschland gekommen sind . . . In München ist auch dasselbe, immer Eifersucht. Hier wird es ferngehalten. Jede findet was, um mal X. anzusprechen oder Z. anzusprechen." (Lisa)

Die gute Barfrau ist fürsorglich. Sie ist über die Berufs- und Alltagssorgen ihrer Besucherinnen — hierbei vor allem der Stammkundschaft — informiert. Aus der Sicht einer erfolgreichen Pariser Barinhaberin sieht dies so aus: „Ich lausche, ich höre zu, man vertraut sich mir an. Ich erteile Ratschläge und ich tröste[77]."

Das Informiertsein über die Alltagsprobleme der Besucherinnen geht bis ins Detail. Ich konnte einmal beobachten, daß bei einer Tombola die Inhaberin der Bar einer jungen Frau eine kleine Schultüte mit Süßigkeiten als Gewinn mit der Bemerkung überreichte, sie könne sich erinnern, daß ihr Kind doch demnächst eingeschult werden müsse. Stammkundinnen werden auch hinsichtlich Bekleidungsfragen beraten, und es wird dafür gesorgt, daß sie nicht im angetrunkenen Zustand allein nach Hause fahren müssen.

Die größte Aufmerksamkeit der Barfrau gilt aber der Gestaltung der Partnerschaften. Die Bar ist neben den Emanzipationsgruppen der einzige zugängliche Ort, an dem lesbische Frauen ihre Liebe zu anderen Frauen besprechen können. Die Gestaltung ihrer Beziehungen müssen lesbische Frauen aus ihrem Alltag auslagern, in der Bar aber können sie emotionale Belange, wenn auch vom Alltag losgelöst und in komprimierter Form, thematisieren. So wie die Barfrau die Cliquenbildung fördert, so fördert sie auch Partnerschaften.

„Dann hat X. auch die Art, die Leute immer zu verkuppeln: ach, Lisa, du ziehst doch nach München, Du, die T. ist gerade aus München zu Besuch.
Da kamen wir wirklich ins Gespräch und es war recht nett." (Lisa)

Gute Barfrauen wissen, welche Frauen alleinstehend sind, eine Freundin suchen und auch zusammenpassen. Über die Barfrau laufen andererseits die Kontaktversuche der Besucherinnen: Eine Frau bestellt für eine andere ein Getränk und läßt es durch die Barfrau überbringen. Mit Hilfe der Barfrau werden gleichfalls bestehende Partnerschaften gepflegt. Im Lokal wird oft im Kreise von Freundinnen aus der Clique das Jahresfest der Gründung einer Partnerschaft gefeiert, wie zum Beispiel das fünfjährige Bestehen der Beziehung. Es gibt Bars, die darauf spezialisiert sind, derartige Festlichkeiten in kleinerem Rahmen zu feiern. Die Barfrau schenkt dieser Feier Aufmerksamkeit, indem sie für entsprechende Musik, für gedruckte Tischkarten und für einen allgemein-feierlichen Rahmen sorgt. Menschliche Beziehungen, die ansonsten in unserer Gesellschaft diskriminiert werden und sich nicht darstellen dürfen, werden hier gewürdigt und gepflegt. Die Bar ist der einzige öffentliche Platz, der den Jahrestagen lesbischer Lebensgemeinschaften Beachtung schenkt.

Der Barfrau kann frau erzählen, daß sie verliebt ist. Sie ist oft allerdings auch die erste, der frau von Unstimmigkeiten in einer Partnerschaft, einem mißglückten Kontaktversuch oder dem Ende einer Beziehung erzählt. Eine frühere Mitarbeiterin in einem der Frauenbewegung nahestehenden Frauenlokal berichtete mir, daß sie die Mitarbeit beendete, weil sie nicht mehr ertragen konnte, jeden Abend mit den Problemen lesbischer Partnerschaften konfrontiert zu werden.

Barfrauen gehen allerdings spärlich mit ihren Gunstbezeugungen um; geschätzten Frauen wird ein Stammplatz an der Theke reserviert, mit ihnen spricht die Barfrau. Sehr geschätzten Frauen wird gelegentlich während des Gesprächs die Hand berührt oder es wird ihnen etwas ins Ohr geflüstert. Dies demonstriert Vertrautheit.

Die Barfrau — oder eine von ihr beauftragte Frau — entscheidet auch, wer das Lokal betreten darf. Der Ausschluß von Frauen ist aber oft eine Konzession an das Stammpublikum. Eine weitere Form des Ausschlusses ist das absichtliche Nicht-Integrieren von bestimmten Besucherinnen. Sie werden dann auch von der Stammkundschaft nicht in deren Kreis aufgenommen.

So hat die Barfrau zwei Funktionen: Sie sorgt dafür, daß die Anwesenden sich wohl bzw. wie zu Hause fühlen. Sie sorgt ebenfalls dafür, daß die Anwesenden ungestört bleiben, das heißt, sie schließt Frauen aus, die das ‚Milieu' einer Bar verändern würden. Die Aufnahmefähigkeit hinsichtlich der Heterogenität innerhalb einer Bar ist nicht groß. Wenn die Barfrau nicht bestimmt, wer zum sozialen Milieu paßt, treten Eigendynamiken auf, und die Bar wird von der dominierenden Clique nur noch selten oder gar nicht mehr besucht. Die Frauen, die das Stammpublikum bilden, verlassen die Bar, wenn die soziale Zusammensetzung sich verändert: Paare erscheinen nicht mehr, wenn zu viele alleinstehende Frauen auf der Suche nach einer Partnerin sind; finanziell besser gestellte meiden die Bar, wenn weniger gut gestellte die Bar bevölkern; Arbeiterinnen und Angestellte meiden wiederum die beruflich gut situierten; Frauen mit Distanz zur Frauenbewegung meiden die Bar, wenn ‚Bewegungsfrauen' in größerer Zahl erscheinen; Frauen mit einer Vorliebe für Walzer und etwas sentimentale Musik kommen nicht mehr, wenn nur noch Punk- und Rock'n'Roll-Musik auf Wunsch der jüngeren Frauen gespielt wird. Alle aber kehren dann nicht mehr in die Bar zurück, wenn heterosexuelle oder homosexuelle Männer Publikum werden. Dies geschieht auch, wenn diese in Begleitung von Frauen sind[78].

Die Barfrau regelt zudem in starkem Maße die im Lokal auftretenden Konflikte. Das kann bei den divergierenden Musikwünschen beginnen. Hierbei beachtet sie, daß der Musikstil erhalten bleibt und versucht zugleich, die Musikwünsche der Besucherinnen zu befriedigen. Die Barfrau greift aber auch bei lautstark ausgetragenen Beziehungskonflikten ein. Sie versucht besänftigend zu wirken. Es wird auch nicht von ihr verlangt, daß sie Partei ergreift. Viel eher wird erwartet, daß der ‚Betriebsfrieden', die Harmonie, erhalten bleibt. Die Konflikte werden weitaus mehr im Kreis von Freundinnen ausgetragen. Das Publikum ist allerdings auch nicht irritiert, wenn es zu Konflikten kommt. Die Damenbars werden als der einzige Ort anerkannt, an dem derartige Konflikte gezeigt werden dürfen.

Die Barfrau muß darauf achten, daß die ‚Kasse stimmt', damit die Bar weitergeführt und die Kontinuität aufrechterhalten werden kann. In keinem der Lokale habe ich erlebt, daß zu exzessivem Konsum animiert wurde. Frauen, die ein positives Verhältnis zur Bar haben, klagten auch nicht über die Preise; sie sagten eher, daß sie die Zahl ihrer Besuche verringert hätten, weil sie auf Dauer nicht so viel ausgeben könnten. Der Barinhaberin und ihren Preisforderungen wurde jedoch Verständnis entgegengebracht.

Exkurs: Männer in Damenbars

Mit einer Ausnahme wurden in allen der eruierten Berliner Damenbars sowie der Lokale der Frauenbewegung Männer grundsätzlich ausgeschlossen. Es gehört mit zum Stolz, an Männern kein Geld zu verdienen. Meinen Beobachtungen und Recherchen zufolge haben Männer in den Frauenlokalen keine Bedeutung, obwohl sie in der deutschsprachigen Literatur der Frauenbewegung wie der Emanzipationsgruppen lesbischer Frauen, in der anglo-amerikanischen Literatur sowie in den historischen Arbeiten von Hirschfeld, Roellig und Moreck oft erwähnt werden und eine wichtige Rolle als Angehörige sexueller Minderheiten oder als Voyeure spielen. Betont wird immer wieder die Möglichkeit der Männer, viel Geld auszugeben, unter Hinweis auf ihre privilegiertere gesellschaftliche Stellung.

Nur in einer Damenbar in Berlin haben Männer an bestimmten Wochentagen Zutritt. Es handelt sich vorwiegend um jüngere Männer aus dem privaten Bekanntenkreis der Inhaberin oder um Männer, die in der Homosexuellenbewegung aktiv sind bzw. zumindest mit ihr sympathisieren. Obgleich es nicht die typischen Voyeure sind, von denen so oft die Rede ist, stören sie das Wohlbefinden der anwesenden Besucherinnen.

„Ein negatives Beispiel ist, daß Herren ins ‚La Piccola‘ können. Paßt mal auf, das ist ja das Dumme. Die Gefahr ist immer, wenn du Schwule mit rein läßt, daß dann auch andere Leute mitkommen . . . Da waren drei oder vier Typen drin, mit Frauen. Die Frauen bringen Freunde mit. Die wollten den Typen mal zeigen, mit der Freundin auszugehen. Die es nun mal schick finden, wenn die Freundin mit einer Frau tanzt, und ihren Typ vor der Tür stehen zu lassen. Da haste richtig gemerkt, die wollten das nicht (sich voyeurhaft umgucken, I. K.). Weißte, was der Erfolg war? Die (anderen) Frauen haben miteinander getanzt, an der Theke sich mal in den Arm genommen, aber mehr nicht. Stundenlang. Du kamst dir vor wie in einer Kneipe. Es war eine ganz andere Atmosphäre.

. . . Wenn es die Atmosphäre einfach kaputt macht . . . Das war denen auch teilweise peinlich. Sie wußten gar nicht, wo sie hingucken sollten. Sie bemühten sich, nicht zu gucken. Guck mal, wenn du ins ‚Pour Elle‘ gehst oder in irgendeinen anderen Laden, dann fühlst du dich ganz normal . . .‘‘ (Lisa)

In keinem der Berliner Lokale habe ich beobachtet, daß Ehepaare erscheinen, um eine lesbische Frau zu einem ‚flotten Dreier‘ aufzufordern. Das mag in Lokalen stattfinden, die ein gemischtes Publikum haben. Von einer Hamburger Bar liegen mir jedoch Informationen vor, daß dies dort geschieht und auch zu den gern diskutierten Themen der Besucherinnen gehört.

„Aber beobachtet habe ich auf jeden Fall, daß Heteropaare kommen. Das ist ganz oft im ‚Camelot‘ der Fall. Daß sie zu zweit kommen, eine andere Frau zum Tanzen auffordern, daß sie zusammen was trinken und zusammen weggehen.‘‘

Frage: „Weißt du, ob sie in eine andere Bar gehen oder nachhause gehen?‘‘

„Ich habe von mehreren gehört, daß sie dann ins Schlafzimmer gehen.‘‘

Frage: „Was sind mehrere?‘‘

„Sechs . . . Ich habe das so verstanden, bis auf eine, weil sie die Frauen mochten.‘‘

Frage : „Nach einem Abend?‘‘

„Das machen ja viele, daß sie nach einem Abend mitgehen, mit oder ohne Mann. Bei der sechsten, da war es so, die fand beide nett. Die fand es spannend, sie wußte auch nicht, was ein ‚flotter Dreier‘ ist und wollte es mal ausprobieren.‘‘

Frage: „Finden da öfters Gespräche über ‚flotte Dreier‘ statt?‘‘

„Nein. Das sind ganz oberflächliche Andeutungen, wo man sich halb aufzieht und halb einen Spruch macht.‘‘ (Sabine)

Elula Perrin, die Inhaberin der bekannten Pariser Damenbar „Katmandu", teilt die männlichen Besucher von Damenbars in drei Gruppen: „in Lustmolche, in ‚Problemheinis' und die, die ihre Ruhe haben wollen"[79]. Vermutlich wären diese Kategorien auch in den Berliner Frauenlokalen anzutreffen, wenn Männern Einlaß gewährt werden würde. Die Bereitschaft, über Männer in Damenbars Gespräche zu führen, wird durch deren häufige Einlaßwünsche gefördert. Sidney Abbott und Barbara Love urteilen ähnlich scharf wie Elula Perrin über die Motive, die Männer zum Besuch von Damenbars veranlassen.

„‚Normale' Männer sind neugierig und bedrohlich. Manche sind Voyeure, die durch die Vorstellung von Frauen, die Frauen lieben, geil werden. Manche wollen eine Lesbierin erobern. Für sie ist der stärkste Reiz, es mit einer Lesbierin zu machen. Das Unmögliche zu machen, wäre eine wirkliche Trophäe, der beste Beweis für Männlichkeit. Andere wollen Lesbierinnen anmotzen: ‚Zieh' deine Hosen runter und zeig' doch, ob du ein Mann bist!'"
(S. 109)

Die Clique

Die Clique als konstituierendes Element der lesbischen Gemeinschaft

Ich habe die wichtige Rolle beschrieben, die die Barfrau für die Existenz der Bar, deren Funktionieren und für die Besucherinnen hat. Die zweite wichtige soziale Figuration in der Bar und überhaupt in der lesbischen Gemeinschaft bildet die Clique. Die Paare lesbischer Frauen fallen schon beim Betreten einer Bar ins Auge, weil sie nicht den Sehgewohnheiten der heterosexuellen Umwelt entsprechen und daher als ungewöhnlich empfunden werden. Lesbische Paare ziehen um so mehr Aufmerksamkeit auf sich, je mehr sie ihre Verbundenheit ausdrücken, Zärtlichkeiten austauschen oder Probleme in ihren Partnerschaften austragen. Die Clique dagegen ist unauffällig. Ich benutze hier nicht die soziologisch korrekteren Begriffe wie Gruppe oder Kleingruppe, sondern schließe mich dem Selbstverständnis der lesbischen Frauen an, die von ‚ihren Cliquen' sprechen. Darüber hinaus verwenden die Autorinnen und Autoren der entsprechenden anglo-amerikanischen Literatur die Begriffe ‚clique' oder ‚social clique'. *Die Clique ist eine Gruppe von fünf bis zehn, meistens jedoch nicht mehr als acht Frauen, die sowohl alters- als auch schichthomogen ist.* In der US-amerikanischen Literatur zum Thema Lesbianismus wird die Clique immer wieder erwähnt, ihre Bedeutung für die Bar und für die Lesbengemeinschaft wurde jedoch bisher nicht geklärt. Die Kleingruppenforschung wiederum befaßte sich bisher vor allem mit der ‚peer-group'-Forschung, die hauptsächlich männliche Jugendliche oder junge Männer im Blickpunkt hatte. Darüber hinaus schränkte sie sich noch durch ihr Interesse an delinquenten männlichen Jugendlichen ein. Meines Wissens gibt es bisher weder eine psychologisch noch eine soziologisch orientierte Forschung über weibliche Jugendliche und Frauen sowie deren Gruppen- und Gesellungsverhalten. Mädchen und Frauen tauchen immer nur im Zusammenhang mit Männern auf, zum Beispiel wenn sie Mitgliederinnen von delinquenten Jugendbanden sind.

Über lesbische Frauen gibt es auch keine Langzeituntersuchungen — das heißt, eine sich über eine längere Periode erstreckende Messung bestimmter Eigenschaften ein und desselben Menschen oder ein und derselben Gruppe. Meines Wissens sind ferner auch alle US-amerikanischen Studien, die sich mit der sozialen Lage und dem Gesellungsverhalten lesbischer Frauen befassen, keine Langzeitstudien, auch wenn die Verfasserinnen oder Verfasser betonen, daß sie über einen längeren Zeitraum hinweg, ja zum Teil mehrere Jahre lang, die lesbische Gemeinschaft beobachtet haben[80]. Der Prozeß der Formung, Aufrechterhaltung, Veränderung und Auflösung von Cliquen befreundeter Frauen wurde nicht registriert, geschweige denn beschrieben oder hinsichtlich der Bedeutung für die lesbische Frau oder die lesbische Gemeinschaft analysiert. Auch der Prozeß der Kontaktaufnahme und Kontaktaufrechterhaltung zwischen den Cliquen fand keinen Niederschlag, ebensowenig der Prozeß des Wechselns von einer

Clique zu einer anderen. Die recht heterogenen lesbischen Gemeinschaften in einer Stadt bestehen *nicht* aus isolierten Individuen oder isolierten Paaren, sondern aus kleinen oder größeren informellen Gruppen, die in sich sozial homogen sind. Diese informellen Gruppen lassen sich zum gegenwärtigen Zeitpunkt in zwei Typen einteilen: solche, die sich aus Interesse an Geselligkeit und gemeinsamer Freizeitgestaltung zusammenfinden, und solche, die außerdem ein Interesse an der Emanzipationsbestrebung lesbischer und nichtlesbischer Frauen haben und auch deren Aktivitäten unterstützen. Die Clique ist also das konstitutive Element in der Bar und in der Emanzipationsgruppe.

Die Clique als ein wichtiges Element der lesbischen Gemeinschaft entdeckte ich erst am Ende meiner Feldforschung. Meine Darlegungen lassen viele Fragen unbeantwortet und bedürfen deshalb noch weitergehender und intensiver Forschung. Die Bar war bisher der Ort, an dem eine lesbische Frau Zugang zu anderen Lesbierinnen fand, in Cliquen aufgenommen wurde, in der Clique und durch die Clique mit der lesbischen Lebensweise konfrontiert wurde, eine Identität als Lesbierin erwarb und Zugang fand zur größeren lesbischen Gemeinschaft, der sogenannten lesbischen Subkultur einer Stadt. Seit zehn Jahren übernehmen auch die Emanzipationsgruppen lesbischer Frauen diese Funktion.

Zum aktuellen Informationsstand

Die ersten Erwähnungen über Cliquen lesbischer Frauen sind solche über Künstlerinnen der zwanziger Jahre in Paris[81]. Ebenfalls in den zwanziger Jahren wurde in Salt Lake City/USA von einer lesbischen Frau der Versuch unternommen, im Rahmen einer Dissertation die Clique von Frauen, der sie angehörte, und die lesbische Gemeinschaft zu untersuchen. Die Doktorarbeit wurde nicht beendet; das Manuskript datiert von 1938. Die Autorin, M. B., arbeitete über zwanzig Jahre an dieser Studie. Sie begann während ihrer Collegezeit, wurde aber von ihrem Betreuer entmutigt. Eine weitere Entmutigung war die öffentliche Reaktion auf den 1928 erschienenen Roman „Quell der Einsamkeit'' von Radcliff-Hall, der der Zensur anheim fiel. Die Autorin hatte große Angst, entdeckt zu werden, und wollte auch ihre Gefährtinnen vor Entdeckung schützen. M. B. versuchte eine wissenschaftliche Beschreibung ihres Lebens, das ihrer Partnerinnen und weiterer dreiundzwanzig befreundeter lesbischer Frauen sowie acht homosexueller Männer, die in Kontakt zu den Frauen standen. Ihr Interesse richtete sich jedoch auf einzelne Individuen, und ihr Bemühen war, die Krankheits- und Degenerationstheorien wie zum Beispiel von Krafft-Ebbing zu widerlegen. So erfahren wir wenig über die sozialen Beziehungen der Frauen untereinander. Keine von ihnen beanspruchte psychiatrische Hilfe. Das soziale Leben fand entweder freiwillig oder notgedrungen in den privaten Heimen der Frauen statt. Sie versuchten, sich vor der Umwelt zu verbergen und lebten deshalb eingeschränkter, als es sonst der Fall gewesen wäre. Einige von ihnen nannten San Francisco als eine Art Mekka für lesbische Frauen. Wenn es ihnen möglich war, besuchten sie die Stadt und nahmen am geselligen Leben der dortigen lesbischen Subkultur teil, was auch Barbesuche umfaßte[82].

Wenn in der US-amerikanischen Literatur die Freundschaftscliquen erwähnt werden, erfolgt dies in unterschiedlichen Zusammenhängen. Donald Webster Cory beschreibt ein ausgeprägtes Cliquenverhalten in den Bars. Er erwähnt ein

ritualisiertes gegenseitiges Kennenlernen; die Frauen lernen sich durch gegenseitiges Vorstellen kennen (S. 155) und nicht durch Anstarren, ,augeln' oder
,abschleppen'[83]. Nach Cory betreten die Frauen in kleinen Cliquen gemeinsam
die Bar (S. 154), die sich im Verlauf des Abends nicht auflösen.

"Very few of the girls stand, and not many come alone, for they are often likely to go home
alone. To try to break into a group where one does not belong is, to take the risk of rebuff —
by women whose lives are already laden with rejection and rebuff. However, sometimes a
girl from one of the groups will be sufficiently interested in a 'loner', particulary if her face is
familiar or if she has been seen before, to ask her to join her crowd. Total strangers, who not
refused admission or service, ascertained whether or not the visitor is 'one of them'. It is a
gay world — and not heterosexual squares are needed." (S. 156)

"The girls, unlike men at somewhat similar bars, are for the most part not seeking a new
sex partner. This is their social group, their in-group, where they wish to be liked and
accepted among peers." (S. 161)

Die von Cory erwähnten Cliquen lehnen Frauen ab, die sie nicht kennen. Er begründet dies mit der Furcht vor Entdeckung, zumal auch weibliche Polizei in Zivil
die Bars aufgesucht haben soll, wie Sidney Abbott und Barbara Love berichten.
Meinen Erfahrungen nach dürfte diese Erklärung für das Zusammenschließen
von Cliquen und das Ablehnen von Außenstehenden zu vordergründig sein, da
auch in weniger repressiven Zusammenhängen die Frauen in ihrem Geselllungs-
verhalten kleine Gruppen bevorzugen und neue Mitglieder erst nach eingehen-
der Prüfung aufnehmen.

Cory beobachtete außerdem, daß die Frauen aus den Cliquen sich in privaten
Wohnungen treffen. Dies wird auch von Rita Bass-Hass beschrieben.

„Small groups of friends meet and mingle in private homes and the circle generally is a self-
contained one, seldom making allowance for new friends or an unattached lesbian who
might offer compition or destroy the cohesivness of the group."[84]

Von den Schwierigkeiten, eine dieser kleinen Gruppen lesbischer Frauen zu finden und in sie aufgenommen zu werden, berichtet Sharon M. Raphael. Sie vertritt die Auffassung, daß die Mehrzahl der lesbischen Frauen isoliert lebt und begründet dies mit der Tatsache, daß die Cliquen — welcher sozialen Schicht die
Mitgliederinnen auch angehören — informell und nicht sichtbar für Außenstehende und 'newcomers' sind[85]. Bemerkungen über Cliquen ziehen sich wie ein
roter Faden durch ihre Arbeit. Sie analysiert dieses Phänomen allerdings nicht,
es bleibt als Beobachtung im Raum. Nach Raphael dienen aber auch die bewußt gebildeten Diskussions- oder Selbsterfahrungsgruppen als Rekrutierungs-
bereich für Cliquenbildungen: „Through the rap group lovers are met, friends
are met, cliques are formed." (S. 83)

Mehri S. Jensen beschreibt die Zusammensetzung dieser informellen Gruppen und das Verhalten in ihnen. Ein Ergebnis ihrer Feldforschung war, daß sich
lesbische Frauen in kleinen Gruppen („subgroups") organisieren, wobei die
Neigung besteht, sich aufgrund von Auftreten, Alter, Ausbildung und Einkom-
men zusammenzusetzen. Rassische und ethnische Herkunft sowie religiöse
Unterschiede scheinen nach Auffasung von Jensen mehr toleriert zu werden als
in der US-amerikanischen Gesamtgesellschaft. Nach Jensen zeigen lesbische
Paare, sie nennt sie sogenannte verheiratete Frauen, das gleiche Verhalten hinsichtlich der Gruppenbildung wie alleinstehende[86].

Lena B. Furgeri[87] stellt wie Abbott und Love fest, daß diese Cliquen in sehr
starkem Maße aus Ex-Freundinnen bestehen. Wenn zwei lesbische Frauen ihre

Partnerschaft beenden, bleiben sie häufig noch Freundinnen, und ihre Beziehung wird auf der freundschaftlichen Ebene fortgesetzt. Diese Beobachtung machte auch Sasha G. Lewis[88]. Ich kann dies durch meine Beobachtungen bestätigen und füge hinzu, daß dies nicht bei allen Partnerschaften geschieht und oft auch erst nach einiger Zeit, wenn der Schmerz über die Trennung oder die Auseinandersetzungen, die zur Trennung führten, überwunden sind. Furgeri schildert, wie eine ältere Frau sie während einer Party darauf hinwies, daß viele der anwesenden Frauen früher Beziehungen untereinander gehabt hätten und jetzt mit ihren neuen Partnerinnen da seien (S.69). Das Bestehen der Cliquen aus Ex-Partnerinnen wird auch von Donna M. Tanner festgestellt. Sie sieht darin den interessanten Unterschied im Verhalten zwischen lesbischen und heterosexuellen Frauen (S. 69) und führt dies auf die besondere soziale Situation lesbischer Frauen zurück:

,,It appears that female homosexual must maintain past lovers as friends, because she ultimately ends up drawing her lovers and friends from the same small group or 'pool' of people. The community is limited in numbers, and it is not easy to avoid meeting or coming into contact with the same woman. Maintaining friendships with past lovers is a survival as well as an adaptive technique for gay women.'' (S. 70)

Die Verfasserin führt aus, daß es zwei Arten von Kontaktaufnahme für lesbische Frauen gibt. Paare lernen sich auf Parties sowie durch Freundschaftscliquen und Kontaktnetze kennen, die sie im Verlauf der Zeit aufgebaut haben. In dieser derart aufgebauten Gemeinschaft kennt jede jede. Das hat zur Folge, daß die Neuigkeit vom Ende einer Partnerschaft alle sofort erreicht. Diese Frauen besuchen nach Tanner nicht die Damenbars, weil sie bereits eine breitere und differenziertere soziale Basis haben, von der aus sie agieren können. Die Autorin nimmt deshalb an, daß die Bar als Hauptanknüpfungspunkt für Kontakte vor allem von alleinstehenden lesbischen Frauen genutzt wird.

Barbara Ponse[89] sieht in ihrer Studie zwei Arten von Identitäten lesbischer Frauen, die in einem ursächlichen Verhältnis zu einem speziellen Gruppenverhalten und den daraus erwachsenen Gruppenzielen stehen. Sie unterscheidet zwischen den Cliquen versteckter lesbischer Frauen (,,secretive lesbian community'') und den Cliquen lesbischer Frauen in der Emanzipationsbewegung (,,political activist community''). Hierbei differenziert sie allerdings nicht nach Dauer und Art der Zugehörigkeit zur 'political activist community'. Diese beiden Arten von Gruppierungen teilen sich in Untertypen (,,subtypes'') auf, die sich allerdings auf verschiedene Art und Weise überlappen. Die Ausführungen von Ponse über das Gruppenverhalten und seine Auswirkungen sollen hier nun etwas ausführlicher dargestellt werden.

'Secretive groups' finden sich zusammen aus Gründen der Geselligkeit. Sie variieren in der sozioökonomischen Zusammensetzung, dem Ausmaß an Geheimhaltung, Separierung von anderen und der Zugänglichkeit — auch für andere lesbische Frauen (S. 90). Die 'activist groups' umfassen ideologisch feministische, homosexuellenbefreierische (,,gay liberationist'') und separatistische Elemente. In der Praxis umfassen sie auch Selbsthilfegruppen, die verschiedenartige Bindungen zum Feminismus, Marxismus, der Schwulenbefreiung und zu separatistischen Philosophien haben[90].

Gruppen, die sich um die Sicherheit (vor dem Entdecktwerden) und der Aufrechterhaltung der Geheimhaltung hinsichtlich der lesbischen Identität der Mitgliederinnen bemühen, konzentrieren sich auf den Schutz der Mitgliederinnen vor nicht vertrauenswürdigen oder unbekannten anderen Personen, die die lesbische Identität aufdecken könnten. Viele dieser Gruppen innerhalb der lesbischen Gemeinschaft wurden zum Zweck der Geselligkeit und Freizeitgestaltung gebildet. Sie funktionieren als Foren für persönliche Freundschaften und potentielle Quellen für sexuell-emotionale Beziehungen mit anderen Frauen. Der Eintritt in eines dieser aus Freundschaften bestehenden Kontaktnetze erfordert gewöhnlich das Offenlegen des eigenen Lesbischseins. Frauen, die nicht sicher sind, ob sie lesbisch oder nichtlesbisch sind, werden als potentielle Bedrohung für das Geheimnis der Gruppe empfunden. Das Nichtvorhandensein einer lesbischen Identität reduziert die Akzeptierung durch die Mitglieder einer solchen Gruppe. Die politischen Gruppen — wie die feministischen, aktivistischen, radikalen oder die Selbsthilfegruppen — konzentrieren sich auf den Kampf um eine lesbische oder homosexuelle Identität und engagieren sich für die Formulierung oder Neuformulierung (,,reformulation'') der Bedeutung der Kategorien homosexuell (,,gay'') oder lesbisch. Lesbianismus bedeutet in diesen Gruppen, einen alternativen Lebensstil zu pflegen. Hier werden Frauen nicht abgelehnt, die sich bezüglich ihrer Identität nicht sicher sind. Sie richten ihr Augenmerk aber darauf, daß diese Frauen eine lesbische Identität erlangen. Unsicherheit hinsichtlich Heterosexualität und Bisexualität wird als Prozeß verstanden, der durchlaufen werden muß. Das führt dazu, daß nichtlesbische Frauen einem Druck ausgesetzt sind, der sie mit den Identitätsnormen der lesbischen Subkultur konfrontiert. Diese politischen Gruppen entwickeln auch eine Ideologie des Offenlegens des Lesbischseins (,,disclosure''). Dieses ,,Ethos der Offenheit'' (S. 84), das in einigen Teilen der lesbischen Gemeinschaft entwickelt wurde, rief verschiedene Reaktionen hervor: Die versteckten Lesbierinnen reagierten mit einem Verhaltensspektrum, das von positiver Zustimmung über eine ambivalente Haltung bis hin zur Ablehnung reichte. Desinteresse wurde jedoch nach Ponse dieser Forderung nicht entgegengebracht. Barbara Ponse schildert, daß die lesbischen Aktivistinnen der politischen Gruppen das Offenlegen des eigenen Lesbischseins als eine bewußtseinserweiternde Technik auffassen, die andere darüber aufklärt, daß Lesbischsein ein Lebensstil und eine Verweigerung des lesbischen Ichs (,,gay self'') ist, sich weiterhin zu verbergen. Die meisten 'offenen' Aktivistinnen gaben in dieser Untersuchung an, daß sie mehr persönliche Freiheit fühlen, weil sie sich nicht mehr verstecken müssen. Sie nehmen allerdings an, daß sie auch zukünftig vor verschlossenen Türen stehen werden, wenn sie offen als lesbische Frauen leben. Diese Frauen bemerkten in der Studie, daß die Identifizierung eines Menschen aufgrund seiner sexuellen Orientierung unterdrückerisch ist und sehen im — forcierten — Offenlegen eine vorübergehende, situationsbedingte Notwendigkeit, die nicht mehr erforderlich ist, wenn Sexualität und sexuelle Orientierung keine Klassifizierungsmerkmale mehr sind. Diese sogenannten versteckten Cliquen und sogenannten politischen Cliquen haben also verschiedene Zugangsbedingungen. In die versteckten Cliquen kommt nur, wer sich eindeutig als lesbisch zu erkennen gibt. In den sogenannten politischen Cliquen ist Eindeutigkeit zwar nicht Voraussetzung, es wird aber dann erwartet, daß im Verlauf einer bestimmten Zeit Eindeutigkeit erreicht wird.

Die Cliquen und das Kontaktnetz von Cliquen wird ferner noch in Arbeiten erwähnt oder gar ausführlich geschildert, die den Forschungsprozeß und den Einstieg der Forscherinnen in die lesbische Subkultur darlegen. Barbara Ponse zum Beispiel fand den Zugang zu den von ihr untersuchten Frauen über Cliquen versteckt lebender Lesbierinnen und in den Emanzipationsgruppen lesbischer Frauen. In beiden Fällen 'bürgten' Frauen für sie gegenüber den ihnen befreundeten Frauen. Aber auch andere Forscherinnen erwähnen, daß sie über Cliquen befreundeter Frauen im Schneeballsystem Frauen fanden, die bereit waren, sich für die jeweiligen Untersuchungen zur Verfügung zu stellen. Diese informellen Gruppen selbst zum Gegenstand der Forschung zu machen, kam keiner der Forscherinnen in den Sinn.

Die Beobachtungen von Furgeri, Abbott/Love und Tanner über das Gesellungsverhalten lesbischer Frauen und dessen Bedeutung für die Frauen kann ich durch meine Beobachtungen und die mir zugänglichen Informationen bestätigen. Dieses Gebilde von Individuen, Paaren und Cliquen, die sich untereinander kennen, von Frauen, die kurze oder längere Partnerschaften eingegangen waren, die in Frauenprojekten zusammen gearbeitet oder in Wohngemeinschaften zusammen gewohnt hatten, nannten einige Berliner Informantinnen 'den Klüngel'. Sie äußerten ihre Angst, in ein Netz von emotionalen Beziehungen und Bindungen eingebunden zu werden, und betonten gleichzeitig ihre Verbundenheit mit dem 'Klüngel'. Dieses Kennen und Doch-nicht-Kennen wurde hervorgehoben und die Hilfsbereitschaft betont. Die gegenseitige Hilfe erfolgt, weil frau 'dazugehört'.

Das Zustandekommen von Cliquen

Das Puzzle der unterschiedlichen Informationen über die informellen Gruppen läßt sich zu einem Bild zusammenstellen, wenn man den Prozeß im Aufbau dieser Gruppen und die unterschiedliche Bedeutung bei der Befriedigung von emotionalen und kommunikativen Bedürfnissen berücksichtigt.

Eine alleinstehende Frau besucht eine Bar (oder aber auch eine Emanzipationsgruppe) oft in der helfenden Begleitung einer Freundin, Bekannten, Kollegin oder eines Freundes auf, um Kontakt zu anderen lesbischen Frauen aufzunehmen. In der Bar findet sie dann Anschluß an ein Clique. Sie wird hierbei entweder in eine bestehende Clique aufgenommen, weil sie auf einzelne Mitglieder sympathisch wirkt oder deren Interesse erregt hat, oft geschieht dies auch durch die Vermittlung einer Barfrau. Oder sie bildet mit anderen Frauen, die ebenfalls neu in der Bar sind und ihr coming out dort erleben, eine Clique. Der Aufbau und die Stabilisierung dieser informellen Gruppen und das gegenseitige Kennenlernen erfolgt über einen Zeitraum hinweg und dauert meinen Informationen zufolge zwischen sechs und zwölf Monaten. Die Frauen lernen sich eher in den frühen Morgenstunden in der Bar kennen, wenn die Mehrzahl der Besucherinnen die Bar schon verlassen hat. Das Kennenlernen wird beim gemeinsamen Frühstück in der Bar, in den umliegenden Kneipen oder in Privatwohnungen fortgesetzt und vertieft. Die informelle Gruppe hat ihren 'Stammplatz' weiterhin in der Bar. Es werden jedoch zunehmend auch gemeinsame Unternehmungen gemacht, sei es, daß man das Lokal zum 'Auslüften' im Verlauf des Abends verläßt, gemeinsam zum Essen geht oder andere Frauenlokale kurz besucht; sei es, daß man sich gegenseitig privat besucht, zu Kinovorführungen oder ähnlichen Veranstaltungen geht.

Die Frauen in derartigen Cliquen stehen sich nicht alle gleich nahe, sie bilden mehr oder minder enge Freundschaften. In den Cliquen sind auch Paare. Manche Frauen lernen ihre Partnerin in der Gruppe kennen, andere durch Cliquenmitgliederinnen bei Parties und anderen geselligen Veranstaltungen (wie zum Beispiel bei Geburtstagsfeiern). Die Frauen haben nun einen Bekanntenkreis aus lesbischen Frauen aufgebaut, zu dem oft einige homosexuelle Männer gehören. Langsam ziehen sie sich aus der Bar zurück und verlagern ihre Treffen mehr und mehr in den Privatbereich. Dieser Rückzug wird verstärkt, wenn die finanziellen Mittel knapper werden. Frauen, die nun einen Bekanntenkreis aufgebaut haben und sich in ihm wohlfühlen, behalten weiterhin ein positives Verhältnis zur Bar. Sie besuchen allein oder mit Angehörigen der Clique die Bar und genießen das Eintauchen in die vertraute Welt, in der sie viele Frauen kennen und von diesen erkannt werden. So sieht man/frau deshalb auch häufig, wie kleinere Grüppchen von Frauen das Frauenlokal betreten und wie dort die soeben eingetretenen Besucherinnen von den schon anwesenden Frauen — oft mit Handschlag — begrüßt werden. Zwischen den einzelnen Cliquen bestehen Kontakte, so kennen sich die meisten Besucherinnen innerhalb einer Bar. Dieses Kennen beinhaltet Wissen über zum Teil sehr Persönliches. Beide Gründe hierfür habe ich schon genannt, zum einen sind die Frauen von einem Netz von ehemaligen Partnerschaften umgeben, zum andern liegt es daran, daß der Eintritt in die Gemeinschaft lesbischer Frauen mit einem Offenlegen der eigenen Lebensweise 'erkauft' wird. Es ist nicht möglich, als geheimisvolle Unbekannte in einer Bar integriert zu sein. Dies gilt aber auch für die Emanzipationsgruppen.

Frauen, die schon längere Zeit lesbisch sind, gesellen sich zwar auch in Cliquen, diese haben aber für sie eine andere Funktion, da das private coming out schon durchlaufen ist und sie eine Freundin gefunden haben.

Wenn man als Motivation für den Barbesuch eine Hierarchie von Bedürfnissen annimmt, bedeutet dies, daß durch eine Mitgliedschaft in einer Clique zwei Elementarbedürfnisse befriedigt werden. Beim coming out haben die Frauen in den Cliquen ihr Selbstverständnis geklärt und entschieden, ob sie sich als lesbisch verstehen oder nicht.[91] Sie haben auch den in der Bedürfnishierarchie nachfolgenden Wunsch, eine Partnerin zu finden, befriedigt. Nach Pepitone[92] besteht in der Bedürfnishierarchie jedoch eine andere Reihenfolge der Motivationen, die zum Beitritt in eine Gruppe führen. Motive, die sich auf den Status eines Mitgliedes und seine Sicherheit beziehen, stehen dieser Auffassung nach im Vordergrund des komplexen Bedürfnisverbandes, der durch die Zugehörigkeit zu einer Gruppe befriedigt wird. Neben den Status- und Sicherheitsbedürfnissen sieht Pepitone auch eine kognitive Motivation, um eine wirklichkeitsgetreue kognitive Struktur zu entwickeln und zu erhalten.

Eine Übertragung der Ergebnisse auf lesbische Frauen dürfte jedoch nur eingeschränkt zulässig sein, denn die Bedrohung ihres Status und ihrer Sicherheit nimmt durch die Zugehörigkeit zu einer Gruppe lesbischer Frauen zu, weil sich die Gefahr des Entdecktwerdens erhöht. Wie ich in der Studie über die Lebenssituation von Frauen in ländlichen Gebieten, die einer starken sozialen Kontrolle ausgesetzt sind, gezeigt habe, bauen die sehr isoliert lebenden Frauen auch keine Cliquen auf. Allerdings dürften die Cliquen bei der Rekonstruktion der lesbischen Realität behilflich sein.

Jede lesbische Frau muß für sich die existentielle Frage klären, wie sie sich ihrer Umwelt gegenüber durchsetzen kann und wie sie in einem anti-lesbischen Klima überleben will. Die Clique hilft, das nie gänzlich zu beseitigende Problem der Konfrontation mit der Umwelt abzupuffern, gelegentlich zu erleichtern, und sie hilft, eine Gegenwelt aufzubauen. Frauen, die zumeist als Paare einer solchen Clique angehören, nutzen die Bar, um in eine lesbische Welt mit eigenen Wertvorstellungen und Frauenidealen einzutauchen, um sich vor der feindlichen Umwelt zu erholen, um Freundinnen und Bekannte in einer entspannten Atmosphäre zu treffen. Dies trifft auch auf die lesbischen Frauen zu, die in kleineren und mittelgroßen Städten oder auf dem Land leben und in die Großstädte reisen, um sich dort mit Frauen zu treffen und die Frauenlokale zu besuchen. An verlängerten Wochenenden sind zum Beispiel Grüppchen von Frauen in einer bestimmten Berliner Bar anzutreffen. Das lockere Kontaktnetz wird dann durch das Wiedersehen und durch den Austausch von Informationen erneuert.

Sowohl für die Clique als einem Teil der Bar als auch für die Bar selbst gilt wie für alle freiwilligen Organisationen[93], daß die Teilnahme von der Befriedigung von Elementarbedürfnissen abhängig gemacht wird. Werden diese Bedürfnisse nach Klärung der eigenen Identität, dem Finden einer Partnerin (oder mehrerer) und nach einer Hilfestellung gegenüber der Umwelt nicht befriedigt, erfolgt ein Rückzug in die Privatheit[94].

Der Rückzug aus der Clique

Ein Rückzug aus der Clique kann aber auch erfolgen, wenn die emotionale Dynamik in der Clique zu stark wird oder wenn sie bei der Befriedigung des Wunsches nach einer Partnerin selbst hinderlich ist.

,,Es ist, daß eine Frau die andere ausspannt. Das ist bei uns nicht so schwer . . . Oft bricht dann die Clique auseinander . . . Man hat festgestellt, daß Freundschaften oft länger halten als Beziehungen. Oder Beziehungen Freundschaften auch nicht kaputtmachen. Aber Cliquen können sie auf jeden Fall kaputtmachen, weil die Frauen nicht wissen, was sie wollen.''

Der Rückzug ins Private kann aber auch erfolgen, weil eine Partnerin in der neugegründeten Partnerschaft das anonyme und mehr geschützte Leben dem geselligen mehr vorzieht oder weil sie befürchtet, die Partnerin wieder zu verlieren. Dieser Rückzug kann beschleunigt werden, wenn eine Partnerin nicht in die Clique paßt.

,,Wir waren eine Viererclique. War alles dufte, bis die G. die E. kennengelernt hat, und die E. paßte überhaupt nicht rein. Die E. wollte die G. so ganz für sich. Die G. wollte, daß die E. zufrieden ist. Aber die Freundschaft besteht, die Cliquen wechseln.'' (Lisa)

Bei privaten, geselligen Treffen stoßen neue Frauen zu den Cliquen, die sich am Arbeitsplatz, im Urlaub oder bei Kuraufenthalten kennengelernt haben. Aber auch vertraute Barbesucherinnen werden in diese versteckte Subkultur aufgenommen, die nur in den Frauenlokalen gelegentlich sichtbar wird.

In den Cliquen können lesbische Frauen Freundschaften unterschiedlichster Art schließen, die Bar stellt die Rahmenbedingungen zur Verfügung. Sie bietet eine stabile und gleichbleibende Möglichkeit zur Kontaktaufnahme zwischen den lesbische Frauen. Die Emanzipationsgruppen, die ebenfalls der Kontaktaufnahme für lesbische Frauen untereinander dienen, sind weit weniger kontinuierlich und stabil.

Über Funktion und Kommunikationsinhalte von Cliquen

Die Cliquen werden aufgrund emotionaler Bedürfnisse gebildet. Es überwiegen die Wünsche nach Identitätsfindung beziehungsweise der Bildung einer neuen Identität, als lesbische Frau Freundschaften mit anderen Frauen zu schließen, eine Partnerin zu finden sowie das eigene Verhältnis zur Umwelt zu klären. In den Cliquen herrscht ein großes Ausmaß an Intimität, das die Selbstakzeptierung erleichtert und die Stigmatisierung bearbeiten hilft.

Lesbische Frauen gehören zu einer Kategorie von Menschen, für die unsere Gesellschaft keinen institutionalisierten Platz hat, es sei denn der Beichtstuhl oder die Couch des Therapeuten. Die Bildung einer Clique ist deshalb für lesbische Frauen ein Schritt aus der Vereinzelung und Isolierung. Über diese informellen Gruppen baut sich die lesbische Gemeinschaft auf.

Ferdinand Tönnies[95] umfaßte das Problem des Zusammenwirkens des zwischenmenschlichen Verkehrs mit der sozialen Struktur theoretisch durch zwei Arten sozialer Beziehungen und stellte diese einander gegenüber: Die Gemeinschaft, gegründet auf *direkte emotionale Beziehungen* (Hervorhebung, I.K.) und die Gesellschaft, die sich auf nüchterne rationale Kalkulation und Arbeitsteilung stützt. Als klassisches Beispiel 'gesellschaftlicher' Beziehungen betrachtet Tönnies den kapitalistischen Warenaustausch, der sich über sämtliche individuellen Unterschiede hinwegsetzt. Eindeutige Beispiele von 'Gemeinschaft' waren für ihn dagegen Verwandtschaft, Nachbarschaft und Freundschaft. Hierbei nahm Tönnies an, daß die Idee der Gemeinschaft ihren vollkommensten Ausdruck gerade in der Freundschaft findet, da Verwandtschaft und Nachbarschaft oft nur äußere, einfache, räumliche Nähe verkörpern. Für ihn bezeichnet der Begriff 'Gemeinschaft' eine Gruppe von Menschen, die sich aufgrund vorwiegend emotionaler Bindung und Übereinstimmung als zusammengehörig empfinden und deren soziales Verhalten innerhalb dieser Gruppe wesentlich durch das Gefühl gegenseitiger Bindung bedingt und von ihm gesteuert wird. Wesentlich dabei ist nicht die Dauer, sondern das emotionale Element bei der Gruppenbildung.

Wie ist nun das Verhältnis von 'Gemeinschaft' und 'Gesellschaft'? Nach Meinung von Tönnies sind beide Formen jeder historischen Gesellschaft eigen; allerdings ist das Verhältnis zwischen ihnen sehr unterschiedlich. Im frühen Entwicklungsstadium, in dem die Menschen in verhältnismäßig kleinen Gruppen lebten und ein patriarchalisch strukturiertes Dasein führten, überwog der Geist der Gemeinschaft. Mit der Zeit wurden die gesellschaftlichen Bindungen immer universaler, und gleichzeitig verringerte sich die Bedeutung der 'Gemeinde' und folglich auch der Freundschaft immer mehr. Die Gemeinschaftsbeziehungen bleiben nur kleine Inseln des 'Menschlichen' in der Welt der leidenschaftslosen Vernunftsentscheidungen.

Georg Simmel[96] brachte die Geschichte der Freundschaft nicht nur mit der Differenzierung der Gesellschaft, sondern auch mit der Differenzierung der Persönlichkeit selbst in Zusammenhang. Für ihn bedeutete das antike Freundschaftsideal totale Entfaltung und totalen Zusammenschluß der Persönlichkeiten. Aber

„solche völlige Vertrautheit dürfte indes mit der wachsenden Differenzierung der Menschen immer schwieriger werden. Vielleicht hat der moderne Mensch viel zu verbergen, um die Freundschaft im alten Sinn zu haben." (S. 269)

Dem ist hinzuzufügen, daß diese Freundschaft und das Ideal der Freundschaft allerdings nur für die männliche Oberschicht der griechischen Stadtstaaten und nicht für Frauen und Sklaven galten.

Die Beziehungen in der Clique sind Gemeinschaftsbeziehungen. Die Cliquen sind ein Teil der Gemeinschaft. Das gilt sowohl für die Praxis der Bar als auch für deren theoretische Definition. Cliquen lassen sich von Organisationen abgrenzen, die „bewußt auf spezifische Zwecke und Ziele orientiert sind" und darüber hinaus „im Hinblick auf die Verwirklichung dieser Zwecke und Ziele zumindest der Intention nach rational gestaltet sind"[97].

Bei der Analyse von Gruppen wird das Merkmal der Diffusheit von Mitgliederbeziehungen hervorgehoben[98]. Eine Gruppe existiert dann und in dem Maße, wenn die Mitgliederbeziehungen nicht auf spezifische Zwecke oder Ziele eingegrenzt werden, sondern in einer Vielzahl von Bezügen auf verschiedenen Ebenen stattfinden. Für Gruppen ist charakteristisch, daß sie jenseits spezifischer Themen für ihre Kommunikation relativ offene Horizonte und vielschichtige Ausdrucksmöglichkeiten besitzen. Das hat zur Folge, daß die Unmittelbarkeit der Mitgliederbeziehungen eine Fülle ‚persönlicher' Nuancen geltend machen kann. Diese Unmittelbarkeit der Beziehungen innerhalb der Gruppe ist ein weiteres gängiges Kriterium bei der Analyse von Gruppen. Gemeint ist damit, daß die Kontakte in Gruppen ‚face to face' laufen (sogenannte face-to-face-Kontakte), so daß jedes Mitglied jedes andere wahrnehmen und mit ihm direkt umgehen kann. Zur Gruppe gehört auch, daß sie von relativer Dauer ist, was sie von flüchtigen Begegnungen, kurzen Gesprächen etc. unterscheidet. Die Fähigkeit zur Dauer ist die Voraussetzung zur Bildung von Wir-Gefühlen, Gruppenidentität und einem Mindestmaß an Organisation. Letzteres ist notwendig, um zu klären, wann, wo und zu welchem Anlaß man/frau sich wiedersieht. Nur über die Anwesenheitserfahrungen lassen sich kollektive Wir-Gefühle auf persönlicher Grundlage aufbauen und verinnerlichen. Die Anwesenheit fördert zugleich die Selbstdarstellung und das Agieren der Mitglieder. Die individuellen Probleme und Bedürfnisse können nicht — wie in Organisationen — beiseite gedrängt oder abgekoppelt werden;[99] andererseits aber kann eine Gruppe nicht alle Erfahrungen, Argumente und Leidenschaften ihrer Mitglieder gleichermaßen zulassen. Nach Neidhardt muß eine Gruppe gewisse Indifferenzen aufbauen und verteidigen.

„Es läßt sich annehmen, daß Gruppen — z. B. in Abhängigkeit von Außenweltbedingungen wie Handlungsdruck, Ressourcenlage und Mitgliedschaftsalternativen — in unterschiedlichem Maße zu einer Moralisierung von Scham- und Taktgefühl, den wohl zentralen Abgrenzungsmechanismen gegenüber inneren Umwelten, tendieren. Schamgefühl wäre die Verinnerlichung von Schranken der Selbstdarstellung, Taktgefühl die Stabilisierung der Technik, fehlerhafte ‚indiskrete' Selbstdarstellung als ungesehen zu behandeln, sie also sozial folgenlos zu absorbieren." (S. 647)

Die Moral bildet nach Neidhardt den Kern des Normensystems von Gruppen. In der Bar ist die allzu offensichtliche Suche nach einem Partner eine fehlerhafte Selbstdarstellung. Das gilt auch für die Clique. In sehr starker Weise werden in der Clique die Leidenschaften ausgeklammert. Dies entspricht auch der weiblichen Sozialisation und dem gesellschaftlichen Bild von einer passiven, sexuell-erotisch inaktiven Frau.

Die Clique kanalisiert die Konkurrenz zwischen den Frauen in der Bar und puffert sie ab. Frauen, die diesen Cliquen angehören, nehmen in den ersten Monaten oft gar nicht wahr, daß die Bar auch ein Ort der Kontaktsuche für sexuell-emotionale Beziehungen ist. Sie konzentrieren sich auf die kleine Gemeinschaft, die Gruppenprozesse und die eigene Identitätsfindung, die mit dem coming out verbunden ist. Die Clique ist die emotionale Heimat, die Bar stellt die Rahmenbedingungen für sie.

Eine Folge der Moralbildung in der eigenen Gruppe ist die Projektion der zugeschriebenen und erlebten Leidenschaften und der Partnersuche auf andere Gruppen. Die Barbesucherinnen vermuten, daß in den Emanzipationsgruppen lesbischer Frauen eine zügellose Promiskuität herrscht und die Frauen dort weder zu Treue noch zu Partnerschaft fähig seien. Diese Vermutung wird durch die öffentliche Diskussion um die sogenannten ,Mehrfachbeziehungen' in den Emanzipationsgruppen genährt.

Aber auch in den Cliquen der Emanzipationsgruppen wird projiziert. Hier wird die Damenbar für einen Ort der Amoralität und ungebremsten Leidenschaften gehalten. Dieser Vorgang der gegenseitigen Projektion, der dazu führt, daß in der eigenen Gruppe die Emotionalität versucht wird zu kanalisieren, erschreckt, läßt sich aber erklären. Der Gießener Psychoanalytiker Horst Eberhard Richter stellte bei seinen Arbeiten fest, daß eine Gruppe ,,im eigenen Kreis notwendigerweise einiges von der Apathie der Ohnmacht, der chaotischen Aggressivität, dem Mißtrauen und anderen Merkmalen, mit denen sie im Getto laufend umzugehen hat'', reproduziert. ,,Dementsprechend entwickeln sich die Projektionen in der Gruppe.''[100]

Damit eine Person sich mit ihrer besonderen Individualität der Außenwelt vermitteln kann, muß sie eine möglichst authentische Erfahrung ihrer Gefühle und Bedürfnisse haben. Ein Treffen von Angehörigen einer Gruppe schafft die Gelegenheit dazu, man/frau lernt sich selbst kennen. Der Umstand, ob und in welchem Maße die Gruppe von außen unter Handlungsdruck gestellt wird, ist einflußreich für die Ausprägung der ,inneren' Gruppentendenzen. Nehmen die Gruppenmitglieder wahr, daß ihre Gruppe als Gruppe gegenüber der Außenwelt Aufgaben zu erfüllen hat, dann entsteht ein zusätzlicher Bedarf an ,Wir-Gefühl' und Konsensus. Dies erklärt, weshalb gerade in den Gruppen lesbischer Frauen, die ja entgegen der gesellschaftlichen Konvention leben und leben wollen, die gegenseitige Verbundenheit so stark betont wird, denn ein allgemein anerkanntes Ergebnis der Gruppenforschung ist, daß bei starkem Außendruck und schlechter Ressourcenlage zwanghafte Rückzugstendenzen entstehen, die mit Gruppenspannungen und Kohäsionsgefährdungen verbunden sind.[101] Wenn zu dem gesellschaftlichen Druck, der auf allen lesbischen Frauen lastet, auch noch eine Gefährdung der Bedürfnisbefriedigung kommt, dürfte das Signal zum Rückzug gegeben sein.

Die in der Gruppensoziologie festgestellte Herausbildung von Entscheidungsmechanismen hierarchischer Art und von Führerschaft ist in den Cliquen lesbischer Frauen nur gering ausgeprägt. Eine Ursache hierfür könnte sein, daß für lesbische Frauen kein Zwang zur Zugehörigkeit besteht, für sie also Alternativen in der Mitgliedschaft bestehen. Ein weiterer Grund hierfür könnte aber auch sein, daß extrem ausgeprägte Hierarchisierung nicht im Handlungsrepertoire von Frauen liegt. Eleonore Maccoby[102] weist nach, daß sich schon bei Mädchen ein mehr gruppenorientiertes Verhalten zeigt und Autoritäten keinen hohen Wert an sich haben. Selbst unter extremen Bedingungen verzichten Frauen auf die Herausbildung von Hierarchie und Führerschaft. Rose Giallombardo[103] führt in ihrer Studie über Frauengefängnisse aus, daß selbst in den Gefängnissen keine

Banden, sondern Pseudo-Familien aufgebaut werden, die sich von den hierarchisch aufgebauten Gruppen der männlichen Gefängnisinsassen deutlich unterscheiden. Giallombardo untersuchte sechshundertfünfzig weibliche Gefangene, ihre Ergebnisse wurden durch die mehr journalistische Arbeit von Kathryn Watterson Burkhart[104] bestätigt. Diese besuchte einundzwanzig Frauengefängnisse und sprach mit ungefähr neunhundert Insassinnen. Das Nichtvorhandensein von Entscheidungshierarchien und Führerinnen in den kleinen Gruppen bedeutet allerdings nicht, daß Probleme der Konfliktaustragung, Konkurrenz und Machtausübung in ihnen keine Rolle spielen.

In der Gruppensoziologie[105] werden die äußeren Umweltbedingungen von Gruppen in den Variablen ‚Handlungsdruck', ‚Ressourcenlage' und ‚Mitgliedschaftsalternativen' zusammengefaßt. Die innere (Um-)Welt von Gruppen, also die Besonderheiten gruppenspezifischer Prozesse, werden in den Variablen ‚Individualität sozialer Wahrnehmung', ‚Personalisierung von Handlungszurechnungen' und ‚Gefühle als Steuermedien' kategorisiert. In der Soziologie von Organisationen findet eine Trennung von Motiv und Organisationszweck statt. Gruppen dagegen müssen ihre Zwecke an den Motivationen ihrer Mitglieder orientieren, sonst werden sie auseinanderbrechen, wann immer das möglich ist. Gruppen stehen deshalb unter einem starken Innendruck. Es stellt sich nun die Frage, welche Mechanismen in Gruppen wirksam sind, um diesen Druck zu kontrollieren und zu verarbeiten. Eine Möglichkeit bilden die Strategien der inneren Grenzziehung, wie sie Takt- und Schamgefühl darstellen, und die Ansätze zur Rollenstrukturierung. Sie sichern allerdings die Gruppen nicht vor spontanen Affekteinbrüchen, unerfreulichen Stimmungen und überlasteten Motivinvasionen. Gruppen sind in entscheidendem Maße auf bestimmte Gefühle angewiesen, um das Problem der Irritation zu lösen. Auf emotionaler Stabilisierung beruht letztlich die gruppenspezifische Leistung der Ausbalancierung unausbleiblicher Widersprüche. Das gilt in besonderem Ausmaß für die informellen Gruppen lesbischer Frauen. Hier entscheiden hauptsächlich Sympathien und Antipathien darüber, ob eine Frau als Cliquenmitglied aufgenommen wird. Was sich in den gruppendynamischen Prozessen entwickelt und sich in Achtung, Autorität, Vertrauen — oder im Gegenteil davon — ausdrückt, ist selber schon Gefühl oder emotional fundiert. Das persönliche Kennenlernen bildet die emotionale und kognitive Fundierung der Vertrauensbildung. Darüber hinaus muß das Verhalten der anderen Frauen in der Clique kalkulierbar und erwartbar sein. Mit der Funktion, Erwartungssicherheiten zu erzeugen, entwickeln sich nämlich in Gruppen auf der Grundlage von Gefühlen funktionale Äquivalente zur Formalisierung, wie sie in Organisationen anzutreffen sind. Es entsteht ein persönliches Vertrauen und ein Zutrauen zu den eigenen Erwartungen. Hierauf basiert wiederum eine gewisse Zukunftsorientierung.

Gruppen haben durch ihre Beständigkeit die Chance, dem Vertrauensaufbau Zeit zu geben. Neidhart sieht den Prozeß der Vertrauensbildung und der Strukturierung der Gruppenprozesse durch einen speziellen Umfang mit dem Vertrauen gegeben. Der Vertrauensaufbau

„setzt eine Seite ‚riskanter Vorleistungen ... der einen und die Geschichte befriedigender Beweise von Vertrauenswürdigkeit der anderen voraus. Das ‚Prinzip der kleinen Schritte' ..., das den Aufbau eines bestandfesten Vertrauens bestimmt, setzt ein Minimum gemeinsamer Vergangenheit voraus. Hinzu kommt andererseits, daß in Gruppen die eigene Sanktionsform sich bilden kann, die aufkommenden Vertrauensbrüchen angemessen und wirksam begegnen kann, nämlich die Möglichkeit und das Recht auf Moralisierung von Normverstößen. Vertrauen ist eine persönliche Leistung, der zu entsprechen, nicht formell erwartet werden kann. Sie ist nicht eine Angelegenheit von Satzung und Gesetz, kann weder kommandiert noch eingeklagt werden. Die effektive Reaktion auf Vertrauensbruch setzt die Thematisierung der Identität des Vertrauensbrechers voraus. Sie bestraft, indem sie seine moralische Integrität in Zweifel zieht oder sogar verneint. Das setzt voraus, was für Gruppen ... typisch ist, nämlich eine hohe Personalisierung von Beziehungen sowie eine Struktur emotionaler Verspannungen. (. . .).'' (S. 651)

Das Vertrauen ist nach Neidhart das funktionale Äquivalent zur Formalisierung. Außerdem genügt es seiner Auffassung nach, in den Gruppen in vielen Fällen statt mit Konsens mit einer Konsensusfiktion auszukommen. Empirische Untersuchungen zeigen, daß in Gruppen, in denen Sympathiebeziehungen entstanden sind, die von den Mitgliedern vermuteten Übereinstimmungen die tatsächlichen feststellbaren Übereinstimmungen deutlich übersteigen:

,,Gefühle besitzen innerhalb von Gruppen also die Funktion, bestimmte Bestandsvoraussetzungen zu gewährleisten und bestimmte Strukturierungen von Prozeßabläufen abzusichern, auch wo die Formalisierung von Normen und die Institutionalisierung von Konsensus typischerweise schwach bleiben.''[106]

Zu diesen Gefühlen zählen zum Beispiel Dankbarkeit, Treue und Liebe.

Mit der Bedeutung von Gefühlen sowohl für den Gruppenprozeß als auch für das Individuum selbst befaßten sich verschiedene Untersuchungen. Deutsch[107] untersuchte die Auswirkungen von Vertrauen und Mißtrauen auf die Zusammenarbeit; die stark emotional getönte Einstellung des Vertrauens, die Erwartung, daß die Gegenseite sich kooperativ verhalten werde, erwies sich als eine wesentliche Voraussetzung für eine dauerhafte Zusammenarbeit. Auch aus der Untersuchung von Weller[108] kann eine Bestätigung der allgemeinen Annahme, daß zwischenmenschliche Gefühle eine wichtige Rolle für den Zusammenhalt einer Gruppe spielen, für den speziellen Fall der Angst gewonnen werden. Nach Weller reduziert das Zusammensein mit anderen die Furcht in einer bedrohlich empfundenen Situation; deshalb werde das Zusammensein mit anderen angestrebt. Homogenes Zusammensein dient auch der Reduzierung von Zwängen, die die Umwelt auf Benachteiligte ausübt. In der Subkulturforschung gilt die These, daß Subkulturen sich unter anderem auch vor dem Anpassungszwang schützen, den die Herrschenden gerade gegen Subkulturen anwenden[109]. In der Gruppensoziologie dagegen wurde bisher die inhomogene Gruppe als leistungsfähiger betrachtet, wobei allerdings nicht klar definiert wurde, was die Leistungsfähigkeit beinhaltet.

Der Psychologe Hans Anger[110] kommt aber zu dem Schluß, daß weder die Homogenität noch die Heterogenität an sich entscheidende Gruppeneigenschaften sind.

,,Allem Anschein nach wirkt Homogenität in bezug auf bestimmte Merkmale, wie Dominanzstreben, Aggressivität oder projektive Selbstschutzmechanismen, eher nachteilig auf die innere Harmonie und die äußere Effizienz einer Gruppe ein, während Homogenität in bezug auf andere Eigenschaften wie etwa S o z i a b i l i t ä t (Hervorhebung, I. K.), den Gruppenmitgliedern eher einen höheren Grad persönlicher Befriedigung vermittelt und gleichzeitig auch zu einem reibungsloseren Ablauf zielgerichteter Aktivitäten beitragen kann. Umgekehrt scheint sich bei unmittelbar aufgabenrelevanten Fähigkeiten ein gewisser, freilich nicht allzu extremer Grad von Heterogenität eher förderlich auf die Kooperation auszuwirken, während Inhomogenität in bezug auf Herkunft, persönliche Interessen, Einstellungen und Wertmaßstäbe in der Regel interaktions- und kommunikationshemmend wirkt und —

... — auch das Gefüge der zwischenmenschlichen Gefühlsbeziehungen und damit die Kohäsion, also den Zusammenhalt der Gruppe, negativ beeinflußt.'' (S. 26)

Die Cliquen lesbischer Frauen basieren sowohl auf ihrer gesellschaftlichen Außenseiterposition und sind in diesem Sinn wohl auch als nichtfreiwillige Gemeinschaften zu verstehen; sie basieren andererseits aber auch auf positiven Anziehungen. Ich werde später noch zeigen, daß diese positiven Anziehungen jedoch nicht genügen, um einen offensiven Kampf gegen die Diskriminierung lesbischer Frauen aufzunehmen.

Die Clique muß gegenüber den Gefühlen und Wünschen ihrer Mitglieder empfindlich bleiben, und sie darf deren Spontaneität nicht ausschließen, wenn sie deren Abwanderung nicht provozieren will. Zugleich muß sie dafür sorgen, daß sie nicht von den unterschiedlichsten Wünschen und Bedürfnissen überschwemmt wird. Wenn die Abweichtoleranzen in einer Gruppe zu groß werden, bricht sie zusammen. Cliquen brauchen wie alle Gruppen bei ihren Mitgliedern die Fähigkeit zur Rollendistanz, Empathie und Ambiguitätstoleranz. Diese Fähigkeiten und Notwendigkeiten erwachsen mit bestimmten Zielsetzungen, wobei diese Zielsetzungen von der Gesamtgesellschaft nicht losgelöst entwickelt werden können. In den Zielsetzungen unterscheiden sich Bars und Emanzipationsgruppen. Die Damenbar will etwas für ihre Besucherinnen erreichen, während die Emanzipationsgruppe sich an andere lesbische Frauen und eine allgemeine Öffentlichkeit richtet. Das Frauenlokal hat eine Innenorientierung, die Emanzipationsgruppe eine Außenorientierung, dies spiegelt sich in den Inhalten der Kommunikation wider. Das Frauenlokal und die Emanzipationsgruppe sind Orte, an denen sich Cliquen lesbischer Frauen bilden können. Beide konstituieren sich aus diesen Cliquen.

Die Clique selbst hat einerseits Schutz- und Abwehrcharakter vor den unangenehmen Seiten des lesbischen Lebens; sie soll Ausgleich für die täglichen Frustrationen bieten und die Möglichkeit, gemeinsam Aggressionen abzuleiten. Andererseits dient sie als Identifikationsobjekt, als Vehikel, durch das frau eine Identität zu gewinnen trachtet, in dem in sie alle Wünsche, Hoffnungen und Bedürfnisse hineinlegt, die die lesbische Frau in keine Sozialisationsinstanz befriedigend hineintragen und dort entwickeln konnte. Das eigentliche Problem an den Cliquen ist also, daß sie gemeinsame Wunscherfüllung und Bedürfnisbefriedigung anstreben. Und wie auch immer durch die gesellschaftlichen Verhältnisse verzerrt diese Bedürfnisse auftreten, liegt ihnen auch die Suche nach Identität und damit ein Widerstandspotential gegen die gesellschaftliche Nichtexistenz lesbischer Frauen zugrunde. Die lesbische Frau in einer Clique will keine Null-Person sein.

Andererseits sind die Bedingungen für die Bildung von Cliquen auch die Umstände, die zu ihrer Auflösung führen. Weil in der Clique die starken Bedürfnisse nach Spiegelung, Zuwendung und Verständnis intensiv erfüllt werden können (und die Frauen die Erfüllung auch schon erlebt haben), wird die Versagung dieser Erfüllung als besonders schmerzhaft empfunden.

Die Emanzipationsgruppen

Die Entwicklung
der gegenwärtigen Emanzipationsgruppen

Nach Ingrid Schäfer[111] stellt sich für alle Lesbierinnen von Anfang an die Frage, wie der doppelte Konflikt mit sich selbst (das heißt Akzeptierung der eigenen Homosexualität, Identitätsfindung, Identitätsaufbau und Stabilisierung der Identität, I. K.) und der Umwelt zu lösen sei. Sie sieht theoretisch drei Möglichkeiten der Lösung:

a) sich konform zu verhalten, unter Umständen sexuell-abstinent oder lustlos heterosexuell zu leben,

b) sich ganz oder teilweise zu maskieren, das heißt, heimlich Homosexualität zu praktizieren und sie nach außen hin zu verleugnen oder

c) die Umwelt und ihre Bestrafungen und Belohnungen zu ignorieren, das heißt, sich, ohne Konzessionen zu machen, homosexuell zu verhalten.

Die versteckte Subkultur lesbischer Frauen, die sich aus den Cliquen konstituiert und in den Frauenlokalen sichtbar wird, kann der zweiten Konfliktlösungsmöglichkeit zugeordnet werden. Die Auseinandersetzung mit der Umwelt, ohne Konzessionen zu machen, wird zunehmend von den Emanzipationsgruppen lesbischer Frauen propagiert und praktiziert. Im Gegensatz zur Geschichte der lesbischen Subkultur, die sich in den Cliquen und in der Existenz der Frauenlokale manifestiert, sind die kollektiven Bemühungen um eine Entdiskriminierung und Entstigmatisierung in der Bundesrepublik Deutschland und Berlin-West erst ein Jahrzehnt alt.

Im Wörterbuch der Soziologie wird Diskriminierung

„eine Ungleichbehandlung (Differenzierung) nur in den Fällen genannt, in denen die normativ gebotene oder von einer Bevölkerungsgruppe postulierte Anwendung des sogenannten Gleichheitssatzes generell oder im Einzelfall unterbleibt"[112].

Ich schließe mich im folgenden dieser Definition an, weil hier enthalten ist, daß in unserer Gesellschaft Einstellungen und Verhaltensweisen vorhanden sind, die die einzelne lesbische Frau und die Gruppe der lesbischen Frauen herabsetzen und in ein schlechtes Licht rücken. Bei der Beschreibung der Stigmatisierung schließe ich mich der Definition des Soziologen Rüdiger Lautmann an, der unter Stigmatisierung einen Prozeß versteht,

„in dem die Angehörigen einer Sozialkategorie von voller Teilhabe an den gesellschaftlichen Gütern ausgeschlossen werden, weil sie ein zutiefst abgelehntes, tendenziell auszurottendes Merkmal an sich tragen. Dieses diskreditierende Merkmal, eben das Stigma (griechisch Brandmal), kann von allerlei Art sein"[113].

Lautmann wendet hier den Begriff Stigmatisierung vor allem auf homosexuelle Frauen und Männer an. Er beschreibt neben anderen Autorinnen und Autoren, wie in bestimmten Zusammenhängen, etwa am Arbeitsplatz, in der Medizin und im Sozialisationsbereich, lesbische Frauen und homosexuelle Männer sichtbar benachteiligt und als moralisch minderwertig gebrandmarkt werden. Die Emanzipationsgruppen lesbischer Frauen haben sich zum Ziel gesetzt, den verschiedenartigen Diskriminierungen und Stigmatisierungen entgegenzuwirken.

Materialien zur Entstehung

Informationen über die kollektiven Bemühungen von lesbischen Frauen, eine sich als politisch verstehende Emanzipationsbewegung aufzubauen, finden sich verstreut in verschiedenen Publikationen. Hier werden jedoch jeweils nur bestimmte Aspekte oder bestimmte Situationen dargestellt. Bücher, die sich mit der Geschichte, Praxis und Ideologie der Frauenbewegung[114] befassen, betonen den Zusammenhang zwischen der Frauenbewegung und den Gruppen lesbischer Frauen, wobei Lesbianismus als ein Thema der Frauenbewegung angesehen wird. Publikationen, die die Emanzipationsbewegung der homosexuellen Männer darstellen, weisen auf die gemeinsame Betroffenheit von homosexuellen Männern und Frauen hin, sie vernachlässigen aber die spezielle Situation der lesbischen Frau und die autonomen Gruppen lesbischer Frauen[115]. Die bisher einzigen Bücher zu den Emanzipationsbestrebungen lesbischer Frauen[116] informieren nur über die ersten fünf Jahre des zurückliegenden Jahrzehnts und erfassen jeweils nur kleine Ausschnitte, wie zum Beispiel den Aufbau einer Emanzipationsgruppe.[117]

Wichtige Hinweise auf Geschichte und Ideologie der Emanzipationsbestrebungen sowie auf die soziale Lage lesbischer Frauen geben die mehr ‚internen' Publikationen der Frauenbewegung. Hier seien die ,,Frauenjahrbücher''[118], die Dokumentationen der ,,Berliner Sommeruniversität für Frauen''[119] und die beiden großen Frauenzeitschriften ,,EMMA'' (Köln) und ,,COURAGE'' (Berlin) genannt. Anhand der Publikationen der Emanzipationsgruppen lesbischer Frauen läßt sich auch ein Überblick rekonstruieren. Bei all diesen aufgezählten Publikationen bleiben die Daten punktuell, denn sie wurden jeweils unter einer bestimmten Zielsetzung von Individuen und Gruppen geliefert. Eine detaillierte Erfassung der kollektiven Emanzipationsbestrebungen steht noch aus. Aus diesem Grund kann hier nur ein grober Überblick gegeben werden, zumal zahlreiche Ereignisse nicht dokumentiert wurden und erst nach umfangreichen Recherchen bekannt werden könnten.

Emanzipationsgruppen der USA als Vorbild

Die Frauenbewegung, die Homosexuellenbewegung und die Emanzipationsbestrebungen der lesbischen Frauen in der Bundesrepublik Deutschland und Berlin-West sind eng verbunden mit den gleichen sozialen Bewegungen in den USA. Es sei hier schon vermerkt, daß vor allem die Emanzipationsbestrebungen der homosexuellen Frauen und Männer sich in den ersten fünf Jahren, also von etwa 1971 bis 1976, die amerikanischen Gruppen als Orientierungshilfen nahmen, ab 1976 erfolgte dann eine Orientierung an der Geschichte der deutschen Emanzipationsbestrebungen um die Jahrhundertwende und in der Weimarer Republik sowie eine Aufarbeitung dieser Geschichte, wie sie sich in den Arbeiten von Gudrun Schwarz, Manfred Herzer und Joachim S. Hohmann niedergeschlagen hat.

Eine lesbische Subkultur, die sich um die Bars rankt, läßt sich in den USA, in San Francisco zum Beispiel, bis in die dreißiger Jahre zurückverfolgen. Emanzipationsgruppen und -organisationen, die sich die Entstigmatisierung und Entdiskriminierung lesbischer Frauen zum Ziel gesetzt hatten, bildeten sich jedoch — im Gegensatz zu Deutschland — erst Mitte der fünfziger Jahre, wie die Organisation ,,Daughter of Bilitis'', die Zweigorganisationen in den verschiedensten US-amerikanischen Städten unterhielt und unterhält. Diese Gruppen verhielten sich defensiv. Das gilt auch für die Emanzipationsgruppen homosexueller Männer. Doch das Ergebnis ihrer Arbeit war nicht ,null', wie heute gern behauptet wird[120], da sie in starkem Maße ein Kontaktnetz herstellten, zur Ideologiebildung beitrugen, Organisationen gründeten und die Zahl der Mitglieder in den Gruppen und Organisationen erhöhten.[121] Erst im Laufe einer größeren Politisierung, die durch die Berührung mit der Anti-Vietnamkrieg-Bewegung, den Hippies sowie der Bürgerrechtsbewegung und deren Protest gegen die Diskriminierung der schwarzen Bevölkerung entstand, traten auch die homosexuellen Gruppen in den USA selbstbewußter auf. Überhaupt läßt sich sagen, daß die amerikanischen Emanzipationsbewegungen erst nach 1965 und vor allem um 1970 sichtbar wurden und an Einfluß gewannen. Das gilt sowohl für die bekannten Bewegungen als auch für die kleineren und weniger ,populären', wie die der Wanderarbeiter mexikanischer Herkunft (Chicanos)[122]. Die engste Verbindung der Gruppen lesbischer Frauen bestand und besteht heute mit der Frauenbewegung. Diese wiederum hat zwei Wurzeln: die eigenständige, von Betty Friedan 1966 gegründete ,,National Organisation for Women'' (NOW) und die Gruppen, die sich erst im Zusammenhang mit den verschiedenen Protestbewegungen bildeten. Erst ab etwa 1974 kam es zu geplanten Kontakten zwischen amerikanischen und deutschen Lesbierinnen, was seinen Ausdruck auch in verschiedenen Veröffentlichungen fand[123]. Die Kontakte zwischen den homosexuellen Männern bestanden schon viel früher, sind aber ebenfalls bisher nicht erfaßt und aufgearbeitet worden.[124]

Das Minderheitenkonzept der Homosexuellen in den USA

Vor dem Hintergrund der Emanzipationsbemühungen der verschiedenen ethnischen Gruppen in den USA bot sich die Übernahme eines Minderheitenkonzeptes für die homosexuellen Frauen und Männer geradezu an.[125] Sie begannen sich als Angehörige einer Minderheitengruppe zu definieren, die der Adressat von Vorurteilen und Benachteiligungen der gleichen Qualität war, denen ethnische und rassische Minderheiten ausgesetzt sind. Ihr Ziel war es, sich selbst als Angehörige einer Minderheit zu sehen und mit Hilfe einer Organisierung den Status im eigenen Land durch verschiedene Reformen zu erhöhen sowie durch eine Vereinigung aller Homosexuellen in einer sozialen Bewegung dies noch zu verstärken.

Die erste öffentliche Aussage, in der Homosexuelle als Minderheitengruppe mit eigenem Recht definiert wurden, kam von Donald Webster Cory[126]. Er argumentierte im Gegensatz zu denen, die die Minderheiten-Definition nur auf religiöse und ethnische Gruppen angewendet sehen wollten, daß eine Minderheit eine Gruppe von Menschen sei, die bedeutende Merkmale gemeinsam habe, die sie vereine und gleichzeitig von der übrigen Gesellschaft unterscheide (S. 15—

21). Ein Merkmal der homosexuellen Minderheit sei auch ihr niedriger oder ungleicher Status in der Gesellschaft. Cory betont, daß Homosexuelle ebenso das Objekt von stereotyper Kategorisierung, Diskriminierung, abfälliger Sprache, Witzen und Entmenschlichung seien wie andere unterprivilegierte Minderheiten. Seiner Ansicht nach werde der Status von Minderheiten in den USA nicht verstanden bzw. werde nur dann verstanden, wenn er im Bezugsrahmen von Minderheit — Mehrheit — Beziehung gedacht werden kann. Eineinhalb Jahrzehnte später konnte er in seinem Buch über die Lesbierinnen in den USA feststellen, daß das Minderheitenkonzept akzeptiert sei, vor allem in der Soziologie. Ein weiterer Autor, Robert Lindner[127], unterstützte die Argumentation von Cory und führte aus, daß die ‚sexuelle Orientierung' alle unterschiedlichen Interessen und Bezüge überwinde und eine Art von Gemeinschaft unter den Homosexuellen aufbaue.

Dieses Konzept, Angehörige einer diskriminierten Minderheit zu sein, wurde von den Homosexuellen in San Francisco, zumindest von denen, die einer Homosexuellenorganisation angehörten oder als Individuen für ihre Belange aktiv waren, schnell akzeptiert. Auf der Basis dieses neuen Selbstverständnisses wurde 1965 eine Petition an die ,,Human Right Commission'' der Stadt gerichtet, um Beachtung zu finden und auf das Leid hinzuweisen, unter dem sie als Homosexuelle und Angehörige einer Minderheit in dieser Stadt leiden. Die ,,Human Right Commission'' verweigerte die Anerkennung der Petition mit der Begründung, sie habe nur die Probleme von ethnischen und rassischen Minderheiten zu behandeln. 1968 dagegen akzeptierte diese Kommission eine ähnliche Petition, die von den sogenannten Hippies eingereicht worden war[128]. Die lesbischen Frauen waren in der Annahme des Minderheitenkonzeptes zögernder. Bei den Treffen der Lesbierinnenorganisation ,,Daughter of Bilitis'' wurde einmal ein Vergleich gezogen zwischen der Situation der homosexuellen Frauen und Männer als Minderheit und der Situation der Schwarzen als Minderheit.[129] Roxanna Thayer Sweet belegt die These von der Übernahme des Minderheitenkonzeptes noch an weiteren Autoren wissenschaftlicher Publikationen[130], die die Situation der Homosexuellen mit der Situation von Betroffenen bei Glaubenskriegen und Pogromen vergleichen. Sie selbst verfolgt ebenfalls dieses Konzept und kommt zu dem Schluß, daß die psychologischen Merkmale von Homosexuellen — sofern sie sich von denen Heterosexueller unterscheiden — eine Gruppenreaktion auf die Diskriminierung darstellen. Sie unterscheidet hierbei allerdings nicht zwischen lesbischen Frauen und schwulen Männern.

Zum Selbstverständnis der ersten Emanzipationsgruppen lesbischer Frauen in den USA

Vor dem Hintergrund des Minderheitenkonzeptes formulierten 1955 die Gründerinnen von ,,Daughter of Bilitis'', der ersten und über Jahre hinweg einflußreichsten Lesbierinnenorganisation, ihre Ziele. Sie wollten:
a) die heterosexuelle Umwelt aufklären und sich für rechtliche Verbesserungen für Homosexuelle einsetzen;
b) den Lesbierinnen eine Alternative zu den von der Mafia kontrollierten Bars und eine Möglichkeit zum gegenseitigen Kennenlernen anbieten und
c) die Selbsterkenntnis und Selbstakzeptierung der Lesbierinnen stärken.[131]

Diese drei Ziele finden sich auch bei anderen amerikanischen Lesbierinnengruppen und bei einigen deutschen Gruppen wieder[132], auch wenn die Schwerpunkte unterschiedlich gelagert sind. Die Organisationen der homosexuellen Männer hatten ähnliche Zielsetzungen. ,,Daughter of Bilitis'' hatte aber noch ein weiteres Ziel:

,,Participation in research projects by duly authorized and responsible psychologists, sociologists, and other such experts directed toward further knowledge of the homosexuals.''[133]

,,Daughter of Bilitis'' wollte ,wahres' Wissen über lesbische Frauen verbreiten, ein Wissen, das jenseits der Erkenntnisse von Krafft-Ebing, Schrenck-Notzing und Freud liegt und die lesbischen Frauen nicht als kranke, perverse oder in der psychischen Entwicklung steckengebliebene menschliche Wesen zeigt. Der ausgeprägte Wille aufzuklären zeigt sich gerade in dieser Zielsetzung. Das Reformkonzept von ,,DOB'' mit seiner anpassungsfreudigeren Position entsprach den gesellschaftlichen Umständen und den von diesen Umständen geprägten Betroffenen der McCarthy- und Nach-McCarthy-Ära der USA.

Obgleich ,,DOB'' ihre Mitgliederinnen ,bilden' und ,erziehen' wollte, mußte die Organisation ihnen helfen, mit der Belastung, Bürgerinnen zweiter Klasse zu sein, fertig zu werden. Barbara Gittings, die zu den führenden Persönlichkeiten der US-amerikanischen Homosexuellenbewegung gehört, berichtet in einem Interview mit Jonathan Katz vom geringen Selbstvertrauen der Frauen in den ersten Jahren der Gründung der Organisation. Die Frauen akzeptierten die gesellschaftliche Stigmatisierung. Es kam ihnen nicht in den Sinn, anzunehmen, daß sie ein Sachwissen über sich selbst als Lesbierinnen hatten. Sie nahmen hingegen an, auf den Beistand von Experten angewiesen zu sein, da sie wußten, daß Homosexualität in den Bereichen Recht, Religion und Verhaltenswissenschaften behandelt und abgehandelt wird.

Zum Selbstverständnis
der deutschen Gruppen lesbischer Frauen

Das Minderheitenkonzept, aufgrund dessen auch Bürgerrechte eingeklagt wurden, wurde von den homosexuellen Frauen und Männern im deutschen Sprachraum nicht übernommen. Ihre Emanzipationsbestrebung knüpft an eine linkspolitische Tradition sowie an die Sexismusdiskussion der US-amerikanischen Feministinnen an. Deren Ideologie ist wiederum in der Bürgerrechtsbewegung verwurzelt. Von der Black-Power-Bewegung nämlich, die sich ja aus der Bürgerrechtsbewegung entwickelt hatte, übernahmen die feministischen Frauen in den USA Elemente des kulturellen schwarzen Nationalismus, die sie geschlechtsspezifisch umformulierten. Dies sind unter anderem:

— ,,Man muß sich auf die eigenen Gruppe / Rasse / Geschlecht konzentrieren und sich damit solidarisieren.
— Man muß sich aus der Abhängigkeit von Weißen / Männern lösen.
— Man muß ein eigenes Bewußtsein, eine eigene Identität entwickeln.
— Eine kulturelle Revolution muß der politischen Revolution vorausgehen, das heißt, man muß erst jenes schwarze / weibliche Bewußtsein hergestellt haben, um dann an die Bewältigung der im engeren Sinne politischen Aufgaben gehen zu können.
— Zur Verwirklichung einer schwarzen / weiblichen Kulturrevolution werden unter anderen auch solche Maßnahmen ergriffen, wie sie die Black-Power-Bewegung getroffen

hat, nämlich spiegelbildlich zu Black-Studies / *Women-studies*, zu Black Liberation Schools / *Women's Liberation Schools.*'[134]

In der Gruppenforschung werden Ethnozentrismus und Nationalismus — und damit auch die selbstgewählte Separierung — in ihrer Funktion für eine Gruppe nicht nur negativ bewertet. Feger[135] referiert eine Arbeit des Soziologen P. C. Rosenblatt[136] von 1964 und nimmt an, daß beide als Formen der in sozialen Auseinandersetzungen wirksamen Vorurteile angesehen werden können. Ethnozentrismus und Nationalismus erhöhen Stabilität und Integration, vermindern die Wahrscheinlichkeit, daß die Gruppe von anderen sozialen Einheiten absorbiert wird, verringern die Anzahl der Mitglieder, die zu anderen Gruppen überwechseln, und führen somit zu einem Fortbestand der Gruppe über längere Zeit. Sie beeinträchtigen andererseits aber die Flexibilität der Gruppe und erhöhen die Wahrscheinlichkeit von gewaltsamen Auseinandersetzungen mit anderen Gruppen. Ethnozentrismus und Nationalismus beschleunigen nach Rosenblatt das Fällen von Entscheidungen innerhalb der Gruppe, sei es, daß sie eine vereinfachende Einschätzung einer Situation nahelegen, oder, daß sie nur relativ wenigen Mitgliedern Entscheidungen zu fällen gestatten. An dieser Stelle sei noch einmal daran erinnert, daß derartige Aussagen vorwiegend auf von Männern dominierte Gruppen zutreffen mögen; gewaltsame Auseinandersetzungen zwischen Gruppen dürften bei der gegewärtigen Aggressionshemmung und Machtlosigkeit von Frauen wohl auch nur auf Männergruppen zutreffen.

Die positiven Seiten von Selbstabsonderung, die ja der Frauenbewegung oft genug vorgeworfen wird, beleuchtet Howard Becker[137] in seiner Studie über die Kultur und die Verhaltensweisen von Tanzmusikern. Er nimmt an, daß Isolation und Selbstsegregation von den Normen und Werten der Gesellschat effektive Mittel sind, um ‚Außenseiter' zu werden. Durch räumliche und ideologische Distanz kann der ‚Außenseiter' seine Andersartigkeit betonen, um sich so gegen die negativen Auswirkungen der gesellschaftlichen Stereotype zu immunisieren. Am Beispiel der gesellschaftlich diskriminierten Tanzmusiker zeigt er, wie deren Selbstabsonderung in einem Gefühl generalisiert wird, welches besagt, daß Musiker anders und besser als andere Arten von Menschen seien und deshalb auch nicht das Subjekt von sozialer Kontrolle sein sollten.

Riesmann und andere[138] nehmen für die USA sogar an, daß die ethnischen Minderheiten diese Gesellschaft befreien würden, zunächst allerdings nur in der Verfeinerung der Konsum- und Freizeitgewohnheiten (zum Beispiel Einführung der italienischen Küche, Schöpfung des Charleston durch die Farbigen). Aber auch der Sozialwissenschaftler Kurt Lewin[139], der sich auf die Erforschung von Minderheiten spezialisiert hatte, zeigt die Notwendigkeit einer eigenständigen Kultur und Tradition für Minderheiten wie die Separierung von der gesellschaftlichen Mehrheit am Beispiel der Juden und Neger. Seine und die erwähnten anderen Forschungsergebnisse lassen sich — mit der notwendigen Vorsicht — auch auf die Frauenbewegung und Homosexuellenbewegung übertragen.

Die ideologischen Überlegungen der gegenwärtigen Emanzipationsgruppen lesbischer Frauen in den USA und der Bundesrepublik Deutschland einschließlich Berlin-West betreffen im wesentlichen ein Ablehnen der Frauenrolle und eine Bejahung der Selbstbestimmung. Voraussetzung für diese Ablehnung der Frauenrolle ist ein weibliches Selbstverständnis, das nicht von einer Fixierung auf den Mann bestimmt ist, sondern auf die Entwicklung eines neuen Bewußtseins hinzielt, in dem das ‚Einlassen' von Frauen auf Frauen als positiv gewertet wird. Wichtigster Bestandteil des Konzepts der Emanzipationsgruppen ist die Praktizierung von Selbsterfahrung. Nach der Devise ,,lebe bewußt und selbstbewußt dein Leben, denn es ist das dir gemäße''[140], soll zu einer bejahten ,Ich-Identität' gefunden werden, die voraussetzt, daß die Betroffenen die Konflikte, denen sie in der Gesellschaft ausgesetzt sind, positiv bewältigen. Auch Jutta Menschik[141] kommt bei ihrer Darstellung der Lesbierinnen in der Frauenbewegung zu dem Ergebnis, daß bei den Gruppen lesbischer Frauen

,,weder die Polarisierung zwischen Heterosexualität und Homosexualität noch ausgeklügelte Varianten von Männerhaß auf dem Programm (stehen), sondern die Einübung und Demonstration von neuen Formen des Miteinanders innerhalb des weiblichen Geschlechts'' (S. 92).

Es geht also eher um eine Einübung in eine weibliche Solidaritätsgemeinschaft.

Die lesbischen Frauen der Emanzipationsgruppen in der Bundesrepublik Deutschland und Berlin-West haben sich in starkem Maße die theoretischen und programmatischen Aussagen der US-amerikanischen Lesbierinnenbewegung zu eigen gemacht, die die Verbundenheit zwischen den Frauen betonen:

,,Die lesbische, auf Frauen bezogene Frau vertraut sich Frauen nicht nur als Alternative zu unterdrückerischen Mann-Frau-Beziehungen an, sondern zuallererst, weil sie Frauen liebt. Ob bewußt oder nicht, hat die Lesbierin durch ihr Handeln erkannt, daß Hilfe und Liebe, die Männern von Frauen entgegengebracht wird, das System fortsetzen, welches sie unterdrückt. Wenn Frauen keine Verbindung untereinander eingehen, die die sexuelle Liebe einschließt, verweigern wir uns selbst die Liebe und Wertschätzung, die traditionsgemäß dem Mann gegeben wurden. Wir akzeptieren unseren Zweite-Klasse-Status. Wenn Frauen ihre hauptsächliche Kraft anderen Frauen geben, ist es möglich, sich ganz darauf zu konzentrieren, eine Bewegung für unsere Befreiung aufzubauen. Weiblich identifizierter Lesbianismus ist so gesehen mehr als eine sexuelle Neigung, es ist eine politische Alternative. Politisch deshalb, weil die Beziehungen zwischen Männern und Frauen wesentlich politisch sind, sie sind verwoben mit Macht und Herrschaft. Seit die Lesbierin diese Beziehung aktiv zurückweist und sich zu Frauen bekennt, verneint sie das etablierte System.''[142]

Sowohl in den USA als auch in der Bundesrepublik Deutschland und Berlin-West zeigen sich zwei Standpunkte hinsichtlich der gesellschaftlichen Emanzipation lesbischer Frauen. Ein Standpunkt besagt, daß alle lesbischen Frauen aus dem Getto der Isolation und Diskriminierung wollen. Sie wollen nicht mehr verschämt ertragen, sondern akzeptiert werden. Der zweite Standpunkt ist weitreichender. Er betont in starkem Maße die politische Funktion des Lesbianismus.

,,Eine Lesbierin zu sein heißt, sich selbst zu lieben, sich, eine Frau, in einer Kultur, die Frauen schlecht macht und verachtet. Die Lesbierin lehnt männliche sexuelle/politische Herrschaft ab, und sie widersetzt sich seiner Arbeit, seiner Gesellschaftsorganisation, seiner Ideologie, seiner Behauptung, sie sei minderwertig. Lesbischsein bedeutet, die Frau an erste Stelle zu setzen, während die Gesellschaft dem Mann den höchsten Rang gibt. Lesbischsein bedroht die männliche Vorherrschaft im Kern. In politisch bewußter und organisierter Form bildet es den Mittelpunkt der Zerstörung unseres sexistischen, rassistischen, kapitalistischen, imperialistischen Systems.''[143]

Da radikale lesbische Feministinnen die heterosexuelle Ideologie vorrangig als normatives System der Unterdrückung von Frauen durch Männer ansehen, antworten sie ihrerseits mit der Ideologie des Lesbianismus, die sie grundsätzlich als Möglichkeit der Befreiung von Unterdrückung ansehen. Im Alltag des Aufbaus von Emanzipationsgruppen und im Alltag der Gruppen selbst werden die Ziele konkreter angegeben. Die Ideologiebildung steht auf den Prioritätslisten der Ziele nicht oben:

„Grundsätzlich sollte die Lesbenbewegung vier Ziele angehen: den Abbau der Isolierung der Betroffenen selbst, die Aufhebung der gesellschaftlichen Diskriminierung der Lesbierinnen, die Zusammenarbeit mit der Frauenbewegung gegen die Unterdrückung der Frauen schlechthin, und schließlich den Kampf für eine bessere Gesellschaftsordnung, um ein humanes Zusammenleben zu ermöglichen."[144]

Erste Neugründungen
von Emanzipationsgruppen lesbischer Frauen

Die Emanzipationsbewegungen der Frauen und der homosexuellen Männer konstituierten sich in der Bundesrepublik Deutschland und in Berlin-West im gleichen Zeitraum. Im Januar 1968 gründeten sieben Frauen vom „Sozialistischen Deutschen Studentenbund" in Berlin den „Aktionsrat zur Befreiung der Frau" und im November 1968 bildete sich der „Weiberrat" in Frankfurt, der ebenfalls aus dem SDS hervorging[145]. Diese beiden Gruppen von Frauen sorgten für reichlich Wirbel, beispielsweise initiierten sie die Kinderladenbewegung. Im Frühsommer 1971 kam es dann zu einer Selbstbezichtigungskampagne und Unterschriftensammlung unter dem Titel „Ich habe abgetrieben" in einer deutschen Illustrierten; diese Aktion wird als der eigentliche Beginn der zweiten deutschen Frauenbewegung verstanden.

Die Emanzipationsbewegung der homosexuellen Männer begann in der Bundesrepublik Deutschland und Berlin-West nach 1970, nachdem 1969 der Paragraph 175 des Strafgesetzbuches im Sinne einer Erleichterung verändert wurde. Auch die deutschen Gruppen der homosexuellen Männer knüpften an die erfolgreiche Bürgerrechtsbewegung der homosexuellen Männer in den USA an. Die ersten Gruppen lesbischer Frauen entstanden im Kielwasser der Männergruppen und waren oft nur deren Anhängsel. 1971 entstand die erste öffentliche Gruppe, die auch gleich eine Grundsatzerklärung formulierte, die „Homosexuelle Aktion Westberlin" (HAW). Die Frauengruppe der HAW gründete sich im Februar 1972. Zu einer ähnlichen gemeinsamen Arbeit von homosexuellen Frauen und Männern kam es in München, Münster, Hamburg und Kassel. Diese — und andere mir unbekannte — Gruppen der homosexuellen Männer entstanden nach Diskussionen zu dem Film „Nicht der Homosexuelle ist pervers, sondern die Situation, in der er lebt" von Rosa von Praunheim.

In einer rheinischen Großstadt (vermutlich Köln) wurde schon 1971 der Versuch unternommen, eine selbständige Gruppe lesbischer Frauen aufzubauen.[146] Die Initiatorin dieser Gruppe war zugleich Mitglied einer sogenannten §-218-Gruppe. Als geschiedene Frau suchte sie Kontakt zu anderen lesbischen Frauen und inserierte in Zeitungen. Zum ersten Treffen kamen vier Frauen, bald darauf waren acht, neun Frauen in der Gruppe, und Anfang 1973 war die Gruppe auf zwanzig Frauen angewachsen. In die Zeit der Konstituierung dieser Gruppe fiel der erste „Bundesfrauenkongreß", das heißt der erste Frauenkongreß der Neuen Frauenbewegung vom 11. bis 12. März 1972 in Frankfurt, an dem etwa vierhundert Frauen teilnahmen. Nach dem Besuch dieses Kongresses versuchte die Initiatorin, die „erste Lesbierinnengruppe im Rahmen der damaligen Frauengruppe ‚Aktion 218' zu gründen" (S. 125), wobei sie nach eigener Schilderung auf Schwierigkeiten stieß. Die Lesbierinnen konnten keinen Bezug zur Frauenbewegung herstellen und das Plenum der Frauengruppe schlug vor, sie sollten sich den homosexuellen Männern anschließen (S. 125 f.). 1973 fuhren dann einige Frauen aus dieser Lesbierinnengruppe zum ,,Pfingsttreffen'' nach Berlin, dem zweiten Treffen dieser Art, an dem schon circa vierzig lesbische Frauen neben den zahlreichen homosexuellen Männern teilnahmen. Nach Ansicht der Initiatorin scheiterte diese Gruppe,

,,weil sie es wegen ihrer mehrheitlich konservativen Mitglieder nicht geschafft hat, sich in die Frauenbewegung zu integrieren'' (S. 131).

Ein Teil der Frauen war jedoch weiterhin aktiv, arbeitete in Frauenzentren und versuchte Gruppen lesbischer Frauen aufzubauen. Ich habe die Geschichte dieser Gruppe kurz skizziert, weil sie exemplarisch sein dürfte für viele ähnliche Gruppengründungen von lesbischen Frauen in dieser Zeit, für die es aber keine Belege mehr gibt. Spuren von Gruppengründungen lassen sich aber bis in die Zeit nach dem Zweiten Weltkrieg zurückverfolgen. Die frühen Gruppen waren eher Zirkel oder Cliquen lesbischer Frauen, die nicht die Konfrontation mit der Umwelt suchten. Die Initiatorin der geschilderten Gruppe versuchte zuerst allein, dann mit anderen Gruppenmitgliederinnen die Gruppe mittels Anzeigen in Zeitungen zu vergrößern und stieß bei den Zeitungsverlegern auf Widerstand. Es wurde ebenfalls versucht, die Frauengruppen in der sich konstituierenden zweiten deutschen Frauenbewegung für lesbische Frauen zu öffnen.

Zu den aktiven Frauen vom ,,Aktionsrat zur Befreiung der Frau'' und vom ,,Weiberrat'' gehörten auch lesbische Frauen, die sich bald selbständig machten und mit die ersten autonomen Gruppen lesbischer Frauen gründeten[147]. Im Herbst 1972 bestand dann schon die erste Gruppe lesbischer Frauen innerhalb der Frankfurter Frauenbewegung.

In dieser Arbeit kann eine genaue Rekonstruktion des Aufbaues von Emanzipationsgruppen lesbischer Frauen in der Bundesrepublik Deutschland und Berlin-West nicht geleistet werden, obwohl es auch von wissenschaftlichem Interesse wäre, im Detail über die Voraussetzungen und Konsequenzen lesbischen Zusammenschlusses in historischer Betrachtungsweise informiert zu sein. Im folgenden werde ich deshalb nur einen kurzen Rückblick auf die zehnjährige Geschichte der Emanzipationsgruppen lesbischer Frauen geben. Vorauszuschicken ist, daß eine enge Verbindung zwischen den Berliner Gruppen und denen in der Bundesrepublik bestand. Im ,Freiraum' Berlin konnten sich zuerst Gruppen entwickeln, die Vorbild und Quelle von Inspiration für die bundesdeutschen Gruppen in den ersten fünf Jahren des zurückliegenden Jahrzehnts waren.

Die erste Phase bestand in der Zusammenarbeit mit den homosexuellen Männern. In der gesamten Bundesrepublik waren es sicher nicht mehr als fünfzig Frauen, die in derartigen gemischten Gruppen waren, wobei der ,Dunstkreis' von Frauen über informelle Kontakte wie immer sicher erheblich größer gewesen sein dürfte[148]. Die Frauen befaßten sich in den Gruppengesprächen sehr stark mit der Loslösung von der eigenen heterosexuellen Vergangenheit und einem Distanzierungsprozeß von Männern. Ein Kennzeichen dieser ersten Phase waren die Appelle an eine tolerante Öffentlichkeit, die es aufzuklären galt, da sie für aufklärungswillig gehalten wurde. So wurde 1973 beim Pfingsttreffen mit den Frauen der ,,HAW-Frauengruppe'' der ARD-Fernsehfilm ,,Zärtlichkeit und Rebellion'' gedreht und im Herbst 1973 der ZDF-Fernsehfilm ,,Und wir nehmen uns unser Recht''. In den Frauenlokalen wurden Flugblätter verteilt, da frau sich als eine Alternative zur Subkultur der Frauenlokale verstand.

Die offensive Auseinandersetzung mit der Umwelt wurde fortgesetzt in einer zweiten Phase, als die ,,Bild-Zeitung'' Anfang 1973 eine Serie mit dem Titel ,,Die Verbrechen der lesbischen Frauen'' veröffentlichte; andere Zeitungen publizierten ebenfalls Artikel im gleichen Tenor. Hintergrund der Pressekampagne war ein Prozeß gegen zwei lesbische Frauen, die einen Mann gedungen hatten, den prügelnden Ehemann einer der beiden Frauen zu töten. Die beiden Demonstrationen von lesbischen Frauen am Prozeßort Itzehoe richteten sich vor allem gegen die Art und Weise der Prozeßführung. Denn im Prozeß stand hauptsächlich die lesbische Lebensweise der beiden Frauen im Zentrum des Interesses und nicht der eigentliche Tatbestand. An diesen Aktionen beteiligten sich lesbische Frauen aus Berlin, Frankfurt, Hamburg und Köln[149].

In dieser Zeit, der Phase des kollektiven coming out — dem Offentlichmachen der eigenen Homosexualität und dem Sichtbarwerden von Gruppen lesbischer Frauen — gab es verschiedene internationale Treffen: Das erste europäische Treffen im April 1975 in Amsterdam[150], jährliche Treffen auf der Insel Femö in Dänemark und in Sanguinet in Frankreich. Überall entstanden Frauenzentren und Gruppen lesbischer Frauen. Aktive Frauen gründeten Frauen- und Lesben-Projekte, wie Musikgruppen, Buchläden, Kneipen und Verlage. In Berlin und in anderen Großstädten wurden Frauenfeste veranstaltet, an denen bis zu 2500 lesbische und nichtlesbische Frauen teilnahmen[151]. In dieser Phase erschienen auch die ersten Überlegungen, Artikel, Broschüren und Übersetzungen zum Thema ‚Lesbianismus‘ aus der Sicht der betroffenen Frauen. Das theoretische Verständnis in dieser Zeit war ‚radikal‘. Es erfolgte ein plötzliches Umkippen von einer sozialistischen Gesellschaftsanalyse, die noch von der Studentenbewegung übernommen worden war und sich zum Beispiel in der gemeinsamen Grundsatzerklärung der Frauen und Männer der ,,Homosexuellen Aktion Westberlin'', in Flugblättern und 1.-Mai-Demonstrationen zeigte, zu diversen feministischen Theorieelementen. Die Positionen US-amerikanischer Feministinnen, wie Ti Grace Atkinson[152], Jill Johnston[153], Rita Mae Brown und Charlotte Bunch wurden mit großer Begeisterung aufgenommen. In dieser Phase erfolgte die Beendigung der grundsätzlichen Bereitschaft zur Zusammenarbeit mit den homosexuellen Männern. Lesbischsein, Frausein und die Stellung der lesbischen Frau innerhalb der Frauenbewegung waren die zentralen Themen.

Die dritte Phase — etwa ab 1975 und 1976 — war von einer gewissen Resignation gekennzeichnet. Die durchdiskutierten Theorien erwiesen sich als nicht tragfähig, die angebotenen Alternativen als nicht durchführbar, so zum Beispiel der Separatismus, also ein Leben ganz ohne Männer. Die Emanzipationsgruppen der lesbischen Frauen wurden für die Mehrzahl der Lesbierinnen keine Alternative zur Subkultur. Das ,,Lesbische Aktionszentrum'' in Berlin und andere autonome Zentren, wie das Hamburger ,,LENE'' (*Lesbennest*) und das ,,Frankfurter Lesbenzentrum'' wurden funktionsunfähig oder sogar aufgelöst. Die Veröffentlichungen erfolgten nunmehr in einem professionellen, wenn nicht gar kommerziellen Rahmen. In dieser Phase gründeten viele lesbische Frauen Frauenprojekte. Das hatte seine positive Seite. In den Projekten, wie zum Beispiel den Frauenbuchläden und den beiden großen Frauenzeitschriften, wurde eine lesbische Öffentlichkeit wie nie zuvor erreicht. In dieser Zeit begann auch eine wissenschaftliche Aufarbeitung der aktuellen Situation lesbischer Frauen und deren Geschichte. Die Zusammenarbeit mit der Frauenbewegung wurde intensiviert und das Verhältnis zu den homosexuellen Männern entspannte sich wieder. Homosexuelle Frauen und Männer begannen, wieder in gemeinsamen Gruppen zu arbeiten, und zwar diesmal innerhalb politischer Gruppierungen und Parteien[154]. Seit 1979 dürfte eine vierte Phase bestehen; die lesbischen Frauen erscheinen wieder mehr in der allgemeinen Öffentlichkeit, sei es bei den sogenannten ,,Gay pride weeks''[155] oder der ,,Sommeruniversität für Frauen'' in Berlin[156].

Das seit 1972 stattfindende Pfingsttreffen lesbischer Frauen wurde immer bekannter und zog auch immer mehr Teilnehmerinnen an: Beim ersten Pfingsttreffen 1972 waren etwa zehn Frauen anwesend, beim zweiten waren es schon etwa vierzig und in den Jahren 1980 und 1981 nahmen circa fünfhundert teil. Beim letzten Pfingsttreffen, das 1981 wieder in Berlin stattfand, wollten zudem nach Aussagen der Veranstalterinnen noch weitere fünfhundert Frauen an den Tanz- und Kulturveranstaltungen teilnehmen. Ein Teil der Einlaßbegehrenden mußte jedoch wegen Platzmangels abgewiesen werden.

Vor dem Hintergrund dieses Rückblicks läßt sich sagen, daß immer mehr Frauen von den Emanzipationsbestrebungen erreicht wurden, das Thema ,Lesbianismus' und ,Homosexualität' wurde in einem gesellschaftlich immer größer werdenden Umfang angesprochen, die bearbeiteten Themen wurden immer vielfältiger, auch die Zahl der Emanzipationsgruppen hat sich wesentlich erhöht, aber die Mitgliederinnenzahlen in den Gruppen selbst erhöhten sich nicht. Ursula Linnhoff hat in ihrem 1976 erschienenen Buch ,,Weibliche Homosexualität. Zwischen Anpassung und Emanzipation'' ein Adressen- und Zeitschriftenverzeichnis aufgeführt. Die Aufzählung von Kontaktadressen der Emanzipationsgruppen umfaßt neunzehn deutsche Städte, wobei allerdings anzunehmen ist, daß nicht alle Gruppen erfaßt wurden, sondern nur die, die bereit waren, ihre Anschrift veröffentlichen zu lassen. 1978 wurden in dem Buch ,,Come out'' schon fünfunddreißig deutsche Städte mit Gruppen lesbischer Frauen aufgezählt und das Verzeichnis im ,,Lesbenkalender 1982'' enthält zweiundvierzig Orte mit Gruppen. In allen drei Publikationen sind in größeren Städten mehrere Gruppen aufgelistet, wobei ins Auge fällt, daß es sich fast ausschließlich um Städte mit Universitäten und Hochschulen handelt.

Aber nicht nur zahlenmäßig wurden die Lesbierinnen in Deutschland immer sichtbarer, sondern auch qualitativ. Seit etwa 1975 produzieren die Frauen in den Emanzipationsgruppen eigene Publikationen. Im Juni 1974 erschien die erste Dokumentation[157] über die Frauengruppe der ,,Homosexuellen Aktion Westberlin'' (HAW), die sich später ,,Lesbisches Aktionszentrum'' (LAZ) nannte. Im Winter 1975 erschien dann die vom LAZ herausgegebene zweite Dokumentation über die Pfingsttreffen lesbischer Frauen in den Jahren 1972 bis 1975. Eine Arbeitsgruppe aus dem LAZ fertigte in diesem Jahr auch die ,,Frauenzeitung'' Nr. 7 mit dem Thema ,,Lesben in der Frauenbewegung'', und eine weitere Arbeitsgruppe übersetzte US-amerikanische Artikel, die unter dem Titel ,,Frauenliebe, Materialien aus der amerikanischen Lesbierinnenbewegung'' 1975 im Selbstverlag herausgegeben wurden. 1975 erschien zudem in dem neugegründeten Münchener Frauenverlag ,,Frauenoffensive'' meine Diplomarbeit über die HAW-Frauengruppe und das LAZ[158]. Das ,,Frauenjahrbuch 1'' von 1975 enthält einen Abschnitt ,,Lesben'' mit mehreren Texten. Auch erschienen in diesem Jahr die ersten Zeitschriften für lesbische Frauen. Es folgten zahllose Artikel und einige Bücher, wie das 1978 erschienene Buch ,,Come out. Gespräche mit lesbischen Frauen''[159].

Das Lesbische Aktionszentrum e.V. (LAZ)

Das Lesbische Aktionszentrum, in der Regel nur als LAZ bezeichnet, begann als ,,Frauengruppe der Homosexuellen Aktion Westberlin'' und wurde am 6. 2. 1972 von neun Frauen gegründet, die sich zuvor in Damenbars getroffen hatten und eine politische Betätigung wünschten. Bereits im Herbst zuvor hatten homosexuelle Männer die ,,Homosexuelle Aktion Westberlin'' (HAW) gebildet, nachdem der Filmemacher Rosa von Praunheim am 15. 8. 1971 seinen Film ,,Nicht der Homosexuelle ist pervers, sondern die Situation, in der er lebt'' in einem Berliner Kino mit anschließender Diskussionsveranstaltung vorgeführt hatte. Am 7. 11. 1971 hatten die Männer ihre konstituierende Sitzung, bei der sie ihrer Organisation den Namen gaben und eine ,,Vorläufige Grundsatzerklärung'' verabschiedeten. Bei einer erneuten Filmvorführung am 6. 2. 1972 fand sich die Gruppe der neun Frauen zusammen und beschloß, eine eigene Frauengruppe innerhalb der HAW zu bilden.

Ein paar Tage zuvor, am 3. 2. 1972, wurde das von den Männern gemietete Kommunikationszentrum, eine Etage in einem alten Fabrikgebäude, bezogen. Dieses Gebäude lag im Norden des Bezirks Schöneberg, dem einstigen und gegenwärtigen Zentrum der Kneipen, Diskotheken und Bars für homosexuelle Frauen und Männer. Die kleine Gruppe der Frauen bekam die Etage jeweils am Mittwoch zu ihrer Verfügung, einige Monate später erhielt sie eine halbe Etage zwei Stockwerke höher. Die Frauen begannen sofort, in den Damenbars für ihre Vereinigung mit Handzetteln und Flugblättern zu werben. Gleichzeitig begannen die Frauen wie die Männer intensiv zu Privatpersonen oder ebenfalls neuentstandene Gruppen in der Bundesrepublik Kontakt aufzunehmen und ein Kontaktnetz aufzubauen.

Organisatorische Entwicklung

Anfang 1974 wurde aus der ,,HAW-Frauengruppe'' das Lesbische Aktionszentrum. Da das bisherige Domizil im Rahmen von Sanierungsmaßnahmen abgerissen werden sollte, bot die Vermieterin, eine Berliner Wohnungsbaugesellschaft, den Frauen und Männern der ,,HAW'' eine neue Bleibe an. Es handelte sich um zwei große und beheizte Etagen in einem ehemaligen Fabrikgebäude, das gleichfalls im Norden des Bezirkes Schöneberg lag, nicht weit entfernt vom bisherigen Ort.

Die Frauen hatten nun endlich eine eigene, große Etage mit allem Komfort wie Zentralheizung und eigenen Toiletten. In Eigeninitiative wurden in der Etage Wände eingezogen, damit neben einem großen saalartigen Hauptraum zwei kleinere und ein weiterer großer Raum entstanden. Das dritte ,,Pfingsttreffen'' lesbischer Frauen konnte schon in den neuen Räumen gefeiert werden.

Der räumlichen Trennung von den homosexuellen Männern folgte bald eine ideologische. In einem Rundschreiben an andere Gruppen lesbischer Frauen und Einzelpersonen in der Bundesrepublik im Januar 1975[160] teilten die Frauen mit, daß sie sich jetzt Lesbisches Aktionszentrum (LAZ) nennen. Sie gingen auch daran, sich eine eigene Satzung zu geben. Bei letzterer standen allerdings mehr pragmatische Überlegungen im Vordergrund. Denn sie wollten einen Telefonanschluß mit ihrer Eintragung sowie die Eröffnung eines eigenen Kontos unter der Bezeichnung 'Lesbisches Aktionszentrum e.V.'. Auch nahmen sie an, daß ein eingetragener Verein die Zusammenarbeit mit Behörden und anderen Institutionen erleichtern würde.[161] Die Satzung war dementsprechend auch auf die — allerdings nicht bekannten, sondern nur vermuteten — Erwartungen von Ämtern und privaten Institutionen, einschließlich des zuständigen Amtsgerichts, ausgerichtet. Im § 2 der Satzung werden folgende Ziele aufgezählt:

— Schaffung und Unterhaltung eines Kommunikationszentrums für Frauen
— Beratung insbesondere für lesbische Frauen (psychosoziale, medizinische Beratung). Die Beratung ist unentgeltlich
— Öffentlichkeitsarbeit mit dem Ziel, Vorurteile gegen weibliche Homosexualität abzubauen
— Aufklärungsarbeit über die gesellschaftlichen Hintergründe der Diskriminierung lesbischer Frauen
— Der Verein stellt seine Räume Gruppen und Personen zur Verfügung, für Bildungs- und Informationsarbeit für Frauen in Form von Schriften und Vorträgen (Diskussionsveranstaltungen)
— Der Verein fördert gruppentherapeutische Selbsthilfe mit dem Ziel, neue Therapieformen für Frauen zu entwickeln
— Der Verein fördert alle Maßnahmen, die zur Selbständigkeit und Emanzipation von Frauen dienen, zum allgemeinen Besten auf geistigem und sittlichem Gebiet.

Im Alltag dieser Organisation spielte die Satzung nie eine bedeutende Rolle, in ihr drücken sich aber die hohen Ambitionen der Frauen aus. Nützlich war der Status, ein eingetragener Verein zu sein, nur im Hinblick auf das Telefon und später beim Vertrieb von Büchern, Postkarten und Plakaten. Diese Art der Öffentlichkeitsarbeit entsprach auch den in der Satzung verfaßten Zielen. Das Ziel, Gemeinnützigkeit anzustreben, wurde nicht weiter verfolgt[162]. Äußerer Druck und innere Krisen, die ich noch darstellen werde, bewirkten, daß ab etwa 1976 immer weniger Frauen im LAZ aktiv mitarbeiteten, obgleich die sogenannten 'offenen Abende' noch gut besucht wurden.

Gegen Ende des Jahres 1978 kündigte die Vermieterin eine Mieterhöhung an, die die Miete von gut DM 500,— auf circa DM 1.000,— hätte emporschnellen lassen. Da auch immer weniger zahlende Mitgliederinnen im LAZ waren, wurde ein Umzug beschlossen. Außerdem fiel in diesem Winter mehrmals die Heizung aus, was den Abschied von den Räumen erleichterte. Zu Anfang des Jahres 1979 zog das Lesbische Aktionszentrum Berlin e.V. in eine gemietete Ladenwohnung mit drei Räumen. Die Miete betrug damals circa DM 300,— und entsprach den Einkünften der Organisation. Immer noch erschienen zahlreiche Frauen — auch neue — zu den 'offenen Abenden' und Plenen. Im Durchschnitt nahmen jeweils dreißig bis vierzig Frauen teil. Die neuen Frauen wurden aber nicht mehr integriert und so blieben sie weg. Seit Beginn des Jahres 1981 finden keine Veranstaltungen mehr statt. In den Räumen trifft sich nur noch eine kleine Gruppe von Frauen, die den Vertrieb der Bücher organisiert.

Die soziale Zusammensetzung
der Mitgliederinnen und Besucherinnen

Die Studentinnen und jungen Akademikerinnen waren unter den Mitgliederinnen und zahllosen Besucherinnen des LAZ in der Überzahl. Unter ihnen wiederum bildeten die, die in den gesellschaftswissenschaftlichen oder medizinischen Fächern studierten oder ausgebildet waren, eine Mehrheit. Das Alter der aktiven Frauen lag zwischen fünfundzwanzig und dreißig Jahren. Das Alter der Besucherinnen umfaßte dagegen ein weiteres Spektrum.

Die Konzentration auf eine bestimmte Altersgruppe von Frauen aus dem relativ homogenen akademischen Milieu hatte für die Arbeit des LAZ Konsequenzen, die sich vor allem in zwei Bereichen zeigten. Erstens war damit eine starke Fluktuation verbunden, die sich in einem phasenartigen Engagement ausdrückte bzw. zu einem berufsbedingten Verlassen der Organisation führte. Prüfung und Examen an der Hochschule wirkten sich auf die Mitarbeit aus, das heißt, die Mitarbeit wurde in derartigen Zeiten größtenteils eingestellt. Auch fand der Rhythmus des Studienjahres seinen Niederschlag im LAZ. Während der Semesterferien, und hierbei vor allem während der langen Sommersemesterferien, waren viele Frauen verreist oder durch Nebenerwerbstätigkeit absorbiert, so daß in dieser Zeit regelmäßig weniger Aktivitäten stattfanden. Frauen, die ihr Studium beendet hatten, verließen aus beruflichen Gründen Berlin und damit das LAZ. Zweitens war durch den relativ niedrigen Altersdurchschnitt auch eine Konzentration auf bestimmte Probleme und Themen gegeben. Viele Frauen, wenn nicht sogar die meisten, erlebten im LAZ ihr coming out oder fanden hier ihre erste Freundin. Hier trafen sie auch zum erstenmal in ihrem Leben mit anderen lesbischen Frauen zusammen. So war die Atmosphäre in dieser Organisation in starkem Maße von dem Eingehen und Lösen von Partnerschaften geprägt, was sich wiederum auf die Arbeit in den Untergruppen auswirkte. Ihrem Alter entsprechend lösten sich viele Frauen auch mit Hilfe des LAZ als neue Bezugsgruppe von ihren Herkunftsfamilien und thematisierten Alternativen zu diesen. Die intensive Diskussion über die Ablehnung von monogamen 'Zweierbeziehungen' und die theoretische Favorisierung der sogenannten 'Mehrfachbeziehungen' findet vor diesem Hintergrund eine Erklärung. In diesem Zusammenhang ist zu erwähnen, daß die Diskussion und das gelegentliche Praktizieren alternativer Lebensformen in Berliner studentischen Kreisen allgemein sehr intensiv verlief und auch noch verläuft. Die Thematisierung der alternativen Lebensformen hat meines Erachtens ihren Ursprung mehr in der studentischen Lebenssituation als in der auf Frauen bezogenen Lebensweise.

Die Frauen, die zum LAZ kamen, lassen sich in drei Gruppierungen einteilen. Die erste Gruppe bildete der aktive Kern; er umfaßte selbst in den Zeiten, als das LAZ als Organisation häufig an die Öffentlichkeit trat, nicht mehr als zwanzig Frauen. Die zweite Gruppe bildeten die zahlreichen Mitgliederinnen, die über lange Zeiträume hinweg stetig erschienen, aber selbst nicht stark bei Aktivitäten (Aktionen, Publikationen, Veranstaltungen etc.) mitwirkten. Diese Frauen stellten die Kontinuität innerhalb der Organisation her. Sie waren es auch, die sich die Mühe machten, auf Besucherinnen einzugehen, und ihnen die Geschichte und die Ziele des LAZ erklärten. Sie bildeten ebenso das Publikum bei den Veranstaltungen, wie den 'offenen Abenden' und den Tanzabenden. Die dritte Gruppe umfaßt die zahllosen Besucherinnen aus Berlin-West und der Bundesrepublik. Sie trugen die Diskussion über die Notwendigkeit oder den Unsinn einer Emanzipationsgruppe lesbischer Frauen in ihre privaten Zirkel, in die Frauenlokale oder in die Emanzipationsgruppen, denen sie angehörten.

Zur Organisation der Arbeit

Im Februar 1972 begannen neun Frauen mit der Gruppenarbeit, doch schon einige Monate später bildeten sich zwei Untergruppen.

Zum 'Plenum', der wichtigsten Veranstaltung, in der alle Aktivitäten, Planungen etc. koordiniert wurden, kamen in den ersten beiden Jahren zehn bis zwölf Frauen, 1974 nahmen durchschnittlich dreißig bis fünfunddreißig Frauen teil[163]. In dieser Zeit war die Zahl der beitragszahlenden Mitgliederinnen fast identisch mit den aktiven und das Plenum besuchenden Frauen. Für die nachfolgenden Jahre stehen mir nur Angaben über die beitragszahlenden Mitgliederinnen zur Verfügung. In den Jahren 1975—1977 hatte das LAZ circa siebzig Frauen, die einen Monatsbeitrag entrichteten[164], 1981 waren es dagegen nur noch zehn. Allerdings nahmen 1979 und 1980 noch jeweils dreißig bis vierzig Frauen am Plenum teil, die zum großen Teil aber nicht in Arbeitsgruppen integriert waren. Schon seit 1974 zeigte sich, daß viele Frauen zum Plenum kamen, die nicht aktiv oder in Untergruppen mitarbeiteten, die die 'offenen Abende' langweilig fanden und lieber am Plenum teilnahmen, weil hier mit Sicherheit viele Frauen anzutreffen waren und weil hier das Zentrum aller Entscheidungen und Aktionen war. Beim Plenum konnte frau direkt erfahren, was geplant und durchgeführt wurde und was die Frauen im Lesbischen Aktionszentrum bewegte [165]. Im Winter 1980/81, als das LAZ immer mehr mit seiner Organisation zusammengebrochen war, kamen immer noch circa sieben Frauen zu den regelmäßig stattfindenden sogenannten 'Sonntagstreffen', wo versucht wurde, eine Kommunikationsmöglichkeit und ein Forum für Gespräche anzubieten.[166]

Das LAZ wurde in den Jahren seines Bestehens von sehr vielen Frauen aufgesucht. Die Organisationsstruktur zur Bewältigung der vielfältigen Aufgaben und Probleme blieb in den Jahren jedoch gleich, selbst die Tage mit den feststehenden Terminen veränderten sich nicht.[167] Das Plenum fand jeweils Freitagabend statt. Hier trafen sich die in Untergruppen und bei Projekten engagierten Frauen zum Austausch von Informationen, zur Planung weiterer Arbeitsvorhaben und zur Meinungsbildung. Der 'offene Abend' war für neuhinzugekommene Frauen gedacht, die sich über das LAZ, die Situation von Lesbierinnen etc. informieren wollten.

Ein *Gemütlichkeits- oder Tanzabend* fand jeweils am Samstag statt. Darüber hinaus gab es zahlreiche *Projekte* (wie zum Beispiel Beratungsstelle, Lesbenpresse-Redaktion, Vertriebsgruppe für Publikationen), an denen kontinuierlich gearbeitet wurde.

Arbeitsgruppen, die häufig auch Selbsterfahrungsgruppen waren, trafen sich sowohl in den Räumen des LAZ als auch privat. Zur Kategorie der Arbeitsgruppe gehörten auch die gelegentlich organisierten 'Neuengruppen', das heißt Gruppen von Frauen, die neu im LAZ waren und sich mit Hilfe dieser Kleingruppe in das LAZ integrierten. Zeitweilig gab es bis zu acht Arbeitsgruppen gleichzeitig, die in der Regel fünf bis zehn Mitgliederinnen hatten. Ferner gab es zahlreiche *ad hoc Gruppen*, die zu bestimmten Themen und Arbeitsvorhaben tätig waren, wie zum Beispiel der Anfertigung von Stellungnahmen, Flugblättern oder der Gestaltung eines 'offenen Abends'.

Zu den regelmäßig wiederkehrenden Aktivitäten der Jahre 1972 bis 1978 gehörte die Ausrichtung und Durchführung des ,,Pfingsttreffens''[168]. Dieses jährlich stattfindende Pfingsttreffen war sowohl von nationaler als auch internationaler Bedeutung, da es die wichtige Funktion einer Informationsbörse hatte. Die Frauen nutzten dieses Treffen, um andere Frauen kennenzulernen, die eigenen Gruppen zu stärken sowie Themen zu diskutieren, für die sie in den oft sehr kleinen Emanzipationsgruppen zu Hause keine Interessentinnen fanden. Bei diesen Treffen, an denen bis zu vierhundert Frauen teilnahmen[169], fanden sich immer auch an den unterschiedlichsten Themen Interessierte. Bei der Bearbeitung der Themen zeigte sich oft, daß sie später von allgemeinem Interesse waren, wie die dort begonnene Feminismusdiskussion[170], die Thematisierung des Separatismus, der lesbischen Mütter und mythologischer Themen.

Eine weitere wiederkehrende Aktivität bestand in der Herstellung und Herausgabe der Zeitschrift ,,Lesbenpresse'', die seit dem Frühjahr 1975 in unregelmäßigen Abständen erscheint. Die ,,Lesbenpresse'' gibt weitaus bessere Auskunft über die Ziele des LAZ als die schon erwähnte Satzung, da letztere vor allem für den Adressaten, das Amtsgericht mit dem Vereinsregister, geschrieben worden war. Die ,,Lesbenpresse'' gab die Intentionen, die auf andere lesbische Frauen gerichtet waren, wieder. Sie war weitaus weniger Kommunikationsmittel, was durch das unregelmäßige Erscheinen bedingt war, als vielmehr Sprachrohr der sich als radikal verstehenden lesbischen Frauen, die die Umwelt mit ihrer offensiv gelebten Lebensweise konfrontieren wollten. Die ,,Lesbenpresse'' hatte aber auch das Ziel, Kommunikationsmittel zwischen den Emanzipationsgruppen lesbischer Frauen zu sein. Zugleich wollte die ,,Lesbenpresse'' die Lebenssituation lesbischer Frauen 'richtig' wiedergeben, das heißt eine Alternative zur gängigen Presse sein. In der ersten Ausgabe begründete die Redaktion die Herausgabe dieser Zeitschrift mit der Notwendigkeit eines Kommunikationsmittels zwischen den Gruppen und mit schlechten Erfahrungen mit der Presse.[171].

Jede der Ausgaben hat einen Themenschwerpunkt; gruppeninterne Probleme, Aktivitäten und Literaturbesprechungen sind bisher neben Selbsterfahrungsberichten und Schilderungen von alternativen Lebensformen (zum Beispiel Mehrfachbeziehungen) die häufigsten Themen geblieben.

Die produktive Zeit des LAZ
von 1974—1976

Die Jahre von 1974 bis 1976 waren die produktivsten und wirkungsvollsten des LAZ. Die mitarbeitenden Frauen hatten eine geradezu unerschütterliche Gewißheit hinsichtlich der Veränderung ihres persönlichen Lebens und der gesellschaftlichen Verbesserung der Situation lesbischer Frauen. Viele der aktiven Frauen hatten im Rahmen des LAZ eine Partnerin gefunden und einen Freundinnenkreis aufgebaut.

,,Die Gruppe, in die ich damals gegangen bin, war das heutige LAZ. Ich habe dann eine Frau kennengelernt, die auch neu in der Gruppe war; ich habe mich mit ihr angefreundet, und wir haben eine Beziehung begonnen. Das war für mich eine sehr glückliche Phase.

Das war für mich eigentlich der Beginn eines neuen Lebens, denn ich fand dort Frauen, die die gleichen Erlebnisse der Isolierung hatten wie ich. Ich war auch nicht mehr auf Zufälligkeiten angewiesen in der Partnersuche, sondern hatte ein breites Spektrum an Frauen mit gleichen Interessen, also auch sehr viele Studentinnen, die die Homosexualität anerkannten.''[172].

,,Natürlich war auch bei mir der Wunsch vorhanden, in der HAW eine Freundin zu finden. Das 'Schicksal' wollte es offenbar wieder anders, ich fand dort keine 'Liebesbeziehung', sondern eine Menge Freundschaften. Ich hatte Zeit und Möglichkeiten, mit anderen Frauen über mich selbst, über meine/unsere Homosexualität und deren politischen Stellenwert in dieser Gesellschaft nachzudenken, zu diskutieren, zu lesen, Erfahrungen auszutauschen.''[173]

Zu diesem Zeitpunkt waren die lesbischen Frauen in die Frauenbewegung integriert. Die Bemühungen des LAZ um ein Kommunikationsnetz zwischen den Gruppen lesbischer Frauen waren von Erfolg gekrönt worden. Das LAZ hatte in starkem Maße am kollektiven coming out mitgewirkt, das Thema 'Lesbianismus' war gesellschaftlich etabliert. Lesbische Frauen werden seit dieser Zeit nicht mehr automatisch unter dem Begriff 'Homosexualität' subsumiert, der vor allem die männliche Homosexualität meint.

Der innere Zusammenhalt in diesen Jahren war sehr stark, was bewirkte, daß die Frauen des LAZ auch in der Lage waren, ihr Unbehagen gegenüber der sie diskriminierenden Umwelt zu artikulieren. Das Geborgensein in der Organisation, die sich aus vielen Arbeitsgruppen und Freundschaftscliquen zusammensetzte, machte sie erst fähig, die vielfältigen Formen von Unterdrückung zu sehen, zu benennen und sich dagegen zu wehren. Sie waren auch in der Lage, auf die Feindseligkeiten der Umwelt mit Feindseligkeit zu reagieren. Ergebnisse der Gruppenforschung belegen, daß in Situationen, in denen Individuen sich bedroht fühlen, sie eine starke Attraktion ihrer (Zugehörigkeits-)Gruppe gegenüber zeigen. In ihrer Arbeit ,,Group Cohesiveness and the Expression of Hostility'' führen A. Pepitone und G. Reichling aus, daß Mitglieder von Gruppen mit starkem Zusammenhalt mehr und direkter Aggressionen gegen äußere Bedrohung auszudrücken vermögen als Mitglieder von Gruppen mit geringem Zusammenhalt. Die Autoren fanden auch Zusamenhänge, die dem psychoanalytischen Konzept der Katharsis zugeordnet werden können: Wenn während einer freien Periode Feindseligkeit in starkem Maße geäußert wurde, stuften Mitglieder in Gruppen mit hohem Zusammenhalt den, der die Feindseligkeit ausgelöst hatte, positiver ein als das Mitglieder in Gruppen mit geringem Zusammenhalt taten[174]. Die Frauen im LAZ, die an den Aktionen in der Öffentlichkeit teilnahmen und dort auch als Wortführerinnen auftraten, hatten innerhalb des LAZ einen hohen Status.

Die Aktivitäten des LAZ
in der Öffentlichkeit

In Zusammenarbeit mit den homosexuellen Männern waren schon die Frauen der ,,HAW-Frauengruppe'' bestrebt, in den Medien Aussagen über die Situation lesbischer Frauen zu machen. Es gelang ihnen, in verschiedenen Zeitschriften Artikel über die soziale Situation von Homosexuellen zu veröffentlichen[175]. Zugänglich waren zu dieser Zeit vor allem die politischen, außerparlamentarischen linken Organisationen mit ihren Publikationen. Eine Folge hiervon war, daß vor allem Studentinnen und Studenten angesprochen wurden, die dem linkspolitischen Spektrum angehörten. Seit 1973 gelang es der ,,HAW-Frauengruppe'', ein allgemeines Publikum über das Fernsehen und die lokalen Rundfunksender RIAS (,,Rundfunk im amerikanischen Sektor'') und SFB (,,Sender Freies Berlin'') zu erreichen. Die Rundfunksendungen waren oft nur von zehn- bis zwanzigminütiger Dauer, aber dies genügte, die „HAW-Frauengruppe" populär zu machen. Auch wurden in Berliner Programmzeitschriften und einer linksorientierten Zeitschrift sowie über den Rundfunk die Angebote im Rahmen des 'offenen Abends' bekanntgegeben.[176] Dies war besonders ausgeprägt in den Jahren 1974 und 1975.

Am 24.3.1973 wurde das erste Berliner und zugleich das erste deutsche Frauenzentrum nach US-amerikanischem Vorbild eröffnet. Von diesem Zeitpunkt ab erfolgte eine Lösung der „HAW-Frauengruppe" von den homosexuellen Männern und eine intensive Zusammenarbeit mit den Frauen im Frauenzentrum. Die Zusammenarbeit begann mit zahlreichen Aktionen.

Nachdem die „Bild-Zeitung" im Januar und Februar 1973 eine dreiwöchige Serie über „Die Verbrechen der lesbischen Frauen" gedruckt hatte, wurde eine Protestaktion veranstaltet. Am 17.2.1973 verteilten etwa fünfzig Frauen aus der „HAW-Frauengruppe" und dem Frauenzentrum an sieben zentralen Plätzen in Berlin Flugblätter. Bald danach wurden gemeinsame Flugblätter für eine Frauen-Film-Woche verteilt. Bei den Filmveranstaltungen traten Vertreterinnen der „HAW-Frauengruppe" auf und kommentierten die Filme aus der Sicht lesbischer Frauen. Die intensive Zusammenarbeit mit dem Frauenzentrum dauerte etwa bis 1975. In diesem Zeitraum hatte das Frauenzentrum starken Zulauf, viele lesbische Frauen stießen über das Frauenzentrum zur „Homosexuellen Aktion Westberlin". Andererseits hatte auch die „HAW-Frauengruppe" regen Zuwachs, und manche der Frauen wanderten nach einer Weile ins Frauenzentrum ab. In dieser Zeit galt die Devise ‚Frauen gemeinsam sind stark'. Das Frauenzentrum und das Lesbische Aktionszentrum (1974 hatte sich die „HAW-Frauengruppe", wie erwähnt, umbenannt) veranstalteten in den Jahren 1974 bis 1976 zahlreiche kleine und große Frauenfeten und entsandten Delegationen zu den in diesen Jahren ebenfalls häufigen Frauentreffen und -konferenzen in der Bundesrepublik.

Ein Höhepunkt in der gemeinsamen Arbeit waren für lesbische Frauen die im Spätsommer 1974 durchgeführten Demonstrationen im Gerichtssaal und vor dem Gerichtsgebäude in Itzehoe beim Prozeß gegen die wegen Anstiftung zum Mord angeklagten lesbischen Frauen. Diese Demonstrationen machten Schlagzeilen in der gesamten bundesdeutschen Presse[177]. Vor diesen Demonstrationen hatten schon 136 Journalistinnen und 41 Journalisten beim Deutschen Presserat gegen die Sensationsberichterstattung protestiert[178], was ebenfalls über die Presseagenturen durch die Medien ging. Am 14.9.1974 wurde von den Frauen des Lesbischen Aktionszentrums ein Tribunal zum Prozeß und zur Berichterstattung in einem Berliner Theater veranstaltet, das als Modell das „Vietnam-Tribunal" der außerparlamentarischen Opposition vom Februar 1968 hatte.

Während die protestierenden lesbischen Frauen in anderen gesellschaftlichen Kreisen Bündnispartner fanden, wie bei den Journalistinnen und Journalisten und bei der liberalen Presse, stießen sie mit ihren beiden Protestaktionen bei anderen lesbischen Frauen auf Unverständnis. Ich erinnere mich, daß ich von mehreren nichtorganisierten lesbischen Frauen angesprochen wurde, die argumentierten, die beiden angeklagten Frauen hätten einen Mord angestiftet, der gesühnt werden müsse. Dabei hatten die Frauen des LAZ und auch anderer lesbischer Emanzipationsgruppen nicht für Straflosigkeit plädiert, sondern das ungewöhnliche Interesse, das der lesbischen Lebensweise der beiden Angeklagten entgegengebracht wurde, attackiert. Aber auch die Frauen aus dem Frauenzentrum verhielten sich zurückhaltend. Bei einer späteren Diskussion im Frauenzentrum wurde die Zurückhaltung der nichtlesbischen Frauen hinsichtlich einer Teilnahme an den Protestaktionen beklagt.

Die Art und Weise der Berichterstattung hatte andererseits lesbische Frauen veranlaßt, den Gruppen lesbischer Frauen beizutreten oder eigene Emanzipationsgruppen zu gründen.

Die Bereitschaft, an die Öffentlichkeit zu gehen und die Konfrontation mit ihr zu suchen, hielt an. Eine spektakuläre Aktion fand wieder in Zusammenarbeit mit dem Frauenzentrum statt. Die Aufführungen des 'erotischen' Filmes ,,Die Geschichte der O.'' wurden gestört. Die Akteurinnen gaben sich allerdings nicht zu erkennen[179]. Eine weitere Aktion fand im März 1976 beim ,,Frauentribunal'' in Brüssel statt. Bei diesem ersten ,,Internationalen Tribunal über Verbrechen gegen Frauen'' nahmen etwa siebenhundert Frauen aus neunundzwanzig Ländern teil. In einem Coup wiesen die lesbischen Frauen auf die Gewalt gegenüber Lesbierinnen hin, indem circa zweihundert von ihnen protestierend das Podium erklommen. Die Berliner Frauen waren ebenfalls planend und agierend beteiligt. Sie hatten zudem eine siebenseitige Stellungnahme und Dokumentation mit dem Titel ,,Gewalt gegen Lesben'' verfaßt, die in deutscher, englischer und französischer Sprache verteilt wurde. Diese Aktion ging ebenfalls durch die Medien[180]. Die Protestaktionen des LAZ hielten weiter an. Beim Treffen der mehr konventionellen Frauenverbände zum ,,Jahr der Frau'', bei Konferenzen von Psychologen und Medizinern wurden Flugblätter verteilt. In Berlin entstand die Situation, daß geradezu erwartet wurde, Frauen vom LAZ würden auftauchen und protestieren.

Im Sommer 1975 trat das LAZ mit einer gänzlich anders gearteten Aktion an die Öffentlichkeit. Eine Gruppe von Frauen — die Kerngruppe umfaßte sechs Mitarbeiterinnen — etablierte im Frühjahr 1975 eine Beratungsstelle für lesbische Frauen in den Räumen des LAZ. Es war die erste Beratungsstelle dieser Art im deutschen Sprachraum. Die Gruppe wandte sich in Rundschreiben an Gesundheitsämter, Kliniken und ausgewählte Ärzte/innen, Psychologen/innen, Rechtsanwälte/innen und informierte über sich und ihr Angebot. Diese Arbeitsgruppe bestand aus ausgebildeten Medizinerinnen, Sozialpädagoginnen und einer Psychologin.

Bei diesem Unternehmen zeigte sich die Diskrepanz zwischen der Notwendigkeit, mit Aktionen die Öffentlichkeit über die Situation lesbischer Frauen aufzuklären, ihre Diskriminierung anzuklagen, und zwischen den Wünschen und Bedürfnissen der betroffenen Frauen. Die Beratungsstelle, an deren Aufbau ich beteiligt war und bei der ich circa ein Jahr intensiv mitarbeitete, wurde kaum von Berliner Frauen aufgesucht. Genutzt wurde sie zum Teil von jungen Frauen, die nach Berlin gezogen waren und keine Bleibe hatten. Frauen wandten sich auch mit der Bitte an die Beraterinnen, ihnen bei der Suche nach einer Lebenspartnerin behilflich zu sein; Wünsche nach Lektüre mit lesbischer Thematik wurden telefonisch oder schriftlich geäußert, ebenso Wünsche nach Kontaktanschriften, Hinweise auf Gruppenaktivitäten lesbischer Frauen in anderen Städten oder nach lesbischen Frauen gegenüber vorurteilsfreieren Rechtsanwälten/innen, Ärzten/innen und Psychologen/innen. Gelegentlich wurde die Beratungsstelle in arbeitsrechtlichen und unterhaltsrechtlichen Fragen konsultiert. Berlinerinnen nutzten die Beratungsstelle fast ausschließlich telefonisch, um Informationen über kulturelle Angebote der Frauenbewegung und über die Aktivitäten des LAZ und der zweiten Organisation lesbischer Frauen, der Gruppe L 74, sowie über die Emanzipationsgruppen homosexueller Männer zu erhalten. Zu einer Zusammenarbeit mit Behörden und Vertretern der helfenden Professionen kam es selten. Mir ist nur die Kooperation mit einem Berliner Bezirksamt bekannt.

Die am 18. Juni 1975 eröffnete Beratungsstelle wurde nach circa eineinhalbjähriger Tätigkeit aufgegeben, weil sich zu wenig Interessentinnen meldeten. Dies wiederum führte dazu, daß die Sprechstunden nicht regelmäßig gehalten wurden, was sich dann wieder auf die Nachfrage negativ auswirkte. Manche der in dieser Beratungsstelle geäußerten Wünsche, wie etwa Hilfe bei der Suche nach einer Lebensgefährtin, konnten nicht erfüllt werden. Nach 1976 trat das LAZ nicht mehr mit größeren bzw. populären Aktionen an die Öffentlichkeit.

Zum Niedergang des LAZ

Nach 1976 begann die Mitgliederinnenzahl im LAZ zu sinken, die Aktivitäten verringerten sich zunehmend und die Außenorientierung ließ nach. Das LAZ verlor an Bedeutung für die Emanzipationsbestrebungen lesbischer Frauen. Mehrere Faktoren bewirkten das langsame Sterben dieser Organisation. Sie sollen im folgenden aufgezählt werden, eine Gewichtung ihrer Bedeutung und ihres Einflusses ist mir jedoch letztlich nicht möglich, obgleich ich versuchen werde, anhand des mir zur Verfügung stehenden Materials und der Informationen, die ich besitze, eine Rangfolge zu erstellen.

Die starke Fluktuation der Frauen in dieser Organisation wurde von Anfang an als ein Problem angesehen[181], dessen Lösung durch verschiedene Techniken angestrebt wurde. Die Fluktuation ließ sich jedoch nicht aufhalten. Manche Frauen blieben weg, weil sich ihr Wunsch, eine Partnerin zu finden, nicht erfüllt hatte, andere blieben wiederum weg, weil sie eine Partnerin gefunden hatten:

„Ja, und dann passierte es, ich verliebte mich — und obwohl ich eigentlich nicht die Absicht hatte, mich aus der HAW zurückzuziehen, hat die Problematik dieser Zweierbeziehung es doch mit sich gebracht, daß ich mehr und mehr den Kontakt zu den Frauen in der HAW verlor.''[182]

Aber die Fluktuation war nicht nur durch Kontaktsuche bedingt. Die Frauen im LAZ waren in der großen Überzahl Studentinnen oder junge, arbeitslose Akademikerinnen. Ihre Mitarbeit reduzierte sich dann studienbedingt in Zeiten von Prüfungen und Examina. Viele Frauen schieden aus, wenn sie nach Abschluß des Studiums Berlin verließen.

Was es für eine Gruppe bedeutet, wenn regelmäßig Mitglieder 'verschwinden', ist in der Gruppenforschung bisher noch wenig beachtet worden. Philip E. Slater schreibt, daß dieses Phänomen für eine Gruppe und ihre Mitglieder von großer Bedeutung sei.

„Es kann nicht oft genug betont werden, wie beunruhigend das Ausscheiden von Mitgliedern für eine Gruppe ist, die über keinen Mechanismus zu ihrer Ersetzung verfügt. Gruppen, deren Laufzeit von vornherein festgelegt ist (das gilt für die von ihm geschilderten Laborgruppen, I. K.) und die keine zusätzlichen Mitglieder gewinnen, erfahren nicht nur Verlust und die Notwendigkeit einer Neuanpassung aus dem Fehlen des Rollenträgers, sondern auch Panik. Nach meiner Erfahrung führt der *wiederholte* Verlust von Mitgliedern im allgemeinen zu einer Verringerung des Gruppenengagements und der Fähigkeit, das Abhängigkeitsproblem zu lösen.''[183]

Die Arbeitsgruppen und die Cliquen im LAZ waren zwar nicht wie die von Slater beobachteten Laborgruppen zeitlich begrenzt, seine Ergebnisse dürften jedoch mit der gebotenen Vorsicht übertragbar sein. Die Verlustängste, die Beunruhigung und die Verringerung des Engagements im LAZ erschienen mir besonders ausgeprägt, weil auch die Emotionalität ungewöhnlich stark war. In einem derart emotionalen Geflecht war auch ein Mitglied nicht so schnell 'ersetzbar'.

Die Hoffnungsfreudigkeit, die sowohl das LAZ als auch andere Emanzipationsgruppen lesbischer Frauen vermittelten, konnte entgegen den Erwartungen eine extreme Passivität mit einschließen, wenn auch nicht bei allen Mitgliederinnen. Dieser Passivität mochten die verschiedensten individuellen Bedürfnisse und gruppendynamischen Prozesse zugrunde liegen, immer war sie aber ein Hindernis bei der Verfolgung der selbstgesetzten Ziele. Die Passivität und zur Schau gestellte Arbeitsunlust wurde im LAZ oft beklagt:

„Es wurde in den letzten Wochen zusehends klar, daß irgendetwas mit der HAW nicht stimmt. Man klagte über Arbeitsunlust und mangelnde Motivation"[184].

„Das Unbehagen begann für mich, daß die Mitarbeit im LAZ für viele Frauen oft unverbindlich blieb. — Auch ich habe im Laufe der Zeit immer weniger Verantwortung übernehmen wollen. Nie wissen wir genau, wer 'dazugehört', bzw. Mitglied ist, was Plenumsbeschlüsse so fragwürdig macht. Die Fluktuation in den 5 Jahren war enorm — warum?
Die verschiedenen Bedürfnisse der LAZ-Frauen konnten selten unter einen Hut gebracht werden. Dem Lustprinzip steht das Leistungsprinzip feindlich gegenüber. Theoriefrauen können mit den emotional Bedürftigen nichts anfangen, die Selbsterfahrungssüchtigen können diese entfremdeten, sterilen, abgehobenen Diskussionen nicht ausstehen"[185].

Im letzten Zitat werden Bedürfnisse genannt, deren Befriedigung nicht zur gleichen Zeit erfolgen kann. Die gegenseitige Blockade bewirkt dann die Passivität. Als in einem westdeutschen Zentrum für lesbische Frauen das Bedürfnis nach Selbsterfahrung aufkam, wurde daraus die Konsequenz gezogen; es wurden Selbsterfahrungsgruppen eingerichtet, um aus dem Spannungsverhältnis von 'Lust- und Leistungsprinzip' keine Krise erwachsen zu lassen[186]. Im LAZ gab es zwar auch Selbsterfahrungsgruppen, aber sie konnten die Konflikte nicht lösen.

Ein weiterer Faktor, der die Arbeit im LAZ komplizierte, waren die Erschwernisse, die sich ergaben, wenn Partnerschaften auseinandergingen. Nicht nur das Lebensgefühl und die Arbeitsfähigkeit der Betroffenen waren entsprechend reduziert, denn auch alle Frauen, die das Paar kannte, litten mit. Im LAZ setzten Krisen ein, wenn in mehreren Partnerschaften gleichzeitig Schwierigkeiten auftraten.

„Solche kaputt gegangenen Beziehungen können eine Gruppe stark ins Wanken bringen, besonders, wenn beide Frauen eine zentrale Stellung innehatten."[187]

Dies trat häufig ein, weil ja manche Frauen dem LAZ beigetreten waren, um aus der Isolierung ihrer Partnerschaft herauszukommen und mit neuen Lebensformen zu experimentieren. Der Zusammenhang zwischen Arbeitsunlust und persönlichen Problemen wurde zwar erkannt, doch standen den Frauen keine Mittel zur Verfügung, dem entgegenzuwirken.

„Man klagte über Arbeitsunlust und mangelnde Motivation. Zur gleichen Zeit fingen mehrere Zweierbeziehungen an zu kriseln, was eine verstärkte psychische Belastung mehrerer Mitglieder zur Folge hatte. Die langen Selbstverständnisdiskussionen trugen ebenfalls zur allgemeinen Frustration bei."[188]

Zu diesen Selbstverständnisdiskussionen gehörte, daß auch Gefühle, Bedürfnisse und Interessen sowie neue Formen der Gestaltung von emotionalen und sexuellen Beziehungen ausgiebig besprochen wurden. Die Frauen sahen einen positiven Zusammenhang zwischen der emanzipatorischen Gestaltung ihrer emotionalen, erotischen und sexuellen Beziehungen und Partnerschaften und zwischen einer gesellschaftlichen Veränderung.

„Das bedeutet aber auch, daß wir uns als Lesben ständig weiterentwickeln und selbstbewußter werden, und damit weniger angreifbar, daß wir einen politischen Stellenwert bekommen, den andere Gruppierungen nicht mehr einfach vom Tisch fegen können. Das kann bedeuten, daß wir Möglichkeiten finden, unsere Liebesbeziehungen besser, das heißt unter anderem auch längerfristiger und entwicklungsfähiger zu gestalten, unsere angeknackste Psyche zu stabilisieren (. . .) — das sollte bedeuten, daß wir aktiv an der Entwicklung einer zukünftigen Gesellschaft mitwirken, wie immer diese auch aussehen sollte beziehungsweise wie nah oder fern diese auch ist."[189]

Trotz dieser Suche nach neuen Wegen, trotz der Ablehnung von Partnerschaften, deren Gestaltung sich am herkömmlichen Bild der Ehe orientierte, waren die Frauen des LAZ auf das Vorbild positiver und geglückter Partnerschaften angewiesen. Wie schon Elisabeth Barnhart bei der von ihr und anderen untersuchten 'lesbian community' feststellte, waren auch hier die Frauen am 'pairing' interessiert. Trotz des Anspruchs, Neues zu wagen, bestand eine subjektive Notwendigkeit, geglückte Partnerschaften zu sehen und in den eigenen Reihen zu haben. Eine Informantin schilderte eine Situation aus den Jahren 1978 und 1979.

„Wir klammerten uns an eine Beziehung, die in die Brüche ging. Wir meinten, die beiden müssen zusammen bleiben. Und wenn die nicht mehr zusammen sind, meinten wir, geht das LAZ kaputt. Das hat viele Frauen verunsichert. Das wurde dann ein unschöner Konflikt, da kam eine dritte Frau rein in die Beziehung." (Marita)

Noch kurze Zeit zuvor war nach glaubhaften Angaben dieser Informantin im LAZ die Devise 'Nieder mit der Zweierbeziehung' lautstark vertreten worden, obwohl der berechtigte Verdacht bestand, daß manche, die sich lautstark für die sogenannten 'Mehrfachbeziehungen' einsetzten, zu Hause eine 'Zweierbeziehung' lebten.

Arbeitsüberlastung, Enttäuschungen und Frustrationen sowie Dominanzbestrebungen einzelner, Aggressionen und Konkurrenzgefühle begleiteten das LAZ vom ersten Tag an. In den ersten Jahren wurden diese in allen menschlichen Gruppen anzutreffenden negativen Aspekte aufgehoben durch das Gefühl, einen gesellschaftlich wichtigen Beitrag zu leisten und durch einen gewissen Altruismus, der sich zum Beispiel darin zeigte, daß mit isoliert lebenden Frauen Briefwechsel geführt wurde und neue Frauen in das LAZ integriert wurden, was immer ein besonderes Zugehen auf diese Frauen erforderte. Die bestehende Gruppe wurde von fast allen neuhinzukommenden Frauen als ein geschlossener Block erlebt.

In den ersten Jahren war der Beitritt 'voraussetzungslos'; je mehr das LAZ sich etablierte, desto mehr wurde beim Beitritt verlangt. Diese Normen waren informell; zum Beispiel wurde erwartet, daß die mitarbeitenden Frauen in keinen anderen Organisationen tätig waren. Es wurde viel von Normen gesprochen, sie waren aber nirgendwo fixiert.

„Auch im LAZ besteht meiner Ansicht nach ein Konformitätsdruck (wie in Bars), nur mit anderen Vorzeichen. Ich habe oft Frauen sagen gehört, daß es leichter wäre, als Neue in eine Bar zu gehen als ins LAZ. Wer nicht das richtige Problembewußtsein hat, bekommt selten ein Bein auf die Erde."[190]

„Wer nicht die richtige Ideologie hatte oder sie nicht übernehmen wollte oder, wenn bürgerliche Frauen am Mittwoch (dem 'offenen Abend', I. K.) kamen, wenn die was sagten, was die anderen dämlich fanden. Die halt einfach von der Frauenbewegung nicht viel wußten, diesen Separatismus auch nicht verstanden oder gar nicht nachvollziehen konnten oder wollten. Viele wurden dann ausgelacht und dann blieben sie weg. Viele rannten dann in Hosen und kurzen Haaren rum und Frauen, die Röcke anhatten oder lange Haare hatten, die haben sich schon durch die Kleidung fehl am Platze gefühlt. Da haben wir uns viele Feindinnen geschaffen, und viele Frauen haben sich erst gar nicht getraut, zu uns zu kommen. Das haben mir einige erzählt, die jetzt aktiv sind. Die sagten, öfters seien sie da gewesen, hätten aber nie den Mund aufgemacht. Ich hatte das Mundaufmachen schon vorher gelernt (. . .). Immer und überall haben wir uns abgegrenzt, negativ abgegrenzt: was wir nicht sein wollten, wie wir nicht sein wollten, was wir ablehnen." (Marita)

Unter dem Anspruch der Gleichheit machte sich in dieser Zeit auch eine Ungleichheit breit, die sowohl einzelne Frauen als auch einzelne Arbeitsgruppen betraf. Es zeigte sich, daß bestimmte Eigenschaften und Fähigkeiten von Frauen höher bewertet wurden als andere, so zum Beispiel die Fähigkeiten sich schriftlich gewandt auszudrücken, schriftliche Produkte (Artikel, Bücher) herzustellen und in der Öffentlichkeit zu sprechen, gegenüber den Fähigkeiten, in der Gruppe für ein gutes Klima zu sorgen, Angst zu reduzieren und Gemütlichkeit herzustellen. Die letzteren Fähigkeiten sind aber für den Fortbestand einer Gruppe von nicht zu unterschätzender Notwendigkeit. Frauen, die über die mehr akademischen Fähigkeiten verfügten, genossen hingegen ein höheres Prestige und verfügten über mehr Privilegien. Einen höheren Status hatten auch die Frauen, die gegen 'Zweierbeziehungen' und eheähnliche Partnerschaften zu Felde zogen, und damit auch die Frauen attackierten, die in solchen Beziehungen lebten oder sich solche wünschten. Meist waren die Frauen mit den mehr akademischen Fähigkeiten und die mit der Neigung, für 'Mehrfachbeziehungen' zu plädieren, identisch miteinander. Sie waren auf gewisse Weise so etwas wie die Theoretikerinnen im LAZ. Als solche nahmen sie auch Privilegien für sich in Anspruch.

Es entwickelten sich oligarchische Strukturen der Einflußnahme unter den Frauen. Der Oligarchie von einflußreichen Frauen, die durch Freundschaften und Cliquenzugehörigkeit miteinander verbunden waren, stand eine Anzahl von Besucherinnen gegenüber, die nicht mehr integriert wurden. Zwischen diesen neuen Frauen, die vielleicht gern Mitgliederinnen geworden wären, bestand keine Kommunikation. So konnten sie auch nicht eine einflußlose Position durch eine intensive Kommunikation untereinander kompensieren. Diese Besucherinnen konnten nicht aktiv am Geschehen im LAZ mitwirken und entwickelten deshalb auch keine Loyalität, die auch eine gewisse Frustrationstoleranz zur Folge gehabt hätte. Weil nun bei einer großen Anzahl von Besucherinnen keine Zugehörigkeit und Loyalität entstand, ergaben sich auch keine Barrieren gegenüber dem Verlassen der Organisation. Diese Beobachtung stützt die These des Soziologen Hirschmann[191], nach der Loyalität und Einfluß eine Sperre gegenüber Austritten bilden. Die sozialisierende Funktion von Kommunikation scheint besonders dort wichtig zu sein, wo den Mitgliedern Information über und Teilhabe an Entscheidungsprozessen mangelt. Untersuchungen über freiwillige Organisationen belegen immer wieder die zentrale Funktion von Kommunikation bei der Schaffung von unterstützenden Mitgliedschaften.[192]

Andererseits waren auch die Trägerinnen dieser Oligarchie, die zum großen Teil schon über einen längeren Zeitraum im LAZ mitarbeiteten, überfordert von der Aufgabe, ständig neue Frauen zu integrieren. Ich erinnere mich an fortwährende Gespräche über das Thema, wie frau mit den 'Neuen' umgehen und auf sie eingehen sollte. Oftmals wurden Befürchtungen geäußert, frau werde emotional verschlungen, könne den Wünschen und Hoffnungen, die ja auch stark persönlich gefärbt waren, nicht gerecht werden. Ein weiteres, häufig genanntes Argument war, frau wolle sich selbst auch weiterentwickeln und nicht nur immer alle Energien auf die Besucherinnen verwenden. Dies sei hier am Beispiel der ,,Lesbenpresse-Redaktion'' illustriert. Die Arbeitsgruppe ,,Lesbenpresse-Redaktion'' empfand sich als autonome Gruppe innerhalb des LAZ, was keiner anderen zugestanden wurde. Sie druckte in der Zeitschrift ,,Lesbenpresse'' nur Beiträge ab, die sie für politisch richtig und wichtig hielt, und die Kriterien für dieses 'richtig' und 'wichtig' waren nicht schriftlich festgehalten. Die Frauen der Redaktion isolierten sich von den anderen mehr und mehr. Nach der Herausgabe von drei Nummern wurde im Plenum als Reaktion auf diese Tendenz beschlossen, die bisherige Redaktion aufzulösen. Die Frauen der bisherigen Redaktion bestanden jedoch auf dem Copyright des Titelblattes.

Kritische Stimmen, die den Prozeß der Aggression und Tyrannei begleiteten, setzten sich nicht durch. Eine ad-hoc-Gruppe, die sich ,,Bedürfnis- und Strukturgruppe'' nannte, lud zu einer Sondersitzung am 18.1.1976 ein. In dieser Sondersitzung wurde ein Diskussionspapier verteilt, das unter anderem folgende Punkte enthielt:

1. ,,Im LAZ wird im Augenblick nicht oder nur sehr minimal gearbeitet. Innerhalb der gesamten Gruppe laufen weder inhaltliche Auseinandersetzungen über Lesbenpolitik, noch über unsere Verhaltensweisen und Beziehungen. Nach außen wird ebenfalls nicht mehr vermittelt — weder in Form von Öffentlichkeitsarbeit noch an offenen Abenden.

2. Das LAZ ist durch Feindseligkeiten und Aggressionen innerhalb der Gruppe derart blockiert, daß sich neue Frauen sehr schnell wieder in ihre Anonymität zurückziehen und 'alte' LAZ-Frauen sich immer weniger in der Gruppe akzeptiert fühlen, um eine kontinuierliche Arbeit machen zu können.''[193]

Der Situationsschilderung auf dem Diskussionspapier folgte dann die Diskussion selbst. Es war zwar der Versuch unternommen worden, einen neuen Anfang zu machen, doch die schwierige Lage blieb. Einige Jahre später resümierte eine weitere Frau:

,,Haben sie hinter der alten 'Philosophie', den radikalen Sprüchen von gestern, damals vielleicht gar nicht gestanden, weil die ihrem Lebensgefühl eigentlich nicht entsprach? Haben sie einfach mitgebrüllt in dem Wunsch, auch dort vielleicht integriert zu werden — im LAZ, in der Lesbenscene und wo-auch-sonst? (So wie heute in der Heterogesellschaft).''[194]

Eine Folge der Ungleichheit innerhalb der Gruppe von Frauen war, daß Frauen wegblieben. Aber auch die, die die Tyrannei im LAZ verkörperten, blieben weg.

Ein weiterer Faktor für den Niedergang dieser Emanzipationsgruppe mag das wachsende Problembewußtsein der Frauen gewesen sein. Sie erkannten Schwierigkeiten oder wurden mit Schwierigkeiten konfrontiert, die ihnen vorher weder bewußt noch bekannt waren. Das LAZ, wie auch andere Emanzipationsgruppen lesbischer Frauen, wirkte mit an einem Differenzierungsprozeß der Variationen sexueller Orientierungen. Im LAZ gab es heftige Diskussionen über bisexuelle Frauen, sogenannte 'Bewegungslesben' (das heißt Frauen, deren lesbische Lebensweise eng mit den Aktivitäten in der Frauenbewegung verbunden war) und transsexuelle Frauen (das heißt Frauen, die früher Männer waren, sich aber später mit chirurgischer und psychologischer Unterstützung als Frauen darstellten, dabei aber ihre frühere sexuelle Orientierung beibehielten und weiter Frauen liebten).

Solche Frauen waren immer, wenn auch in geringer Anzahl, in der „HAW-Frauengruppe" und im LAZ gewesen. Erst im Verlauf der Jahre, als ein Bewußtwerdungsprozeß über die Unterschiede eintrat, lösten diese Frauen Verunsicherungen aus. Am Beispiel der Mann-zu-Frau-Transsexuellen sei dies illustriert. Einige wenige transsexuelle Frauen waren immer wieder im LAZ erschienen, hatten sich dort aber nie verankert. Sie wurden zwar nicht integriert, waren aber auch kein Stein des Anstoßes. Hinzu kam, daß auch diese Frauen selbstbewußter wurden.

Zu heftigen Auseinandersetzungen kam es im Frühjahr 1979, als eine transsexuelle Frau im LAZ mitarbeiten wollte. Es entstand eine Spaltung zwischen den Frauen, die das Argument vertraten, 'sie hat schon immer eine Sie sein wollen und sich nur höchst widerwillig zum Mann erziehen lassen, das ist ja auch nicht geglückt', und denen, die meinten, 'er hat eine männliche Sozialisation hinter sich, ihn wollen wir nicht'. Die Frage der Transsexuellen wurde zum Prinzip erhoben, und es wurde heftig debattiert und anschließend abgestimmt.

„Bei der Abstimmung über die Transsexuelle kamen Frauen, die vorher nie im LAZ waren, allenfalls nur die Feten besucht hatten. Die tauchten plötzlich auf und wollten mit abstimmen." (Marita)

An dieser Stelle sei darauf hingewiesen, daß sich ähnliche Vorgänge auch in anderen Emanzipationsgruppen lesbischer Frauen zeigten, wie zum Beispiel im Hamburger autonomen Zentrum LENE (Lesbennest)[195]. Der Differenzierungsprozeß signalisierte auch die Wende zu einer Gruppe von 'pur' lesbischen Frauen.

Die Debatten über bisexuelle, transsexuelle Frauen und über die sogenannten 'Bewegungslesben' konkretisierten unterschwellige Fragen nach der Identität als Frau und der als lesbische Frau. Die unterschiedlichen sexuellen Identitäten wurden vom LAZ nicht integriert, sondern teilweise ausgegrenzt.

„(...) Da wir erstens nicht mehr vorhaben, auf einem Lesbentreffen bisexuelle Meinungen zu diskutieren und auch ausschließlich an den Standpunkten von Lesben interessiert sind, fordern wir von den bisexuellen Frauen, zu Hause zu bleiben"[196].

Ursache wie Folge mag gewesen sein, daß im LAZ sehr rigide Forderungen auftraten, die die lesbische Lebensweise betrafen. Die Behandlung der 'sexuellen Frage' war selten und dann konfliktbeladen. Mit den Jahren wuchs der Anspruch und der Wunsch, dieses sehr persönliche und heikle Thema zu diskutieren. Die Behandlung dieses Themas mag in Kleingruppen gelungen sein, in der Großgruppe, wie etwa im Plenum oder bei einem 'offenen Abend' gelang dies nicht. Vom geglückten Ausgang eines Konfliktes um die Diskussion sexueller Identität und sexueller Bedürfnisse berichtet eine Informantin.

„Dann gab es eine Sexualitätsgruppe, die daraus entstand, daß ich selber ausgeflippt bin, als ... ein Gedicht mit erotischem Inhalt vorgelesen hatte, das sie selbst geschrieben hatte. Sie hat das cool runtergelesen, fast leiernd. Ich war allein und habe mich gesehnt nach Sexualität und konnte dies nicht leben. Irgendwo wollte ich auch nichts hören. Wenn ich was hörte oder gelesen habe, hat mich dies wieder daran erinnert, an meine Bedürfnisse. Und dann habe ich mich geärgert, daß ich nicht ausweichen konnte. Wenn es gedruckt war, habe ich es nicht gelesen. Die hat das so runtergelesen und das habe ich auch kritisiert. Eine Frau sagte dann, das sei ein brennendes Thema, und wir müßten eine Lesben-Sexualitätsgruppe machen (...) Ein halbes bis ein ganzes Jahr hat die Gruppe funktioniert." (Marita)

An diesem Beispiel zeigt sich, daß gruppendynamische und emotionale Schwierigkeiten und Blockaden für alle Beteiligten befriedigend gelöst werden können, wenn sie in die Intimität von Kleingruppen verlagert werden.

Die Frauen des LAZ waren in ausgeprägtem Maße zu Kritik und Selbstkritik fähig. Die Schwierigkeiten, denen sie gegenüberstanden, waren aber nicht nur gruppendynamischer Art oder von der Art eines Widerspruches zwischen Anspruch nach besserer Gestaltung ihrer Partnerschaften und Forderungen nach Offenlegung ihrer Homosexualität in Familie wie am Arbeitsplatz und der Unmöglichkeit, diesem Anspruch ohne Abstriche nachzukommen. Eine weitere Schwierigkeit erwuchs aus den Zielsetzungen ihrer Organisation. Diese lautete, zur Entstigmatisierung lesbischer Frauen beizutragen und die Frauenbewegung zu stärken.

Eine Reihe von Frauen gründete in Berlin-West die beiden Frauenbuchläden, das erste Frauenlokal ,,Blocksberg'', die Musikgruppe ,,Flying-Lesbians'', einen Frauenbuchvertrieb und den ,,Amazonen-Verlag'', der sich nur mit Literatur lesbischen Inhalts befaßte. Die hier genannten Projekte sind nur die bekanntesten. Der Aufbau der Projekte absorbierte die Energien der Frauen. Sie hatten zwar alle den Wunsch, weiter dem LAZ verbunden zu bleiben, das Übermaß an Arbeit ließ es aber nicht zu. Durch diese Projekte entstanden zudem neue Kommunikationszentren, wie zum Beispiel der ,,Blocksberg'' und die beiden Frauenbuchläden. Die Bedürfnisse nach Kommunikation und Entspannung und der Wunsch, andere Frauen kennenzulernen, konnten nun außerhalb des LAZ ausreichend befriedigt werden. Die Notwendigkeit, das LAZ aufzusuchen, bestand nicht mehr.

Ein Ereignis, das in starkem Maße zur Bildung von Mißtrauen beitrug, läßt sich nicht anhand von Unterlagen rekonstruieren, sondern nur anhand mündlicher Informationen. Ein Gründungsmitglied der ,,HAW-Frauengruppe'', das dieser Organisation über mehrere Jahre hinweg durch gelegentliche Besuche treu blieb, sowie zwei Frauen, die das LAZ bei Feten besucht hatten, wurden 1976 aus politischen Gründen polizeilich gesucht und dann inhaftiert. Viele Frauen, ja fast alle, im LAZ waren sehr erschrocken, zumal angenommen werden mußte, daß das LAZ von den Behörden observiert würde[197]. Es entstand Angst vor Spitzeln und als Folge ein gegenseitiges Mißtrauen. Die Frauen waren zwar bereit gewesen, für die Emanzipation lesbischer Frauen aktiv zu werden, wollten sich aber nicht in Polizeiakten wiederfinden und dadurch in ihrem weiteren Lebensweg berufliche Nachteile in Kauf nehmen. In dieser Zeit versuchte ein Teil der Presse, Lesbianismus und Terrorismus miteinander zu verknüpfen. Den lesbischen Frauen wurde eine besondere Anfälligkeit für terroristische Aktivitäten unterstellt.[198] Von dieser Angst, dem Mißtrauen und den gegenseitigen Verletzungen hat sich das LAZ nie mehr erholt. Hier bewahrheitete sich wieder der Satz, daß Angst soziale Beziehungen zerstört.

Unabhängig von den äußeren Belastungen und den inneren Konflikten war schon die Zielsetzung, die Konfrontation mit der Umwelt zu suchen, für das Individuum sehr belastend und führte zum Ausscheiden aus der Frauengruppe. In den Publikationen des LAZ finden sich immer wieder Belege, daß dieser Zusammenhang erkannt wurde:

,,(. . .) Es erfordert sicher sehr viel mehr Kraft, sich in einer Lesbengruppe zu organisieren, zu engagieren. Das bedeutet ständige Auseinandersetzung, sich-Infragestellen, Überwinden von Ängsten, die Zweierbeziehungen sind schneller gefährdet (was wiederum Angste erzeugt) — das bedeutet Arbeit, Termine, Frustrationen, endlose Diskussionen, die oftmals 'scheinbar' zu nichts führen, Aktionen, bei denen wir uns offen bekennen müßten, usw.''[199]

Die Gruppe L 74 e.V.

Gruppe L 74 ist der Name der zweiten bedeutenden Organisation lesbischer Frauen in Berlin. L steht für Lesbos und 74 für das Gründungsjahr 1974.

Aus dem LAZ entwickelten sich die verschiedensten Projekte lesbischer und nichtlesbischer Frauen für und in der autonomen Berliner Frauenbewegung. Viele Frauen, die Besucherinnen oder Aktive im LAZ waren oder von ihm angeregt wurden, gründeten selbständige Gruppen oder Projekte. Eine dieser Gruppen wurde die *Gruppe L 74 BERLIN,* wie sie sich am Anfang nannte. Diese kleine Organisation gewann sowohl für die lesbischen Frauen in Berlin als auch in der Bundesrepublik an Bedeutung. Sie kann auf ein achtjähriges Bestehen zurückblicken und unterscheidet sich durch ihre Mitglieder, das Verhalten der Mitglieder, durch Ziele und Aktivitäten strukturell stark vom LAZ und den anderen, wenn auch nicht so bekannten Gruppen lesbischer Frauen in Berlin und der Bundesrepublik.

Entstehung und Entwicklung der Gruppe

In das LAZ kamen auch lesbische Frauen, die berufstätig und in der Regel älter waren als die studentischen Frauen. Diese älteren Frauen blieben nach einigen Besuchen im LAZ weg, da sie sich in das studentische Milieu nicht integrieren konnten. Die Frauen des LAZ hatten oft eine Scheu vor den älteren Frauen und konnten sich in deren Lebensgeschichten und die sich daraus ergebenden Wünsche nicht einfühlen. Die älteren und berufstätigen Frauen drückten Wünsche nach Überschaubarkeit, geregeltem Gruppenablauf, Ansprechpartnerinnen, Ordnung und Harmonie aus. Sie wollten eine Art Familienersatz. Ihnen war auch der Anspruch, als lesbische Frauen offen aufzutreten, oftmals fremd, da sie jahrelange Erfahrungen mit Diskriminierungen gemacht hatten. Ihr Anliegen war es, in einer freundlichen Atmosphäre andere lesbische Frauen kennenzulernen und darüber hinaus ohne großes Aufsehen anderen betroffenen Frauen zu helfen, wie beispielsweise, sie aus der Isoliertheit zu befreien, ohne sich selbst zu stark zu exponieren. Diese Wünsche stießen auf Unverständnis und so blieben die Frauen weg. Im LAZ selbst wurden jedoch die Adressen dieser Frauen gesammelt, wenn sie bereit waren, sie zu hinterlassen. Im Juli 1974 unternahm eine 45jährige Krankenschwester den ersten Versuch, eine Gruppe älterer, berufstätiger lesbischer Frauen zu gründen. Sie schrieb die Frauen an, die ihre Anschrift hinterlegt hatten. Von diesen kamen zehn zu einem Treffen bei Kaffee und Kuchen in die Räume des LAZ. Die Mehrzahl der Frauen zeigte noch kein Interesse an einer regelmäßigen Gruppenarbeit. Ausschlaggebend für den gescheiterten Versuch dürfte die räumliche Atmosphäre im LAZ gewesen sein. Die älteren, zum Teil schon nicht mehr im Beruf stehenden Frauen saßen auf Matratzen in einer Fabriketage. Bei diesem Treffen lernte die Krankenschwester ihre spätere Partnerin kennen und hatte kein Interesse an weiteren Versuchen.

Die damals fast 70jährige Diplom-Wirtschaftlerin Käthe Kuse unternahm im November 1974 einen zweiten Versuch zur Gründung einer Gruppe für ältere, berufstätige Lesbierinnen. Sie war seit einiger Zeit Mitglied im LAZ und in der

Homosexuellenorganisation AHA (Allgemeine Homosexuelle Arbeitsgemeinschaft e.V.).[200] Dieser Organisation gehörten zum damaligen Zeitpunkt circa sechzig Männer und zwei Frauen als Mitglieder/innen an. Käthe Kuse war das dritte weibliche Mitglied. Im LAZ selbst hatte sie, da sie die Auseinandersetzung mit den jungen Frauen nicht scheute, sondern sogar suchte, ein Referat über ihre eigenen Erfahrungen in der Weimarer Zeit und im 3. Reich gehalten und sich Achtung und Respekt der jungen Frauen erworben. 1973 traf sie eine lesbische Freundin wieder, die inzwischen verstorbene Malerin und Graphikerin Gertrude Sandmann, die die lesbische Subkultur der Weimarer Zeit in Berlin gut gekannt hatte. Sie riet Käthe Kuse, eine Gruppe älterer, berufstätiger homosexueller Frauen zu gründen (S. 1). Käthe Kuse nutzte die Erfahrung vom ersten gescheiterten Versuch und lud deshalb in einem Schreiben vom 8. 11. 1974 Frauen zu einem Treffen in die wesentlich kleineren und gut möblierten Räume der AHA ein:

,,Sehr geehrte Frau . . .
Sicher gibt es unter uns Älteren manche Frauen, die sich eine Gemeinschaft gerade älterer. Lesbierinnen (zirca über 30 J.) wünschen. Eine Gemeinschaft, in der sie den Gedankenaustausch über unsere besonderen Probleme als Homosexuelle oder auch Hilfe innerhalb unserer Gesellschaft suchen.
Deshalb möchte ich den Versuch machen, diese Frauen zu einer Gruppe zusammenzuschließen — *in Clubform ohne politische oder religiöse Bindung.*
Die Zielsetzung wäre: Menschliche Kontakte, Aussprachen über unsere speziellen Interessen und Probleme als Homosexuelle und die Möglichkeit, die notwendigen Informationen über den Kampf der Frauen und deren Ziele geben.
Wie und in welcher Art das geschehen könnte, soll die Gruppe selbst entscheiden, und ich würde evtl. auch bereit sein, ein Inserat aufzugeben. — Aber das soll ja die erste Zusammenkunft beschließen . . .'' (S. 9)

Das erste Treffen fand am 22. 11. 1974 statt. Von den zwölf eingeladenen Frauen erschienen sechs, vier weitere waren verhindert, erklärten sich aber zur Mitarbeit bereit. Im zweiwöchigen Rhythmus fanden die Gruppentreffen abends bis zum Mai 1976 statt, dann jedoch wöchentlich, wobei der erste und dritte Abend im Monat für Gäste reserviert wurde. An diesen Abenden für Gästinnen wurde dann themenzentriert gearbeitet, es wurde ein spezielles Diskussionsthema angeboten, das der Lebenssituation lesbischer Frauen entsprach. Der zweite und vierte Gruppenabend diente den Mitgliederinnen zum Besprechen interner und organisatorischer Fragen.

Im ersten Jahr des Bestehens traf sich die Gruppe L 74 in den Räumen der AHA. Ab Januar 1976 fanden die Gruppentreffen im Frauenbuchladen ,,Labrys'' statt und vom Februar 1977 bis Mai 1977 im Frauenzentrum. Da die Gruppe L 74 in den Jahren von 1976 bis 1977 zu einer kleinen Organisation heranwuchs, wurde im Frühjahr 1977 beschlossen, eigene Räume anzumieten. In der Soziologie werden nach Renate Mayntz unter Organisationen zielgerichtete soziale Systeme verstanden, die eine bestimmte Mindestgröße besitzen.[201] Die Mitglieder/innen von Gruppen sind nicht mehr durch ständigen Kontakt von Angesicht zu Angesicht verbunden und es werden ,,eine festgelegte Regelordnung, abgegrenzte Kompetenzen, definierte Rollen und delegierte Autorität'' unerläßlich (S. 39). Die geringe Zahl der Mitgliederinnen der Gruppe L 74 zur Zeit der Gründung erforderte noch keine rationale Ordnung der Tätigkeiten und keine arbeitsteilige Gliederung. Mit dem Anwachsen der Mitgliederinnen bildete sich eine

Strukturierung innerhalb der Gruppe L 74 heraus. Ab 1. Mai 1977 hatte die Gruppe ein eigenes Zentrum, eine aus zwei Räumen und einer Küche bestehende Wohnung in einem Sanierungsgebiet im Bezirk Kreuzberg. In diesen Räumen trafen sich die Mitgliederinnen und Besucherinnen zweieinhalb Jahre lang, bis eine Sanierung des Gebäudekomplexes einen Umzug erforderte. Seit Januar 1980 hat die Gruppe L 74 ihren Sitz in einer Wohnung im Bezirk Schöneberg. Es handelt sich hierbei wieder um eine kleine Wohnung, bestehend aus zwei Zimmern und einer Küche in einem Altbau. In den eigenen Räumen konnten mehr Treffen stattfinden, weil sie nicht mehr mit anderen Gruppen wie in der AHA, dem Frauenbuchladen und dem Frauenzentrum, abgesprochen werden mußten. Außerdem gab es Platz zum Unterbringen von Materialien, Unterlagen und für ein eigenes Archiv. Die Mitgliedskartei war allerdings immer in der Privatwohnung einer Mitgliederin untergebracht.

Nachdem die Treffen in der ersten Zeit vierzehntägig waren, fanden sie im Frauenbuchladen und dem Frauenzentrum schon jede Woche statt. In den eigenen Räumen war dann noch zusätzlich an jedem Samstagnachmittag ein Treffen, das den Charakter eines gemütlichen Beisammenseins hatte. Zu diesen Samstagstreffen kamen auch häufig Besucherinnen, die in einer von Arbeit entlasteten Atmosphäre die Gruppe und andere lesbische Frauen kennenlernen wollten. Hierzu zählten viele Besucherinnen aus der Bundesrepublik, die nur an Wochenenden nach Berlin reisen konnten. Diese Samstagstreffen wurden im Verlauf der Jahre gelegentlich unterbrochen, und zwar zu Zeiten, in denen angenommen wurde, es kämen keine oder wenig Besucherinnen, und in Zeiten, in denen sich niemand aus der Gruppe L 74 bereit fand, für den Nachmittag verantwortlich zu sein. Seit Herbst 1981 findet einmal im Monat eine Veranstaltung mit dem Titel „Cafée Größenwahn" statt. Eine Frau, in der Regel eine Schriftstellerin, die sich mit Gedichten oder Prosa zum Thema Lesbianismus geäußert hat, wird eingeladen. Diese Veranstaltung wird jeweils Wochen zuvor bekanntgegeben und es kommen dann bis zu dreißig Frauen, während die sonstigen Samstagnachmittage nicht mehr als zehn Frauen besuchen. Wie schon erwähnt, nehmen an den gemütlichen Nachmittagen häufig auch Besucherinnen aus der Bundesrepublik teil. Der Besuch des Treffens am Mittwoch oder am Samstagnachmittag ist für sie oft die einzige Möglichkeit, lesbische Frauen außerhalb der Frauenlokale kennenzulernen und Kontakte zu knüpfen. Dies ist ein Grund, weshalb viele Frauen der Gruppe L 74 Kontakte zu westdeutschen Frauen haben. Die Frauen aus der Bundesrepublik verbringen allein oder zu zweit ihren Urlaub in Berlin und wohnen bei Gruppenmitgliederinnen. Die Kontakte zur Gruppe L 74 werden dabei häufig über die von dieser Organisation herausgegebene Zeitschrift „Unsere kleine Zeitung" (UKZ) hergestellt.

In der Gruppe L 74 ist der altruistische Aspekt ausgeprägt. Praktischer, tatkräftiger Hilfe wird gegenüber theoretischen Erwägungen der Vorzug gegeben. Eine wesentliche Rolle spielt dabei der Briefwechsel mit hilfe- und informationssuchenden Frauen. In ihrem Resümee über die Entstehung und Entwicklung der Organisation stellte die Initiatorin Käthe Kuse zum Thema Briefwechsel fest:

„Durch die Beantwortung der Briefe homosexueller Frauen — bes. aus Kleinstädten und Dörfern — die uns über ihre Ängste, Schuldgefühle, Verzweiflung und ihr Isoliertsein schreiben, konnte in einigen Fällen geholfen werden (z. B. der Briefkontakt, den unser Mitglied Elisabeth mit der verzweifelt nach Hilfe suchenden Monika N. führte, die dann hinfuhr und Monika aus dem katholischen Heim nach Berlin holte). Viele andere, meist junge Frauen und Mädchen schrieben hilflos über sich und ihre Veranlagung, ihre Einsamkeit und Diskriminierung in der Familie und Umgebung. Sie waren dankbar für Worte des Verständnisses und der Aufklärung. Oft erfuhren sie zum ersten Mal, daß sie als Lesbierin nicht allein sind, und daß es Gruppen hs. Frauen und Zeitschriften über Homosexualität gibt. Einige Großstädterinnen (Lesbierinnen), die das Glück haben, die Schwierigkeiten der hs. Frauen in den Kleinstädten und auf dem Lande nicht kennengelernt zu haben, machen sich vielleicht über einen derartigen Briefwechsel lustig, weil sie sich die Probleme dieser Frauen gar nicht vorstellen können. Die Post, die uns erreicht, sagt aber etwas über wirkliche Schicksale hs. Frauen aus, für die ein Briefwechsel hilfreich sein kann. Das gibt ihm seine Berechtigung.''[202]

Als Motiv, zur Gruppe L 74 Kontakt aufzunehmen, wird immer wieder dieser Briefwechsel genannt, auch wenn sich wenig publizierte Belege hierfür finden:

,,... bis ich hierher (nach Berlin, I. K.) kam, (habe ich) unheimlich ... versucht, Literatur zu finden und dann durch Zufall auf die UKZ gestoßen bin und dann noch mehr verstand, daß ich nach Berlin geh. (...) Das hat mir dann erleichtert, daß ich auf eine Kontaktanzeige geantwortet hab und so durch brieflichen Kontakt einiges über die Gruppe erfahren hab und eigentlich nur positives ..''[203]

Die Verteilung der eingegangenen Post und die Organisierung des Briefwechsels lag in den ersten Jahren in den Händen der Sprecherin der Gruppe. Dies ergab langsam Zündstoff für einen Gruppenkonflikt. Mitgliederinnen der Gruppe L 74 gewannen den Eindruck, die Post werde nicht gerecht verteilt und attraktive, prominente Briefpartnerinnen würden den mehr bevorzugten Gruppenmitgliederinnen zugeteilt.

Größe und soziale Zusammensetzung

Die Gruppe L 74 verstand sich immer als eine Gruppe berufstätiger und nicht mehr im Beruf stehender Frauen. In der Phase der Konstituierung war der Anteil der nicht mehr im Beruf stehenden Frauen besonders hoch, meinen Unterlagen zufolge machte er etwa ein Drittel aus. Im Verlauf der Zeit wurde es eine Organisation, die fast ausschließlich berufstätige Frauen als Mitgliederinnen hatte. Sie waren in den typischen Frauenberufen wie Krankenpflege, Altenpflege, in der Verwaltung und Wirtschaft als Angestellte sowie in Kindergärten und Sozialbehörden tätig. Einige Akademikerinnen und Studentinnen arbeiteten immer mit, waren jedoch nie bestimmend für das Gruppenklima, die Zielsetzungen und die Aktivitäten.

Die Gruppe L 74 begann mit sechs Mitgliederinnen und vier weiteren Frauen, die sich zu einer Mitarbeit bereit erklärt hatten. Beim 25. Gruppentreffen am 28.7.1976 waren es bereits neunzehn sogenannte aktive Mitgliederinnen und achtzehn sogenannte 'fördernde, passive' Mitgliederinnen[204]. Der Status einer 'fördernden, passiven' Mitgliederin war eingeführt worden, da einige der am Aufbau der Gruppe L 74 interessierten Frauen zu alt und gebrechlich waren, um regelmäßig zu den Sitzungen zu kommen. Meinen Unterlagen nach waren im ersten Jahr des Bestehens fünf Frauen siebzig Jahre alt und noch älter. Aber auch Frauen aus der Bundesrepublik wollten ihre Verbundenheit mit der Gruppe L 74 durch einen besonderen Status ausdrücken. Sie zahlten dann zur Förderung einen Mitgliedsbeitrag. Der Mitgliedsbeitrag betrug in den ersten Monaten nach der Gründung DM 5,— pro Monat und wurde später auf DM 10,— erhöht.

Beim 100. Gruppentreffen am 28.1.1977 waren es bereits dreißig aktive Mitglieder und zehn fördernde, passive. 1976 und 1977 waren die Jahre, in denen die meisten Gruppenaktivitäten stattfanden. Danach nahm die Zahl der Mitgliederinnen ab. In den Jahren 1977 und 1978 schieden mehrere Frauen aus verschiedenen Gründen aus. Im Januar 1982 hatte die Organisation vierzehn aktive und zwanzig fördernde, passive Mitgliederinnen. Die Fluktuation unter den Mitgliederinnen ist gering. Vier oder fünf Mitgliederinnen verstarben, andere verließen die Gruppe aus beruflichen Gründen. Einige Frauen verließen die Gruppe L 74 aufgrund interner Differenzen. Bei einer Umfrage im Januar 1982 konnten mehrere Frauen auf eine Zugehörigkeitsdauer von sechs und vier Jahren zurückblicken. Die Mehrzahl der an diesem Abend anwesenden zwanzig Frauen hatte eine circa zweijährige Zugehörigkeit.

Über die Initiatorin der Gruppe: Käthe Kuse

Das Wachstum dieser Gruppe lesbischer Frauen zu einer Organisation bis zum Jahre 1978 führe ich aufgrund von Befragungen, meiner eigenen Teilnahme und meinen Unterlagen auf das Engagement der Initiatorin und Gruppensprecherin, Käthe Kuse, zurück. Mit großem Verantwortungsgefühl trat die pensionierte Diplom-Wirtschafterin in der Berliner und bundesdeutschen Öffentlichkeit für die Sache der lesbischen Frauen ein. Sie hielt Kontakt zu verschiedenen Frauen- und Homosexuellenorganisationen, auch korrespondierte sie mit zahllosen Frauen, die ihr persönlich oder der Organisation geschrieben hatten. Ferner bemühte sie sich, Frauen zur Mitarbeit an der Zeitschrift der Gruppe L 74 zu bewegen; so machte die mit ihr befreundete Malerin Gertrude Sandmann Bilder für die Zeitschrift und schrieb kleinere Artikel. Die Titelblattgestaltung der Zeitschrift lag im ersten Jahr in den Händen von Gertrude Sandmann.

Schon bei den ersten Sitzungen im Jahre 1974 war Käthe Kuse zur Specherin der Gruppe L 74 gewählt worden. Ihr oblag die Aufgabe, für die Gruppe in der Offentlichkeit zu sprechen. Nach dem ersten Umzug in ein eigenes Zentrum wurde die Funktion der Gruppensprecherin aufgehoben. Käthe Kuse zog sich immer mehr aus dem aktiven Leben der Organisation zurück und schied 1978 aus. Ihre Funktionen für die Organisation und das Gruppenleben wurden von keiner Frau mehr mit der gleichen Verbindlichkeit und Sorgfalt ausgefüllt, beispielsweise wurden von ihr oder von ihr veranlaßt bis zu ihrem Ausscheiden regelmäßig von jeder Sitzung Protokolle angefertigt, danach aber nicht mehr regelmäßig.

Kontakte und Reisen

Die Organisation hatte nie das Ziel, in ausgeprägtem Maße an die Öffentlichkeit zu treten, sondern wollte vielmehr die Kommunikation zwischen den lesbischen Frauen und hierbei vor allem zwischen den älteren lesbischen Frauen fördern. Die Aktivitäten richteten sich vor allem auf die Gestaltung eines harmonischen Gruppenlebens und der Kontakte zu lesbischen Frauen innerhalb und außerhalb Berlins.

Wanderungen und Ausflüge innerhalb Berlins finden regelmäßig seit Jahren statt, dazu kamen 1976 und 1977 größere Unternehmungen. Im Oktober 1976 fuhren Mitgliederinnen der Gruppe für ein Wochenende in den Harz. Im April 1977 wurde die Gruppe lesbischer Frauen ,,LENE'' (**Les**ben**ne**st) in Hamburg besucht und im November 1977 das Frauenzentrum in Bielefeld und die dortige

Gruppe lesbischer Frauen. Diese Reisen dienten dem Meinungs- und dem Erfahrungsaustausch, welcher wiederum eine intensivere Kommunikation zwischen den Gruppenmitgliederinnen bewirkte. Außerdem veranstaltete die Gruppe L 74 zwei Dampferfahrten innerhalb Berlins, zu denen auch Gäste eingeladen waren.

Eine lockere Zusammenarbeit fand mit anderen Frauengruppen statt, wie zum Beispiel bei der Durchführung der ,,1. Berliner Frauenkonferenz'' vom 16. bis 18. September 1977. Vertreterinnen der Gruppe L 74 waren Mitarbeiterinnen des Vorbereitungskomitees. Ebenfalls eine lockere Zusammenarbeit gab es mit den Organisationen und Gruppen homosexueller Männer, wobei vor allem die AHA zu nennen ist. Das, was der Gruppe L 74 Bedeutung verleiht und sie weit über Berlin hinaus bekannt macht, ist die Herausgabe der Zeitschrift ,,Unsere Kleine Zeitung''.

,,Unsere Kleine Zeitung''

Die Bedeutung dieser kleinen Organisation für die Emanzipation lesbischer Frauen liegt in der Herstellung und dem Vertrieb einer der wenigen Zeitschriften für lesbische Frauen.

Seit Februar 1975 wird monatlich die Zeitschrift ,,Unsere Kleine Zeitung'', genannt UKZ, herausgegeben, die trotz der niedrigen Auflage ein wichtiger Kommunikations- und Informationsträger wurde. Die Auflage der UKZ betrug bei den ersten beiden Ausgaben zweihundert Exemplare; die Juni- und Julinummer von 1975 hatten schon eine Auflagenhöhe von vierhundert Exemplaren; im Herbst 1977 betrug die Auflage 1.300 Stück und nahm danach wieder ab. Gegenwärtig beträgt sie neunhundert Stück. Es werden jedoch intensive Bemühungen unternommen, durch Mundpropaganda und Anzeigen in Frauenzeitschriften Abonnentinnen zu werben. An dieser Stelle mag es zum Vergleich informativ sein, daß meines Wissens die auflagenstärksten Zeitschriften für lesbische Frauen in den USA keine höhere Auflage als 6.000 Exemplare haben. Die UKZ ist die einzige Zeitschrift von und für lesbische Frauen, die seit Jahren regelmäßig in deutscher Sprache erscheint.

Die Organisationsstruktur der Gruppe L 74 kristallisiert sich um die Herstellung und den Vertrieb dieser Zeitschrift. In einem Entwurf für eine Geschäftsordnung vom Oktober 1977[205] werden folgende organisatorische Aufgaben der Gruppe L 74 aufgezählt:
— Redaktion
— Vertrieb
— Postgruppe
— Archiv
— Dokumentation
— Buchhaltung
— Zeichnungsberechtigte Konten.

Nur die in dem Entwurf noch genannten Posten 'Buchgruppe' und 'Öffentlichkeitsarbeit' hatten zur Zeitschrift keinen eindeutigen Bezug. Gegenwärtig existieren allerdings nur noch die Redaktion und der Vertrieb der Zeitschrift als kontinuierlich tätige Arbeitsgruppen, andere anfallende organisatorische Aufgaben werden von einzelnen Frauen oder ad-hoc-Gruppen erledigt.

Die 1982 im achten Jahrgang erscheinende UKZ hat einen Umfang von vierzig Seiten und erscheint im DIN-A-5-Format. In der neunten Ausgabe vom Oktober 1975 wurden die Ziele und das Anliegen formuliert:

,,Da unseres Wissens unsere kleine Zeitung 'ukz' — neben der Lesbenpresse des Berliner LAZ — das einzige Informationsblatt für Lesbierinnen ist, halten wir ihre Herausgabe für wichtig.

'ukz' soll und wird vor allem der Information aller Lesbierinnen dienen (über Treffen, Tagungen, Feste, einschlägige Literatur etc.)

— den Zusammenschluß und Zusammenhalt aller Lesbierinnen möglich machen und fördern, besonders derjenigen, die in kleinen Städten und Dörfern leben —
— Gelegenheit zum Aussprechen und Besprechen eigener Probleme in Familie, Beruf und Gesellschaft geben —
— Den Ratsuchenden die Gewißheit vermitteln, daß sie nicht allein sind und wenn möglich Hilfe finden —
— Berichte über Ereignisse von Lesbierinnen mitteilen, um so auch anderen Lesbierinnen Mut zu machen, sich zu äußern, z. B. Erfahrungen und Kritiken, Leserbriefe und Anfragen an 'ukz' zu senden —
— Ferienziele, wo Lesbierinnen willkommen sind (z. B. Unterkunft bei Lesbierinnen bekanntgeben) —
— Bekanntschaften und Brieffreundschaften unentgeltlich vermitteln."[206]

Unverändert behielt die UKZ in all den Jahren ihre drei Schwerpunkte bei. Erstens werden Informationen über Veranstaltungen zum Thema Lesbianismus, Frauenbewegung und Homosexuellenbewegung sowie über Ereignisse aus der lesbischen Welt gegeben. In diese Rubrik lassen sich auch die Kontaktanzeigen und Briefwechselwünsche einordnen, da auch sie zur Kommunikation unter lesbischen Frauen gehören. Den zweiten Schwerpunkt bilden Berichte und Selbsterfahrungsberichte über die Situation lesbischer Frauen und Berichte über die Motivationen und Anlässe einer Gruppe lesbischer Frauen beizutreten. Die Alltagsprobleme finden unter diesem Schwerpunkt am deutlichsten ihren Niederschlag. Der dritte Schwerpunkt umfaßt Buch- und Filmbesprechungen und Artikel über die Geschichte lesbischer Frauen.

,,Ein besonderes Bemühen von ,UKZ' ist es, berühmte Lesbierinnen der Vergangenheit und dem Vergessen zu entreißen und einem größeren Kreis zugänglich zu machen."[207]

Dieser dritte Schwerpunkt läßt sich unter den Stichworten Traditions- und Ideologiebildung zusammenfassen. Jede Ausgabe der UKZ ist schwerpunktmäßig einem Thema gewidmet, häufig werden Fragen der sozialpsychologischen und sexuellen Identität behandelt wie coming out, Bisexualität und Fragen der eigenen Offenheit ('Soll man sich zur Homosexualität bekennen?'). Außerdem wird das Für und Wider einer Zusammenarbeit mit der Frauenbewegung und den homosexuellen Männern erörtert. Alltagsprobleme lesbischer Frauen werden immer wieder erörtert: 'Eltern lesbischer Töchter', 'Lesbische Mütter', 'Wie findet man eine Freundin', Probleme in Partnerschaften, die Arbeitssituation lesbischer Frauen usw.

Die UKZ wird von berufstätigen Frauen in deren Freizeit hergestellt und vertrieben. Die Schwierigkeiten dieser Zeitschrift ranken sich deshalb um die besonderen Produktionsbedingungen: Zeitweilig gibt es zu wenig Mitarbeiterinnen in der Redaktion und dem Vertrieb, dann wiederum fehlen Frauen, die Artikel schreiben. Fehlende Finanzen bewirken, daß nicht genug Abonnentinnen geworben werden können. Bei einem Interview konnte ein Mitglied dieser Emanzipationsgruppe deshalb formulieren: ,,Wir sind immer froh, wenn eine Frau arbeitslos ist"[208]. Die Gruppe L 74 hat die genannten Schwierigkeiten immer wieder überwinden können.

Die Ziele der Gruppe

Die Gruppe L 74 hatte von Anfang an Ziele, die nicht auf eine Konfrontation mit der Umwelt hinausliefen. Die Ziele dieser Emanzipationsgruppe wurden schon bei den ersten Treffen formuliert und lassen sich als vorsichtig im Umgang mit der Umwelt umschreiben.

„Die GRUPPE L'74 BERLIN ist eine Gemeinschaft homosexueller Frauen aller Altersgruppen — unpolitisch (gemeint war überparteilich, J. K.), unkonfessionell — die Gleichgesinnten Informationen, Kontaktaufnahme, Diskussion und Lebenshilfe ermöglichen will. Geselligkeit ist dabei selbstverständlich.

Im Rahmen ihrer Tätigkeit will die Gruppe zur Aufklärung und Veränderung der Gesellschaft beitragen; spektakuläre Schockaktionen zur Durchsetzung ihrer Ziele hält die GRUPPE L'74 BERLIN für ungeeignet. UNSERE KLEINE ZEITUNG soll allen homosexuellen Frauen und den mit uns Sympathisierenden als Medium dienen und ihnen Ohr und Stimme zugleich sein."[209]

Diese Vorsicht wurde beibehalten und zieht sich durch die Geschichte dieser Emanzipationsgruppe. Es ist zu vermuten, daß ein Teil der Diskriminierung und der eigenen Unzufriedenheit autoaggressiv verarbeitet und die Vernunft der heterosexuellen Umwelt deshalb überbewertet wurde. Zur Strategie der Gruppe L 74 gehört auch die Abgrenzung gegenüber den Frauen des LAZ.

„Verschiedene junge Frauen glauben, durch Aggressivität und auffälliges Verhalten in der Öffentlichkeit, ihre Veranlagung jedem ins Gesicht schreien zu müssen. Damit erreichen Sie keine Einsicht oder Anerkennung bei 'Unwissenden' und Menschen mit Vorurteilen, Sie geben denen nur ein Argument mehr in die Hand, ihre offene oder geheime Antipathie gegen uns Homosexuelle zu bekräftigen. Aber das wollen wir nicht."[210]

In der Vereinssatzung, die bei der „außerordentlichen Mitgliederversammlung zur Gründung eines eingetragenen Vereins" am 9. 12. 1977 verabschiedet wurde, werden Namen und Ziele der Organisation noch einmal formuliert:

„§ 1.1 Der Verein trägt den Namen 'L 74'
§ 2   Zweck des Vereins
1.   Der Verein hat folgende Ziele:
        Schaffung und Unterhaltung eines Kommunikationszentrums für lesbische Frauen
        (Schwerpunkt Berufstätige)
—   Öffentlichkeitsarbeit mit dem Ziel, Vorurteile gegen weibliche Homosexualität abzubauen
—   Aufklärungsarbeit über die gesellschaftlichen Hintergründe der Diskriminierung lesbischer Frauen
—   Herausgabe einer Zeitung für homosexuelle Frauen
—   Förderung aller Maßnahmen, die der Selbständigkeit und der Gleichstellung lesbischer Frauen in unserer Gesellschaft dienen
        . . .
3.   Der Verein ist politisch und konfessionell unabhängig."

In der Praxis selbst blieb — ähnlich wie im LAZ — die Satzung und die Geschäftsordnung ohne Belang. Die Vereinssatzung diente ausschließlich der leichteren Abwicklung von Geschäften wie der Anmietung von Räumen und eines Postfaches.

Während das LAZ sich als ein Bestandteil der Frauenbewegung empfand —
und sich teilweise für eine Avantgarde im Widerstand gegenüber Männern hielt
— hatte die Gruppe L 74 nie eine derartige Position inne. Sie versteht sich als
Bindeglied zwischen der Frauenbewegung, der sich viele lesbische Frauen angeschlossen haben, und den Frauen, die sich in den Klubs und Damenlokalen
treffen. Meinen Beobachtungen und Befragungen zufolge sind die Frauen der
Gruppe L 74 jedoch nicht häufiger in den Frauenlokalen anzutreffen als die Mitgliederinnen anderer Emanzipationsgruppen lesbischer Frauen.

Das Wissen um die gesellschaftliche Unterdrückung der Frau wird in einem
Schreiben der Redaktion der UKZ an die Leserinnen thematisiert, es erfolgt aber
zugleich eine Abgrenzung gegenüber anderen Emanzipationsgruppen:

,,In unseren Zielen schließen wir uns der Frauenbewegung an, wenn auch unsere Anliegen
ihre eigene Spezifik enthalten (Abbau von Isolierung sowie der gesellschaftlichen Diskriminierung der hs. Frau); natürlich können diese Ziele nur gemeinsam mit dem Abbau der allgemeinen Benachteiligung der Frau in allen gesellschaftlichen Bereichen gesehen werden.
In den *Methoden* zur Erreichung dieser Ziele unterscheiden wir uns von manch anderer
Gruppe.''[211]

Die Zusammenarbeit mit den homosexuellen Männern wird, wie ich bereits erwähnt habe, in der UKZ mehrmals thematisiert. Im Alltag der Gruppe wurde sie
gelegentlich praktiziert. Die Abgrenzung zu den homosexuellen Männern zeigt
sich am Punkt Pädophilie am deutlichsten. Eine Unterstützung der homosexuellen Männer im Kampf um die Möglichkeit von sexuellen Kontakten zwischen Erwachsenen und Kindern wurde auf das schärfste abgelehnt.

Konflikte in der Gruppe

Bei der Darstellung von Gruppenkonflikten und Gruppenkrisen ist es ratsam,
zwischen permanenten und aktuellen Konflikten zu unterscheiden, wobei allerdings zu beachten ist, daß unterschwellige und strukturbedingte Konflikte sich
in aktuellen Krisen entladen können.

Die Etablierung einer angemessenen Struktur kann die Ursache für einen permanenten Konflikt bilden. Eva Rieger, die sowohl Mitgliederin im LAZ als auch in
der Gruppe L 74 war, konnte deshalb in einem Artikel über Gruppenkrisen analysieren:

,,(. . .) Eines der größten Probleme scheint die unbefriedigende Organisationsstruktur zu
sein. Kaum eine Frau ist gewohnt, ohne autoritäre Struktur in einer Gruppe auszukommen.
Die Folge: entweder Gruppen kranken daran, daß sie diese autoritäre Struktur nicht abstrei-
fen können (L 74), oder sie lehnen sie völlig ab, so daß sie sich schließlich in Anarchie und
Chaos auflösen (LAZ).''[212]

Die zentrale Figur der Gruppensprecherin wurde in den ersten Jahren des Be-
stehens der Gruppe, als diese noch wenige Mitgliederinnen hatte und für jede
Frau überschaubar war, von den Gruppenmitgliederinnen für notwendig erachtet. Die Gruppensprecherin war zugleich auch Herausgeberin der Zeitschrift.
Als die Gruppe L 74 sich wesentlich vergrößerte und etwas jüngere, mehr aktive
Frauen beitraten, wurde diese Funktion kritisch befragt. In den ersten Jahren
war es ohne Schwierigkeiten möglich, alle Mitgliederinnen von anstehenden
Entscheidungen rechtzeitig zu informieren. Mit der größeren Zahl der Mitgliederinnen traten Übermittlungsprobleme auf. Gleichzeitig häuften sich mit der
wachsenden Bekanntheit der Gruppe L 74 und der Zeitschrift die Anfragen, auf

die eingegangen werden mußte. Die Sprecherin konnte dies nicht mehr allein bewältigen und delegierte Aufgaben. In dieser Phase hatten einige neueingetretene Mitgliederinnen auch nicht mehr uneingeschränktes Vertrauen zur Gruppensprecherin[213]. Die Funktionen der Sprecherin und der Herausgeberin der UKZ wurde dann im Juli 1977 gestrichen.

Gruppen werden immer wieder mit dem Problem konfrontiert, daß einzelne Mitgliederinnen versuchen, die Gruppe für ihre eigenen Zwecke zu gebrauchen. In den ersten Monaten des Entstehens der Zeitschrift UKZ kam es aus diesem Grund zu einer ernsthaften Krise. Bei der Schaffung der Zeitschrift wurde davon ausgegangen, daß die Zeitschrift ein Produkt der Gruppe L 74 sei. Eine Mitgliederin gab im Sommer 1975 die Zeitschrift ohne Zustimmung der anderen Mitgliederinnen als ein Verlagsprodukt mit eigener Kontoangabe heraus. Diese Frau wurde daraufhin einstimmig aus der Gruppe L 74 ausgeschlossen und die Herstellung und der Vertrieb der UKZ wurden von der Gruppe L 74 übernommen[214]. Es kam dann in den folgenden Monaten und Jahren noch zu einem Prozeß und zu Auseinandersetzungen in der Berliner Frauenbewegung. Der Prozeß endete für die Gruppe L 74 ungünstig mit einem Vergleich, da diese Organisation noch kein eingetragener Verein und somit nicht rechtsfähig war.

Ideologische Auseinandersetzungen und Richtungsänderungen waren in der Gruppe L 74 von geringer Bedeutung. Die Frauen gaben immer wieder an, nach der Berufsarbeit zu müde zu sein, um derartige Auseinandersetzungen zu führen. Jedoch wurde häufig über eine gewisse Apathie und Konsumhaltung bei den Mitgliederinnen geklagt. Die Arbeitsüberlastung, die eher zu Passivität als zu Fluktuation führt, ist ein strukturelles Problem dieser Organisation. Wie die Aussagen über die Motivationen zum Gruppenbeitritt und zum Verbleib zeigen, sind die meisten Mitgliederinnen dort mit dem, was ihnen geboten wird, zufrieden. Die Organisationssoziologie hat sich mit dem Zusammenhang von Zufriedenheit und Passivität befaßt; Renate Mayntz vermutet bei ihrer Analyse von Organisationen, daß das zufriedene Mitglied sehr häufig ein passives Mitglied ist. Es sei zufrieden, weil es im Grunde nur ein schwaches Interesse am Geschehen der Organisation selbst habe (S. 102). Ich werde später aufzeigen, daß die meisten Frauen der Gruppe L 74, diese Gemeinschaft lesbischer Frauen auch eher als eine Art Familienersatz betrachten denn als Kampforganisation zur Aufhebung von Stigmatisierung und Diskriminierung.

Motivation und Engagement

Wie jedes gesellschaftliche Problem bedarf die Thematisierung der Diskriminierung und Stigmatisierung lesbischer Frauen der organisierten Artikulation und der sozialen Sichtbarkeit, um praktisch relevant zu werden. Ein Weg, um diese Relevanz zu erlangen, ist das Bilden von Emanzipationsgruppen. Der Beitritt in eine derartige Gruppe und das Verbleiben in ihr beruht in den wenigsten Fällen auf ausschließlich politischen Gründen. Diese Motivationen lassen sich kategorisieren. Grundsätzliche Unterschiede in der Motivation, dem LAZ oder der Gruppe L 74 beizutreten, konnte ich nicht feststellen, wohl aber gab es unterschiedliche Schwerpunkte.

Die Materiallage über Selbstaussagen hinsichtlich der Motivation, einer Emanzipationsgruppe beizutreten, ist relativ gut: In meinem Buch ,,Der Kampf gegen Unterdrückung'' sind zahlreiche Interviews, in denen Frauen zu diesem Thema Aussagen machen. In den beiden Zeitschriften ,,Lesbenpresse'' und UKZ finden sich zahllose Artikel hierzu, wobei die UKZ mehrere Heftthemen dem Komplex ,warum gehe ich in eine Gruppe, weshalb arbeite ich in einer Gruppe' widmete. Diese Motivationen gelten übrigens auch für andere Gruppen innerhalb und außerhalb Berlins. Dominante Motivationen, eine Emanzipationsgruppe lesbischer Frauen zu gründen oder einer schon bestehenden beizutreten, sind: die Isolierung aufzuheben, eine Gemeinschaft lesbischer Frauen zu finden, eine Freundin kennenzulernen, die eigene Identität zu klären und eine Hilfe bei der Auseinandersetzung mit der Umwelt zu finden.

Aufhebung der Isolierung

Die konfliktreiche Situation der Isolierung kann sogar der Anlaß sein, eine Emanzipationsgruppe zu gründen:

,,Zwei Freundinnen und ich beschlossen, eine Lesbengruppe zu gründen. Ich dachte, dies ist eine gute Möglichkeit, nette Frauen kennenzulernen. Vielleicht würde ich durch die Gruppe auch eine Freundin finden. Außerdem hätte ich gern mit Lesben eine Selbsterfahrungsgruppe gemacht.''[215]

,,Hier hatte ich das Gefühl, daß die große Chance besteht, mit eine Gruppe aufzubauen, die was ganz Entscheidendes hat: dieses gleiche Interesse. Und da das Lesbische für uns alle sehr prägend ist, habe ich gemeint: wenn in meinem Leben eine Gruppe, dann nur diese Gruppe von Leuten, die dieses existentielle Interesse mit mir teilen.''[216]

Die Isolation, in der die Frauen leben, ist der am häufigsten genannte Grund, eine Emanzipationsgruppe aufzusuchen und dort Mitgliederin zu werden.

,,Ich bin in die HAW gegangen, weil ich völlig isoliert war (...) und als meine ... (Freundin, I. K.) dann verstarb, war es aus.''[217]

,,Ich habe so lange unter der Isolierung gelitten, daß es mir ein starkes Anliegen war, diese Isolierung zu durchbrechen.''[218]

,,Ich bin in die Gruppe gegangen, weil ich mich so isoliert fühlte.''[219]

,,(Ich war) viele Jahre allein, daß ich dachte, die einzige Lesbe in Nordbayern zu sein.''[220]

Diese Reihe von Zitaten läßt sich fortsetzen.

Die Isolation, in der lesbische Frauen leben, braucht nicht absolut zu sein, da sich manche Frauen und manche lesbische Paare einen wohlwollenden Kreis von heterosexuellen Bekannten aufgebaut haben. Sie suchen aber trotzdem die Gemeinschaft lesbischer Frauen.

,,Ich war immer mit Heteropärchen zusammen, die mich zwar auch verstanden und sehr lieb und sehr nett zu mir waren, aber ich fand es natürlich prima, nur lesbische Frauen um mich zu haben . . .''[221]

,,Ich bin am Anfang aus sehr egoistischen Gründen in die Gruppe gekommen, weil ich mit einer Frau in einer lesbischen Beziehung zusammenlebe und weil ich der Meinung bin, daß es nicht gut ist, immer nur mit dieser Frau zusammen zu sein, nicht zu erfahren, wie es anderen Frauen geht und welche Dinge wir anderen Frauen sagen können.''[222]

,,Bei mir war es so, daß ich außer Brigitte überhaupt keine schwulen Leute kannte, höchstens in den Bars von weitem sah, und daß wir auch nur heterosexuelle Bekannte hatten.''[223]

Einige Frauen haben zwar in den Bars schon andere Lesbierinnen kennengelernt, sie fühlen sich in diesem Milieu aber nicht wohl und suchen nach anderen Möglichkeiten, Kontakte mit weiteren lesbischen Frauen aufzunehmen.

,,(. . .) nämlich, um diese ewige Sub-Rennerei zu beenden, was mich überhaupt nicht befriedigt hat.''[224]

,,Ich sah eine Chance, aus der Kneipensituation rauszukommen.,,[225]

,,Ich bin ganz am Anfang in die HAW gekommen, Anfang 1972, und zwar war ich vorher als sogenannte Traditionslesbe auf die Subkultur angewiesen.''[226]

,,Die Gruppe ist für mich außer dem Sub der einzige Ort, an dem ich ausschließlich mit Frauen zusammen sein kann.''[227]

Suche nach einer Partnerin

Ein weiterer häufig genannter Grund, eine Emanzipationsgruppe aufzusuchen, ist die Hoffnung, dort eine Freundin zu finden. Dieser Wunsch wird aber nicht so offen ausgedrückt wie der, der Isolierung zu entkommen.

,,Und dann war ich wieder fürchterlich in eine Frau verliebt, und eigentlich bin ich deswegen nur gekommen.''[228]

,,Gäbe es eine Statistik darüber, wieviele Frauen ins LAZ kommen, um eine Partnerin zu finden . . ., die Zahl läge sicherlich bei über 90 %.''[229]

Die Hoffnung auszudrücken, eine Freundin zu finden, ist auch in den Emanzipationsgruppen — wie in den Damenbars — tabuisiert. Dieser Wunsch ist von größter Bedeutung für das Gruppengeschehen, denn er prägt die Dynamik in den Gruppen lesbischer Frauen und ist eine Ursache für die Fluktuation.

,,Frauen verlieben und entlieben sich.''[230]

,,Viele Frauen sind wochenlang ständig dabei, hilfs- und einsatzbereit — und plötzlich sind sie 'weg vom Fenster'. Dann heißt es 'Sie ist auf'm Innerlichkeitstrip, sie hat 'ne Freundin'.''[231]

Klärung des eigenen Selbstverständnisses

Von der neu gefundenen Gemeinschaft wird erhofft, daß dort die eigene Identität geklärt werden könnte, was lesbischen Frauen in der gegenwärtigen gesellschaftlichen Situation verweigert wird.

,,Wo ich die Möglichkeit hatte, meine Sexualität über den Kopf und über den Bauch — wie man so schön sagt - näher kennenzulernen. Es hat mir dann zwar die Gruppe nicht dazu geholfen, aber die vielen Einzelnen innerhalb dieser Gruppe (. . .) Das ist für mich eine starke

Hilfe zur Selbstfindung. Bei mir ist das politische vom emotionalen Anspruch nicht zu trennen. Eine Voraussetzung . . . , politisch tätig zu sein, ist, daß ich mit mir selber im Reinen bin."[232]

Zur Klärung der Identität gehört auch der Aspekt der sexuellen Identität. Dies ist von besonderer Bedeutung, da sich die Identität lesbischer Frauen gerade an diesem Punkt von der anderer Frauen unterscheidet. Der Wunsch nach Klärung der sexuellen Identität wird meist im Zusammenhang mit anderen Motiven genannt.

„Also, in die Gruppe reingekommen bin ich in der Hoffnung, daß ich da Kontakt zu anderen Frauen und auch eine Freundin finde. Gut ist für mich so eine Gruppe, weil mir Sexualität dann etwas verständlicher wird."[233]

„Ich bin sehr froh, daß ich noch mehr Frauen gefunden habe, die so fühlen wie ich, d. h. z. B. Frauen lieben und etwas für andere lesbische Frauen tun. Dafür, daß diese Gruppe weiterexistiert, bin ich bereit, vieles zu tun."[234]

„Ich bin hergekommen, weil ich andere Frauen kennenlernen wollte, weil ich überhaupt wissen wollte, daß es noch mehr von diesen Menschen gibt und was das für eine Sorte ist."[235]

„Was ich erwartet hab, das ist, einfach in einen Raum zu kommen, wo ich weiß, da sind Frauen, die wie ich lesbisch sind. Daß ich von Frauen Erfahrungen gesagt bekomme, daß ich versuche, die nachzuvollziehen und mich auch identifizieren kann mit ihnen."[236]

„Als ich ursprünglich in die Gruppe kam, wollte ich mit homosexuellen Frauen zusammen sein und sehen, wie lesbische Frauen sich so verhalten, wie untereinander die Kommunikation stattfindet, welche Probleme die haben."[237]

Aufarbeitung bestehender Ängste

Zur Klärung des eigenen Selbstverständnisses und der eigenen Identität gehört auch die Thematisierung der Ängste, die aus der Rolle der Außenseiterin und der Diskriminierung entstehen. Der Wunsch, diese Ängste mit anderen betroffenen Frauen zu bearbeiten, ist auch ein Motiv, sich in einer Gruppe zu engagieren.

„Ich fand es ziemlich wichtig, daß eine Gruppe entsteht, damit man endlich mal über bestimmte Ängste redet. Das war die erste positive Erfahrung, die ich darin gemacht habe. Ein Zusammenhalt war da und hat mir auch geholfen, gerade diese Homosexualität nicht als individuellen Fehler zu verstehen."[238]

Ein anderes Mitglied der damaligen „HAW-Frauengruppe" wollte gemeinsam mit anderen Frauen lernen,

„wie man Schuldgefühle loswerden kann und welche Möglichkeiten es auch gibt, sich gegen Diskriminierung und Diffamierung zu wehren"[239].

In diesen beiden letzten Aussagen findet sich eine deutliche Wendung vom Persönlichen zum Politischen. Die Angst lesbischer Frauen vor dem Entdecktwerden und der sich daraus ergebenden Diskriminierung ist groß. Die Gemeinschaft mit anderen betroffenen Frauen kann diese Angst reduzieren, auch wenn zum gegenwärtigen Zeitpunkt bei den meisten lesbischen Frauen noch keine eindeutige Beziehung zwischen der Arbeit in einer Emanzipationsgruppe und dem Offensein am Arbeitsplatz besteht[240]. Die Probleme, die am Arbeitsplatz bestehen, werden aber mit in die Gruppe genommen.

Ein neues Leben

Politische Beweggründe werden gelegentlich als Motiv, einer Gruppe beizutreten, genannt. Auch hier ist das Spektrum vielfältig, wobei der Wunsch, einen alternativen Lebensstil als Frau zu leben, als politische Motivation gewertet werden kann. Dieser alternative Lebensstil beinhaltete im Verständnis der Frauen Unabhängigkeit von Männern und die Ablehnung traditioneller Formen des Zusammenlebens wie eheähnliche Beziehungen. Die Motivation, politisch durch die Mitarbeit in einer Emanzipationsgruppe wirken zu wollen, wurde vor allem von den jüngeren Frauen des LAZ genannt. Obwohl dort die Vermutung kursierte, die Frauen würden nur aus politischen Gründen tätig sein, traf dies auf keine der aktiven Frauen zu. In den Diskussionen wurde auch nicht geklärt, was das 'Politische' sei, zumal die 'politischen' Zielsetzungen sich im Laufe der Jahre änderten, angefangen von der Zusammenarbeit mit linken Parteien und politischen Gruppierungen bis hin zur Zusammenarbeit mit der Frauenbewegung. Einigkeit bestand über alle Jahre hinweg aber darin, daß ein offenes Auftreten als lesbische Frau emanzipatorische Aspekte enthalte, also politisch sei. Oftmals wurde aber die Teilnahme an einer Aktion als politisch definiert.[241]

,,Dazu gehört, daß wir uns nicht mehr verstecken, sondern offensiv nach außen gehen, offensiv leben und uns eine reale Alternative aufbauen, die uns lebensfähig macht und erhält.''[242]

In diese ,Alternative' werden große Hoffnungen gesetzt. Die Emanzipationsgruppe ist der Ort, wo keine Hierarchisierung herrschen soll, wo frau geborgen ist.

,,Nachdem ich erkannt hatte, daß ich eine schwule Frau bin, (war es für mich wichtig) eine Gruppe zu finden, in der ich mich emotional und langfristig verwirklichen kann.''[243]

,,Ich erwarte, möchte gern mit Frauen eine Alternative aufbauen, für mich Wege finden, wo Frauen zusammenarbeiten, ohne diese herrschende Ordnung, ohne diese ganze Hierarchie.''[244]

,,Und weil es für mich auch eine linke Gruppe war. Primär war ganz wichtig für mich das Persönliche.''[245]

,,Weil ich gemerkt hab, daß sich nie etwas verändert, wenn man nur privatisiert und, daß es wichtig ist, daß man sich organisiert.''[246]

,,Was ich sehr gut finde, daß man sich in Lesbengruppen erstens als Frau emanzipieren kann und als Lesbe. Die Gruppe müßte erreichen, daß die Homosexualität bzw. das Lesbischsein voll anerkannt wird vom Staat.''[247]

Die politische Emanzipation wird also bei den Motiven, einer Emanzipationsgruppe lesbischer Frauen beizutreten, sowohl mit der Homosexuellenfrage als auch mit der Frauenfrage verknüpft. Im folgenden noch ein Zitat, das die Verbindung zur Frauenfrage hervorhebt.

,,Es ist schwierig, in dieser Gesellschaft eine unverheiratete Frau zu sein ...., daß wir irgendwie ein immer größer werdendes Netz aufbauen von Unterstützungsgruppen ...., daß man später alle möglichen Formen, wie sich finanziell helfen, anfängt, zusammen zu wohnen, wenn das Bedürfnis danach ist, (realisiert), daß das Aufzeigefunktionen für andere Frauen (hat).''[248]

Bedingungen für den Verbleib

Für die Frauen war und ist in der Regel der Eintritt in eine Emanzipationsgruppe lesbischer Frauen ein tiefer Einschnitt im Leben. Für eine Emanzipationsbewegung lesbischer Frauen ist es jedoch von Bedeutung, daß die Frauen in einer derartigen Gruppe zumindest über einen längeren Zeitraum bleiben. In der Organisationssoziologie und der Theorie sozialer Bewegungen wird deshalb auch zwischen der Motivation unterschieden, einer Gruppe oder Organisation beizutreten, und der Motivation, dort zu bleiben, wobei natürlich das letztere vom ersteren beeinflußt ist. Nach Renate Mayntz beeinflußt die Einstellung potentieller Mitglieder/innen zum Organisationsziel und zur eigenen Mitwirkung daran ihr späteres Verhalten in der Organisation.

„Die Mittel der Verhaltenskontrolle, die eine Organisation anwenden muß, um ihre Mitglieder zum Dableiben und zur Erfüllung ihrer Pflichten zu bewegen, müssen sich dem anpassen." (S. 125)

Die positive Einstellung zum Organisationsziel und zur Organisation ist nach Renate Mayntz für ein rollenkonformes Verhalten innerhalb der Organisation so wichtig, weil auf dem Weg der normativen Identifikation einem Mitglied das, was der Organisation und ihrem Ziel dient, zu einem persönlichen Bedürfnis werden kann. Renate Mayntz betont allerdings, daß die Häufigkeit einer solchen Identifikation nicht überschätzt werden dürfe (S. 126). Bei einer freiwilligen Mitgliedschaft in einer Organisation sei immer die Bilanz von Leistungen und Gegenleistungen entscheidend (S. 127).

„'Leistung' und 'Gegenleistung' dürfen nur nicht zu eng gefaßt werden. Zu den Gegenleistungen gehören nicht nur die von einer Organisation offiziell benutzten Anreize und in Aussicht gestellten Vorteile einschließlich dem Gefühl, einer guten Sache zu dienen, sondern auch die Befriedigung zusätzlicher Bedürfnisse etwa nach sozialem Kontakt, nach Betätigung, Prestige und anderem mehr. Zu den Leistungen des Mitglieds gehört umgekehrt nicht nur der finanzielle Beitrag, die Zeit und der Energieaufwand, die für die Erfüllung seiner Aufgaben nötig sind. Zur Leistung gehört vielmehr alles, was das Mitglied in die Organisation 'einbringt': sein Wissen, sein persönliches Prestige, ja sogar sein sozialer Status." (S. 128)

Für die freiwillige Entscheidung, in einer Organisation zu bleiben oder nicht, und die zweite Entscheidung, den Erwartungen zu entsprechen, gibt es eine Reihe von Gründen. Neben den persönlichen Zielen des Mitgliedes und dem Maß, wie es sich in der Organisation und durch das Erfüllen seiner Verpflichtungen verwirklichen kann, spielt auch noch das Vorhandensein anderer Alternativen mit, die zu einer besseren Befriedigung eigener Wünsche führen könnten (S. 127). Den jungen Frauen des LAZ standen viel mehr Möglichkeiten offen, in anderen Gruppen und sozialen Zusammenhängen tätig zu werden und ihre Wünsche und Bedürfnisse zu befriedigen, als den Frauen der Gruppe L 74. Da sie in der Mehrzahl dem studentischen Milieu entstammten, zeigten sie eine größere Mobilität und individuelle Flexibilität als die Mitgliederinnen der Gruppe L 74. Sie verließen das LAZ und gründeten Projekte in der Frauenbewegung, Selbsterfahrungsgruppen für lesbische Frauen, bildeten Gruppen in der „Alternativen Liste" oder wurden im Hochschulbereich in Projekten tätig, die das Thema 'Lesbianismus' zum Inhalt hatten, wie beispielsweise die Durchführung von speziellen Seminaren. Nach Beendigung des Studiums oder eines Studienabschnittes verließen viele von ihnen Berlin. Andere bauten sich private Cliquen und Bekanntenkreise mit lesbischen Frauen auf und nehmen mittlerweile nur noch gelegentlich an den Veranstaltungen für lesbische Frauen teil, wie zum Beispiel an den Tanz- und Kulturveranstaltungen bei den jährlichen Pfingsttreffen.

Da die Dauer der Mitarbeit im LAZ in der Regel nicht mehr als zwei Jahre — eher weniger — betrug, finden sich auch wenige Aussagen über die Motivation zum Bleiben. Eine Frau, die über einen längeren Zeitraum in der ,,HAW-Frauengruppe'' und dem LAZ aktiv war, gab als Grund für die lange Mitarbeit an:

,,Ich brauche die HAW, ich fühle mich ziemlich isoliert, ich habe die meisten Bekannten in der HAW.''[249]

Die jungen Frauen im LAZ erlebten auch oft ihr coming out dort. Die Phase der Mitarbeit war dann identisch mit der Phase des coming out. Wenn die Phase des coming out durchlaufen war, erfolgte auch häufig ein Ausscheiden. Die älteren Frauen in der Gruppe L 74 haben in der Regel ihr coming out seit Jahren hinter sich. Ihre Mitarbeit ist deshalb nicht mit dieser Phase verknüpft. Die häufigsten Aussagen über die Motivation zum Verbleib finden sich bei den Mitgliedern der Gruppe L 74. In Gruppengesprächen, die zu diesem Themenkomplex geführt und zum Teil mit Einzelaussagen in der UKZ veröffentlicht wurden, zeigen sich zwei Motivationskomplexe: Die Gruppe der mitarbeitenden Mitglieder wird als Gemeinschaft, als Familienersatz und als Heimat empfunden und die Herstellung und der Vertrieb der UKZ werden als wichtig erachtet.

Familienersatz und Heimat

In einer Selbstdarstellung in der Frauenzeitschrift ,,COURAGE'' schrieb die Gruppe L 74:

,,Homosexuelle Frauen, in der Regel unverheiratet und daher ohne familiären Anhang, sind zeitlebens stärker als andere der Isoliertheit ausgesetzt gewesen (. . .) Deshalb hat die Gruppe für uns eine Doppelfunktion. Einerseits bietet sie uns Schutz. Wir können unsere Erfahrungen im beruflichen und familiären Bereich mitteilen, uns stützen und gegenseitig beraten. Zudem ist eine Frau, deren Beziehung gescheitert ist, niemals allein. Sie kann sich Hilfe von anderen Mitgliedern holen, um besonders über die schlimme erste Zeit hinwegzukommen. Deshalb richteten wir kürzlich einen Nachmittag ein, an dem wir bei Kaffee und Spielen uns zwanglos näher kennenlernen wollen. Die andere Aufgabe der Gruppe liegt in der Arbeit nach außen. Wir wollen die Vorteile der Gruppe nicht für uns behalten, sondern sie nach außen tragen.''[250]

Der Besuch und das Verbleiben in einer Organisation hat oft auch banale Gründe, die wenig mit eigenen Bedürfnissen oder ausgeprägten Erwartungen zu tun haben. Die Emanzipationsgruppe wird jemanden zuliebe aufgesucht oder frau geht aus Gewohnheit hin.

,,Weil ich es so gewöhnt bin. Ich bin mehr als vier Jahre in der Gruppe (. . .) Andererseits gehe ich aber auch in die Gruppe, weil meine Freundin Gruppenarbeit für wichtig hält.''[251]

Zahllose Aussagen belegen die emotionale Bedeutung der lesbischen Gemeinschaft als Heimat und Familienersatz, die eine Organisation bietet. Sie belegen aber auch den langsamen Prozeß des Hineinwachsens in diese Gemeinschaft und die Identifikation mit den anderen Mitgliederinnen oder einem Teil von ihnen.

,,Die Anderen haben das gleiche Merkmal. Von Zeit zu Zeit fühle ich mich auch ganz wohl in der Gruppe, ich habe hier eine Menge Frauen kennengelernt, die mir viel bedeuten, vor denen ich inzwischen auch gewaltigen Respekt habe.''[252]

,,Ich gehe in die Gruppe, weil ich mich dort wohlfühle. Hier sind Frauen, mit denen ich Wahlverwandtschaft habe und die wie ich versuchen, in einer Gesellschaft, die es uns nicht leicht macht, Anerkennung zu finden.''[253]

„Ich gehe in die Gruppe, ich kann mich dort richtig ausquatschen."[254]

„Ich gehe gern in die Gruppe, weil ich dort Frauen treffe, die ich gern mag. Es ist gut neben der Beziehung auch noch andere Lesben einigermaßen intensiv (wöchentlich) zu kontaktieren (. . .) Die Gruppe ist also notwendig und teilweise eine Art Familienersatz."[255]

„(. . .) Der wichtigste Punkt ist aber, daß ich in der Gruppe immer wieder seelisch auftanken kann und dadurch die Hetero-Welt gerade noch ertragen kann."[256]

„Um mit Menschen zusammen zu sein, denen es so geht wie mir. Um mit diesen Menschen ein Gemeinschaftsleben zu entwickeln. Weil der Mensch zugrunde geht, der in einer ausschließlich ablehnenden Umgebung lebt. Familienersatz also."[257]

Diese Aussagen lassen sich fortsetzen, von der Stabilisierung der Persönlichkeit ist die Rede. Die Hilfe von und durch eine Gruppe, wie sie die Emanzipationsgruppen anbietet, wird von den betroffenen Frauen erlebt und wahrgenommen. Die Gruppe wird als Vehikel in einem Emanzipationsprozeß verstanden. In der Rückschau stellt ein Mitglied der Gruppe L 74 fest:

„Das Zusammensein mit gleichgesinnten Frauen, wie hier in der Gruppe, ist eine Wohltat für mich. Die Loslösung von meiner damaligen Familie und somit auch die Trennung von meinen Kindern bescherte mir nach anfänglicher Euphorie auch Probleme. Jetzt hieß es, sich beruflich durchzusetzen; und das ist mir bis heute nicht leicht gefallen.

Daß ich es einigermaßen in den Griff bekomme, verdanke ich u. a. auch der Gruppe, die mir das Gefühl gibt, mit meinen Sorgen nicht allein zu sein."[258]

Die Verfasserin dieser Aussage hatte schon einige Monate zuvor ihre Haltung bezüglich einer Mitgliedschaft in einer Emanzipationsgruppe ausgedrückt. Hier hatte sie von ihren Erwartungen und Ängsten berichtet.

„Erwartet hatte ich eine Art Schutzgemeinschaft, die, selbst fest zusammengeschweißt, mir das Gefühl der Geborgenheit geben sollte. Dort nur Frauen zu finden, die selbst Probleme haben und in ihren Ansichten sehr unterschiedlich sind, verunsicherte mich sehr."[259]

Dieses letzte Zitat zeigt, daß das Zusammensein mit lesbischen Frauen nicht nur Gefühle des Wohlbehagens und des Glücks auslöst. Die neue Gemeinschaft wird als bedrohlich empfunden, besonders dann, wenn alle Frauen oder zumindest ein großer Teil die Erwartung haben, in der Gruppe eine Art Schutzgemeinschaft und Familienersatz vorzufinden. Die Gruppe L 74 — aber auch das LAZ — soll Ersatz sein für die fehlende Familie, sie soll den Ausgleich liefern für all die Frustrationen, die erlitten werden. Sie soll menschliche Wärme mit erfolgreicher politischer Arbeit nach außen verbinden. Die Erwartungen sind groß, aber noch größer sind häufig auch die Enttäuschungen, wenn das Ziel der Wünsche oder eines der Ziele nicht erreicht wird.

Das nachfolgende Zitat zeigt, daß die Gefühle der Unbehaglichkeit im Zusammensein mit Gleichbetroffenen, also Gleichdiskriminierten und Gleichhilflosen auch bei den Frauen im LAZ anzutreffen waren.

„Ich muß offen gestehen, daß ich mich zuerst furchtbar unbehaglich gefühlt habe. Ich weiß nicht, so plötzlich unter so vielen gleichgeschlechtlichen Frauen, das war für mich erdrückend."[260]

In der Gruppe L 74 wird mit den Gefühlen der Unbehaglichkeit und Fremdheit wie in anderen Gruppen umgegangen. Es baut sich in der Regel ein Bekanntenkreis, eine Clique auf. In dieser Kleingruppe außerhalb der Organisation werden dann die wichtigen persönlichen Fragen erörtert.

„(. . .) Inzwischen hat diese Bedeutung (andere lesbische Frauen zu treffen und kennenzulernen, I. K.) für mich eigentlich abgenommen insofern, als ich zu bestimmten Frauen in der Gruppe Kontakt habe und dieser auch ohne die Gruppe (d. h. die Gesamtgruppe, I. K.) bestehen würde. Der Kontakt außerhalb der Gruppe ist für mich eigentlich wichtiger geworden.''[261]

Der Besuch einer Emanzipationsgruppe lesbischer Frauen zum Aufbau einer Clique ist ähnlich der Motivation, eine Damenbar aufzusuchen und deren Kontaktmöglichkeiten zu nutzen. In den Emanzipationsgruppen wird diese gezielte und aus der Sicht der Organisation egoistische Nutzung immer wieder beklagt.

,,In der Zwischenzeit entwickelten sich erste Sympathien und Antipathien. Verschiedene Frauen trafen sich außerhalb der Gruppenabende.''[262]

Diese Art von Fluktuation ist zwar auch in der Gruppe L 74 anzutreffen, sie ist aber nicht so stark, daß dadurch der Bestand der Gruppe gefährdet wäre. Die Gruppe L 74 kommt in starkem Maße den Bedürfnissen der Mitgliederinnen entgegen, die Gruppe L 74 selbst ist wegen ihrer geringen Zahl von Mitgliederinnen überschaubar. Bei den Frauen mischen sich die Freude am geselligen Beisammensein, das Erlebnis, eine lesbische Gemeinschaft zu haben, und altruistische Gefühle. So konnte deshalb auch eine Frau über ihre Motivation, in der Gruppe zu bleiben, schreiben:

,, . . . , daß ich mich freue, sie (die anderen Frauen, I. K.) wiederzusehen, mit ihnen zu diskutieren, und vor allem lache ich gern mit ihnen (. . .) Die Gruppe soll bestehen. Sie wird von allen gebraucht. Und sie soll denen Hilfe geben, die ratsuchen kommen, wie sie mir damals geholfen hat. Es mischen sich Dankbarkeit und Pflichtgefühl.''[263]

Übernahme einer Aufgabe

Nicht nur die Freude am geselligen Beisammensein ist ein Grund, in der Gruppe L 74 zu bleiben. Die Emanzipationsgruppe hat sich durch die Produktion einer Zeitung über die Jahre stabilisieren können. Die Herstellung und der Vertrieb der UKZ wird von den aktiven und langjährigen Mitgliederinnen als der wichtigste Punkt genannt, der die Frauen zur Mitarbeit motiviert. Die gemeinsame Arbeit an einem Produkt, das anderen Frauen nützlich ist, ist zugleich Quelle von Schaffensfreude und Mittel, den Belastungen dieser freiwilligen und unbezahlten Arbeit standzuhalten.

,,Weil mir die Arbeit an der UKZ Spaß macht (. . .) Durch die gemeinsame freiwillige Arbeit hat sich, so glaube ich, ein Zusammengehörigkeitsgefühl entwickelt, wie ich es zumindest noch in keiner anderen Gruppe empfunden habe.''[264]

,,Heute sehe ich in der Gruppenarbeit mehr als Notwendigkeit. Auch wenn mich die Zeit oft reut, die ich investiere. Aber ich glaube, daß für die Leserinnen der UKZ die Zeitung sehr wichtig ist. Ob das bei mir immer Idealismus ist, möchte ich bezweifeln. Doch bevor die Arbeit zur Gewohnheit wurde, begleitet von einem diffusen Pflichtgefühl, war ich begeistert und fasziniert. (. . .) Zeitung und Gruppe sind für mich lesbische Notwendigkeiten. Nicht um großartiges zu ändern oder zu vollbringen, sondern um zu erhalten und hoffentlich vielen Lesben eine Hilfe zu sein.''[265]

,,Dann versuche ich auch oft, Sachen, die mir Spaß machen, auszudrücken, sei das jetzt mit der Zeitung oder etwas anderes. Damit vor allem die Lesben, die nicht in der glücklichen Lage sind, hier in Berlin zu leben, mitkriegen, daß sie in ihrem Drei-Häuser-fünf-Kühe-Dorf nicht ganz allein sind.''[266]

Herstellung und Vertrieb der Zeitschrift stabilisiert den Gruppenprozeß innerhalb der Gruppe L 74, weil rational und zweckmäßig gearbeitet werden muß, zugleich aber auch Erfolge erlebt werden. Die Zeitschrift erfüllt ein Ziel der Gruppe L 74, da sie zur Kommunikation zwischen den lesbischen Frauen beiträgt. Die Zeitschrift schafft auch Kontakte zwischen den Mitgliedern der Gruppe L 74 und Frauen in der Bundesrepublik Deutschland. Darüber hinaus wird die Gruppe L 74 mit ihrem Medium UKZ von Projekten, Gruppen und Individuen der Frauen- und Homosexuellenbewegung als Forum angesprochen, was den Mitgliederinnen ein Gefühl von Wichtigkeit gibt. Bei einem Gruppeninterview nannte eine Frau als Motivation für die Mitarbeit in *dieser* Emanzipationsgruppe als Grund deren ‚Berühmtheit'.

Schwierigkeiten und Rückzug

Die zunehmende Sensibilisierung für die Diskriminierung lesbischer Frauen und das Bewußtsein von der Behinderung bei der Realisierung von Lebenschancen sowie ein Bewußtsein von den eigenen Schwierigkeiten und denen anderer Frauen verstärkt das Gefühl der Angewiesenheit auf Gruppen lesbischer Frauen. Individuelle Lösungen gelingen immer weniger. Frau braucht Hilfe und gibt zu, daß frau sie braucht. Diese Entwicklung nötigt geradezu zu kollektiven Lösungen der verschiedenen Probleme. Weil nun in den lesbischen Emanzipationsgruppen überwiegend Frauen sind, die zuallererst wegen sich selbst gekommen sind, um ihre eigene Lage zu verbessern, ist es schwer, innerhalb der Emanzipationsgruppen Verbindlichkeit zu erreichen. Die Frauen kommen, wenn sie es für angebracht halten, sie arbeiten so intensiv mit, wie sie sich gerade fühlen. Wenn die Probleme allzugroß werden, bleiben sie für eine Weile weg. Diese Voraussetzung erschwert die Bildung von durchsetzungsfähigen Organisationen, die sich die Entstigmatisierung und Entdiskriminierung lesbischer Frauen zum Ziel gesetzt haben. Die individuellen Voraussetzungen stehen einer Organisationsentwicklung diametral entgegen.

Die Organisationssoziologie versteht unter den individuellen Voraussetzungen für eine Organisationsentwicklung nicht einfach nur psychische Gegebenheiten, wie etwa ein menschliches 'Organisationsbedürfnis', „sondern bestimmte Einstellungen, Orientierungen und Werthaltungen"[267]. Diese sind von der sozialen Umwelt geprägt.

„Unter diesen individuellen Voraussetzungen ist vor allem eine rationale Haltung zu erwähnen. Das bedeutet einmal, daß das Individuum auf spezifische Interessen ausgerichtet ist und versucht, sie auf rationale Weise, durch Abwägen der Mittel nach ihrer Zweckmäßigkeit, zu verwirklichen. Zum anderen bedeutet es die Fähigkeit, spontane Affekte zu beherrschen und die sofortige Befriedigung expressiver Bedürfnisse zugunsten eines auf Fernziele gerichteten, planvollen Handelns zu disziplinieren."[268]

Gerade die einzelne Frau, die ihre Isolation durch die Gruppe aufzuheben hoffte und sich eine Klärung ihrer Lebensfragen versprach, erfährt nun das Gegenteil von dem, was sie erwartet hatte. Die Belastungen, die durch die Aufrechterhaltung des laufenden Betriebes der Emanzipationsgruppe und der Öffentlichkeitsarbeit entstehen, bewirken zeitweilige destruktive Entwicklungen in den Gruppen. Die selbstzerstörerischen Tendenzen, die sich daraus ergeben, scheinen sich auf einen besonderen ungelösten und manchmal nicht einmal ausgesprochenen Widerspruch zurückführen zu lassen. Die einzelne Frau hofft zwar, daß sie über ihre persönlichen Probleme in der Gruppe sprechen kann, hat oft aber nicht den Mut, diese Erwartung auszusprechen. Sie empfindet sie möglicherweise als unpolitisch, wenn bei den Plenen, Arbeitssitzungen etc. über alles mögliche gesprochen wird, nur nicht über das Verhalten und die Bedürfnisse der

Gruppenmitgliederinnen. Frau geht zur Emanzipationsgruppe, die nach außen wirken will, meint aber eher eine Selbsterfahrungsgruppe, die innenorientiert ist. Hier fügt frau sich dem Anspruch nach politischer Wirksamkeit. Die nichtbefriedigte Erwartung kann sich dann in destruktiver Kritik niederschlagen, die alles nur noch schlecht findet und auch keinen Weg sucht, wie sich die Situation innerhalb der Emanzipationsgruppe verändern läßt. Diese Schwierigkeiten entstehen dadurch, daß sich diese zwei Ebenen bei der Tätigkeit in einer Emanzipationsgruppe ständig überlagern und nicht auseinandergehalten, bewußt diskutiert und produktiv miteinander verbunden werden: Die eine Ebene der objektiven Schwierigkeiten, sich für die Verbesserung der gesellschaftlichen Situation lesbischer Frauen einzusetzen, und die zweite und zunächst einmal für das beteiligte Individuum wichtigste, nämlich die der persönlichen Bedürfnisse und Erwartungen.

Ein weiterer Faktor spielt in dem Prozeß des Rückzuges aus einer Emanzipationsgruppe eine Rolle. Die Nichtberücksichtigung der Bedürfnisse und Erwartungen einzelner Frauen nimmt mit der Größe einer Gruppe oder Organisation zu. Es ist bekannt, daß wachsender Gruppenumfang mit der Tendenz zur Zentralisierung einhergeht, mit steigendem Formalismus der Gruppenprozesse, mit größeren Unterschieden im Ausmaß der Beteiligung verschiedener Mitglieder/innen, mit stärkerer Diskrepanz im Grad der persönlichen Befriedigung der einzelnen. Optimale Gruppenleistungen bei größeren Gruppen setzen ein wesentlich höheres Maß an Geschick voraus als kleinere Gruppen. Mit zunehmender Gruppengröße verringert sich die Stärke der emotionalen Bande zwischen den Mitglieder/innen, und der Grad der Einigkeit, der sich aus Gruppendiskussionen ergibt, nimmt ab. Der US-amerikanische Psychologe Slater berichtet, daß sich die Mitglieder bei wachsender Gruppengröße zunehmend als aggressiver, impulsiver und weniger rücksichtsvoll einstufen: Die Gruppen werden dann als hierarchisch, zentralisiert und desorganisiert beschrieben.[269] Dies sind die Beschreibungen, die neu hinzugekommene Frauen vom LAZ gaben. Viele Frauen ziehen daraus ihre Konsequenzen. Entweder ziehen sie sich enttäuscht zurück oder sie bilden Cliquen befreundeter Frauen, die sich aber auch aus dem Geschehen der Emanzipationsgruppen zurückziehen.

Zwei Emanzipationsgruppen im Vergleich

Das Lesbische Aktionszentrum und die Gruppe L 74 sind als Emanzipationsgruppen lesbischer Frauen weit über Berlin hinaus bekannt. Beide weisen in ihren Zielen, Funktionen, Aktivitäten, der Werbung und dem Verhalten von Mitgliederinnen strukturelle Gemeinsamkeiten und Unterschiede auf. Beide haben sich von kleinen Gruppen zu Organisationen entwickelt, die einen Prozeß der Differenzierung und anschließenden Reduzierung durchliefen. Beide wurden freiwillige Organisationen, die über einen Zeitraum von mehreren Jahren bestanden und in denen eine größere Anzahl von Individuen zu einem spezifischen Zweck zusammenwirkten. Wie bei den meisten freiwilligen Organisationen fehlte auch bei hnen eine hochgradige Formalisierung; eine

„Organisation im soziologischen Sinn ist um so formalistischer, je mehr die in ihr ausgeübten zweckgerichteten Tätigkeiten durch organisatorische Dauerregelung anstatt durch Disposition und Improvisation bestimmt werden"[270].

Die Fluktuation der Frauen in beiden Organisationen erforderte immer wieder eine Neuregelung und Neuverteilung der Aufgaben. Die Gründe hierfür sind — wie bei allen freiwilligen Organisationen — die demokratische Struktur und die verhältnismäßig lose organisatorische Bindung der Frauen an die Emanzipationsgruppe. Die Beziehungen der Mitgliederinnen untereinander sind in ungewöhnlich starkem Maße persönlich, es herrschen Solidarität und persönliche Autorität vor.

Ziele und Strategien

Das LAZ und die Gruppe L 74 haben auch die gleichen Organisationsziele. Nach Renate Mayntz gibt es drei Typen von Organisationszielen (S. 59 f.). Bei der ersten Kategorie erschöpft sich das Organisationsziel im Zusammensein der Mitgliederinnen; in der zweiten Kategorie sind die Organisationen zusammengefaßt, deren Ziel es ist, auf eine Personengruppe (wie Schüler/innen oder Gefängnisinsassen) einzuwirken, und bei der dritten Kategorie von Zielen handelt es sich um Leistungen, die erbracht, oder um Außenwirkungen, die erzielt werden sollen (S. 60).

Das LAZ und die Gruppe L 74 sind Mischtypen der ersten und dritten Kategorie. Beide Organisationen haben als vorrangiges Ziel das „Zusammensein der Mitglieder/innen, ihre gemeinsame Betätigung und den dadurch geförderten gegenseitigen Kontakt" (S. 59). Diese geselligen Ziele können mit Nebenzielen kombiniert sein. Renate Mayntz zählt zu dieser Kategorie mit den Nebenzielen zum Beispiel auch Frauenclubs, die wohltätigen Zwecken dienen (S. 59). Das Geselligkeitsmerkmal ist in der Gruppe L 74 stärker als im LAZ, und altruistische Momente sind in ausgeprägter Weise vorzufinden. Zur dritten Kategorie gehören unter anderen Interessenverbände, Weltanschauungsparteien, Gewerkschaften und Wohltätigkeitsvereine. Das LAZ wie die Gruppe L 74 verfolgten das Ziel, die Isolation lesbischer Frauen aufzuheben und die Frauen zu ermutigen, sich zu organisieren. Auch streben beide Organisationen an, der Stigmatisierung und Diskriminierung lesbischer Frauen entgegenzuwirken und die — zumindest teilweise für aufklärungswillig gehaltene — Bevölkerung über die Situation lesbischer Frauen aufzuklären.

In der Strategie zur Erreichung ihrer Ziele unterscheiden sie sich. Das LAZ attackierte die Diskriminierung und klagte die Benachteiligung lesbischer Frauen an. Die Gruppe L 74 dagegen setzte als Mittel zur Aufklärung auf das persönliche Erscheinen bei Treffen innerhalb der Frauenbewegung, der Homosexuellengruppen und liberaler Gruppierungen (wie zum Beispiel der FDP oder der Humanistischen Union) und suchte das Gespräch mit einzelnen Personen. Die Strategie der Öffentlichkeitsarbeit beider Organisationen läßt sich zugespitzt auf die Formel bringen, daß das LAZ die Diskriminierung lesbischer Frauen anklagte, die Gruppe L 74 dagegen beklagte.

Durch die Mitarbeit beider Organisationen bei Frauenfesten innerhalb der Frauenbewegung, durch die Organisierung eigener Tanzveranstaltungen und Diskussionsveranstaltungen und die Durchführung des Pfingsttreffens über viele Jahre hinweg durch das LAZ wurden viele Frauen angesprochen und mobilisiert. Die Frauen wurden aufgefordert, selbst aktiv zu sein, was viele aber überforderte. Das LAZ konfrontierte die Frauen mit neuen Erkenntnissen und Ideologien (wie zum Beispiel der Feminismus- oder der Separatismusdiskussion) und wirkte mit an der Verbreitung dieses Gedankengutes. Die Gruppe L 74 dagegen wandte sich gezielt an Individuen und kleine Kreise befreundeter Frauen. Sie leistete geradezu Sisyphusarbeit in der Hilfe bei Alltagsproblemen und der Aufhebung der Isolation bei Frauen, mit denen ein Briefwechsel geführt wurde.

Konflikte bei der Verwirklichung der Ziele

Beide Organisationen haben das Dilemma der Zielkonflikte. Die Betreuung der Mitgliederinnen und die Veruche, auf die Gesellschaft in Richtung Entstigmatisierung lesbischer Frauen einzuwirken, lassen sich nicht gleichzeitig und effektiv verwirklichen. In den Organisationen wurde entweder über einen Mangel an Aktionen oder produktiver Tätigkeit wie etwa der Herstellung von Publikationen geklagt oder über das mangelnde Eingehen auf alte und neue Mitgliederinnen und vor allem die Integration an einer Mitarbeit interessierten Frauen. Das Dilemma der Zielkonflikte ist aber ein Merkmal aller demokratischen Organisationen, weil hier die Mitglieder/innen an der Zielsetzung beteiligt sind. In demokratischen Organisationen paßt sich das Organisationsziel und vor allem dessen Verwirklichung den wechselnden Wünschen der Mitglieder/innen an[271]. Ein Mitglied oder eine Gruppe von Mitglieder/innen verfolgt aber vorrangig nur ein Ziel. Im LAZ und in der Gruppe L 74 gab es deshalb immer zwei Fraktionen, die sich in Cliquen konstituierten. Die eine Fraktion verfolgte mehr die Gestaltung des Gruppenlebens und wurde beispielsweise in den Anfängen der ,,HAW-Frauengruppe'' die 'Gemütlichkeitsfraktion' genannt, während die andere Fraktion mehr nach außen wirken wollte. Zeit und Energie wurde im LAZ und der Gruppe L 74 für die Diskussion dieser beiden Ziele und den Prozeß des Abwägens gegeben, wobei eher theoretisch akzeptiert wurde, daß beide Ziele gleich hoch zu veranschlagen wären, die praktische Realisierung aber jeweils nur von einer Fraktion angestrebt wurde.

Dieses Problem, die Ansprüche nach aktiver politischer Praxis mit dem Eingehen auf individuelle Bedürfnisse und Erwartungen zu verbinden (was ja auch schon politisch ist), haben Emanzipationsgruppen unterschiedlicher Herkunft. Ich möchte dies an einem Beispiel illustrieren. Lothar Binger stellte bei der Darlegung und Analyse seiner Beobachtungen und Erfahrungen in Berliner Stadtteilgruppen fest, daß bei denen, die Stadtteilgruppen beitraten, wesentlich andere Motive als die, Stadtteilarbeit machen zu wollen, ausschlaggebend waren:

„Eigentlich wollten sich die meisten nur wohlfühlen, endlich mal Leute kennenlernen, mit denen man auskommt, die einen nett finden, die man selbst nett findet. Der politische Anspruch nach außen, z. B. als Stadtteilgruppe . . . verleiht dem ganzen die Weihe der offiziellen Gruppe."[272]

Hier ist jedoch hinzuzufügen, daß trotz der Teilung in eine 'Gemütlichkeitsfraktion' und in eine sich mehr als 'politisch' verstehende Fraktion in den Emanzipationsgruppen lesbischer Frauen die emotionalen Bedürfnisse der Mitgliederinnen mehr berücksichtigt werden als anderswo. Die Emanzipationsgruppen lesbischer Frauen dienen der Identitätsfindung und haben diesem Prozeß auch immer einen hohen Stellenwert beigemessen. Das Finden einer lesbischen Identität wird schon als ein politischer Akt betrachtet.

Die Werbung von Mitgliederinnen und ihre Folgen für die Organisation

Im LAZ und in der Gruppe L 74 zeigten sich bei der Werbung von Mitgliederinnen starke selbstselektive Tendenzen. Von einer selbstselektiven Tendenz wird gesprochen, wenn potentielle Mitglieder/innen eines bestimmten Typs sich eher als solche eines anderen Typs um die Aufnahme in der Organisation bemühen.[273] Beide Emanzipationsgruppen verzichteten auf eine intensive Werbung und beschränkten sich auf die Auswahl der spontanen Besucherinnen. Und selbst von diesen wurde nur ein Teil integriert, es waren dann die Frauen, die den schon vorhandenen Mitgliederinnen am ähnlichsten waren. Diese passive Rekrutierung hat nach Renate Mayntz den Nachteil, daß eine Organisation das Angebot an Mitglieder/innen nicht steuert, die Selektion sich also auf die spontanen Bewerberinnen beschränkt.[274] Weil die ersten — oder aktiven — Mitglieder/innen aus einer bestimmten sozialen Schicht stammen, werden die neuen Mitglieder/innen auch vorrangig aus dieser Schicht angeworben, weil sie dort ihre Bekannten haben oder aber weil die Interessen identisch sind und die Kommunikation auch leichter erfolgen kann. So waren im LAZ dann auch überwiegend Studentinnen aktiv und in der Gruppe L 74 Frauen aus Büroberufen und der Krankenpflege. In den beiden Emanzipationsgruppen war die soziale Zusammensetzung deshalb sehr homogen. Im LAZ dominierten die Studentinnen und jungen Akademikerinnen, in der Gruppe L 74 dagegen die Frauen mit jahrelanger Berufserfahrung. Auch hinsichtlich des Alters unterschieden sich die beiden Emanzipationsgruppen. Die Frauen im LAZ waren in der Regel unter dreißig, die Frauen in der Gruppe L 74 über dreißig, und in der Anfangszeit der Gruppe war etwa ein Drittel der mitwirkenden Frauen schon aus dem Arbeitsleben ausgeschieden. Die jungen Frauen im LAZ befanden sich in einer Lebensphase des Umbruchs, Prüfungen an der Hochschule und beginnende Berufstätigkeit beendeten auch oft ihr Engagement im LAZ, während die Dauer der Zugehörigkeit in der Gruppe L 74 wesentlich länger ist.

Selbstselektive Tendenzen werden von dem Bild mitbestimmt, das sich potentielle Mitglieder/innen von einer Organisation und von dem machen, was ihnen dort geboten wird und was von ihnen dafür verlangt wird.[275] Die unterschiedliche Lebenssituation der Frauen des LAZ und der Gruppe L 74 bedingt auch eine unterschiedliche Intensität bei der Mitwirkung. Die aktiven Frauen hatten im LAZ in der Regel drei Treffen pro Woche, oftmals aber mehr: die Teilnahme am Plenum, am offenen Abend und an mindestens einer Arbeitsgruppe. In der Gruppe L 74 ist der Zeitaufwand wesentlich geringer. Für die Mehrzahl der dort aktiven Frauen genügt ein Treffen in der Woche, nur die Redaktionsmitgliederinnen der UKZ treffen sich noch zusätzlich. Eine Frau gestaltet zudem auch den Samstagnachmittag. Die Organisationsstruktur ist in der Gruppe L 74 für Neuhinzukommende wesentlich überschaubarer als die des früheren LAZ. Andererseits ist die geringe Flexibilität der Gruppe L 74 für viele nicht anziehend genug, um sich dort zu engagieren.

Lothar Binger stellt in seiner Arbeit fest, daß die Stadtteilgruppen, die sich anschickten, proletarische Parteiorganisationen aufbauen zu wollen, die Neigung hatten, sich abzuschotten — auch wenn das Gegenteil behauptet wurde. In den von ihm beobachteten Gruppen bildeten sich emotionale Strukturen heraus, die es Neuhinzukommenden kaum ermöglichten, mitzumachen. Diejenigen, die von der Gruppe nicht mehr emotional aufgenomen wurden, verließen sie bald wieder und versuchten, woanders Sicherheit und Geborgenheit zu finden.[276] Dieser Mechanismus, bei Nichterfüllung der Geborgenheitswünsche die Gruppe zu verlassen, trat sowohl im LAZ als auch in der Gruppe L 74 auf. Er war aber im LAZ stärker vertreten. In beiden Organisationen äußerten Mitgliederinnen Überdruß hinsichtlich der Aufgabe, Neue zu integrieren, sich mit ihnen vertraut zu machen, ihnen Sicherheit und Geborgenheit zu vermitteln. Hier zeigt sich eine Dialektik vom gemeinsamen Erleben und der Zugehörigkeit zu einer Gruppe. Lothar Binger schreibt, daß sich erst durch gemeinsame Erfahrungen emotionale Beziehungen entwickeln.

„Diese Prozesse sind schon schwer genug zu durchschauen und fast gar nicht an andere zu vermitteln. Jeder Neue fordert deshalb die Vermittlungsfähigkeit der Gruppe heraus. Er konfrontiert sie mit ihrem Anspruch, den sie nicht einlösen kann. Die Gruppe reagiert mit Abwehr und macht Neuen unterschwellig zum Vorwurf, daß sie eigentlich den Gruppenprozeß behindern, obgleich sie verbal das Gegenteil erklärt." (S. 15)

Im stark emotional gefärbten Klima der Gruppe L 74 und dem LAZ wird dann unter dem Druck der arbeitsmäßigen und emotionalen Überforderung nur noch auf Frauen eingegangen, die am ehesten zu den bereits vorhandenen paßten oder schon eine gewisse psychische Stabilität mitbrachten.

Die Überforderung bei den Versuchen, die Ziele zu verwirklichen, ist auch eine Quelle von gruppeninternen Konflikten. Trotz des unterschiedlichen Arbeitseinsatzes der Frauen in der Gruppe L 74 und im LAZ sind und waren die Frauen überfordert. Im Prozeß der Zusammenarbeit liegen deshalb selbst Konfliktmomente. In den Individuen besteht nämlich gleichzeitig die Tendenz, härter zu arbeiten, um die Ziele der Gruppe zu fördern, und die Tendenz, nicht alle Kräfte zu verausgaben. Dieser intraindividuelle Konflikt führt nach einer Untersuchung des Amerikaners Cottrell[277] zu Spannungen, die sich meist auch gegen die Mitglieder/innen der eigenen Gruppe richten, vor allem aber gegen die Mitglieder/innen konkurrierender Gruppen. Unter letzteren lassen sich auch Untergruppen verstehen, wie sie im LAZ und der Gruppe L 74 bestanden, etwa in Gestalt der ‚Gemütlichkeitsfraktion' und der ‚Politfraktion'. Die emotionale und arbeitsmäßige Überforderung in Selbsthilfeorganisationen und die daraus erwachsende Erschöpfung mit den aggressiven begleitenden Verhaltensweisen ist ein gängiges Thema in pädagogischen und therapeutischen Schriften.

Die Funktion von Gruppen als Ort und Instrument der Internalisierung und der Veränderung von Normen, Haltungen und Verhaltensweisen betont eine Theorie, die sich seit etwa dreißig Jahren unter dem Begriff ‚Bezugsgruppe' (,,reference group'') gebildet hat und die vor allem von den Amerikanern R. K. Merton und M. Sherif entwickelt worden ist. In dieser Theorie geht es darum, die Bindungen zu untersuchen und zu interpretieren, unter denen Menschen bereit sind, sich in die allgemeinen und besonderen Rahmen (,,frame of reference'') einer bestimmten Gruppe einzupassen, ihre Verhaltenserwartungen mit denen der Bezugsgruppe zu vergleichen (komperative Funktion) und ihre Verhaltensmuster an den Normen der Bezugsgruppe zu orientieren (normative Funktion). Nach dem Pädagogen Giesecke sind Bezugsgruppen

,,.... alle jene Gruppen, die für ein bestimmtes Individuum den normativen Bezugsrahmen für die fälligen Lebensentscheidungen abgeben, was nicht heißt, daß sich diese Entscheidungen immer und unbedingt in Übereinstimmung mit diesem Rahmen bewegen müssen. Selbst wenn sie aber davon abweichen, werden sie im Hinblick auf diesen Rahmen gefällt''[278].

Die Unterscheidung zwischen Mitgliedschaftsgruppe und Bezugsgruppe will der Tatsache Rechnung tragen, daß jemand in einer Gruppe sein kann, ohne daß er/sie selbst innerlich dazugehört. Die Mitgliedschaftsgruppe ist die Gruppe, in der man/frau sich im Augenblick fühlt oder in der man/frau physisch anwesend ist. Die Bezugsgruppe ist die, der man/frau sich mindestens gefühlsmäßig zugehörig fühlt, auch wenn man/frau 'de facto' noch nicht dazugehört. Die lesbische Gemeinschaft in einer Großstadt ist zum Beispiel für Lesbierinnen in ländlichen Gebieten eine Bezugsgruppe und ein Bezugsrahmen, obwohl sie der Gruppe nicht tatsächlich angehören.

Mitgliedschaftsgruppen und Bezugsgruppen können selbstverständlich identisch sein; meist jedoch ist die Zahl der Bezugsgruppen geringer als die der Mitgliedschaftsgruppen. Die Bedeutung dieser Unterscheidung hängt vor allem mit dem Problem der Einstellung der Mitglieder/innen einer Gruppe zusammen und mit dem anderen wichtigen Problem, der Identifikation des Gruppenmitgliedes mit dem Wert- und Normsystem seiner Gruppen.

Joachim Israel weist darauf hin, daß die Existenz von Bezugsgruppen Entfremdung signalisiert. In Anlehnung an Allardt und Bo Andersson nimmt er an, daß der Grad der Arbeitsteilung vermutlich die Vorstellung des Individuums von seinen eigenen Tauschmöglichkeiten beeinflußt. Entfremdung tritt nach Israel dann auf, wenn Mitglieder/innen eines Gesellschaftssystems sich der Tauschmöglichkeiten bewußt werden, die Mitglieder/innen anderer Systeme haben.

,,Die Bezugsgruppe eines Individuums, d. h. die Gruppe oder das System, die von ihm zu Vergleichszwecken herangezogen werden, wird in diesem Falle zu einer wichtigen Quelle für die Entwicklung der Entfremdung.''[279]

Entfremdung (hier ist die sozialpsychologische Bedeutung des Begriffes gemeint) von einer heterosexuell orientierten und lesbische Frauen stigmatisierenden Umwelt veranlaßt die Frauen, die lesbische Gemeinschaft aufzusuchen. Sowohl das LAZ als auch die Gruppe L 74 — aber auch die Damenbars — signalisieren eine Entfremdung von den heterosexuell strukturierten Normen und

Werten. Für lesbische Frauen gilt, daß die Entfremdung von den heterosexuellen Normen eine Emanzipation beinhalten kann. Nur wer sich von diesen Normen freimachen kann, findet eine Identität als weiblicher Mensch und lesbische Frau.

Eintritt und Verbleiben

Die Motive, die Frauen eine Entscheidung zugunsten des LAZ oder der Gruppe L 74 fallen ließen, lassen sich nur in den Akzenten unterscheiden. Die Frauen suchten beide Emanzipationsgruppen, weil sie andere lesbische Frauen kennenlernen und etwas über sich und die Situation lesbischer Frauen erfahren wollten und weil sie sich Hilfe bei der Klärung ihres Selbstverständnisses und ihrer Identität erhofften. In der Organisation und vor allem in den Kleingruppen der Organisation sehen die Frauen eine Stabilisierung ihrer Persönlichkeit und ihrer Lebensweise. Lesbische Mütter finden einen Rahmen, in dem sie die Rollenerwartungen, die als Mütter an sie gestellt werden, diskutieren können; andere Frauen lernen voneinander, wie sie ihren Eltern erklären können, daß sie die Erwartungen, die an Töchter gewöhnlicherweise adressiert werden, nicht oder nur eingeschränkt erfüllen können. Darüber hinaus verbinden zahlreiche Frauen ihr Engagement mit dem Wunsch, eine Partnerin zu finden. Emanzipationsgruppen und ihre Veranstaltungen sind neben den Frauenlokalen die einzigen Orte, an denen lesbische Frauen öffentlich anzutreffen sind.

Der Verbleib in einer Gruppe (oder Organisation) hängt auch von den Alternativen ab, die das Individuum hat. Dieser eventuelle Zwang zum Verbleib in einer bestimmten Gruppierung — als Gegensatz zur Isolation — kann die Quelle von Konflikten sein. Für viele lesbische Frauen gibt es nur die Isolation oder die Alternative, in eine Gruppe zu gehen. Damit es nicht zu Konflikten kommt, forderte der Sozialpsychologe Kurt Lewin[280] in seinen Überlegungen zur Feldtheorie genügend freien Raum für freie Bewegungen für das Individuum innerhalb der Gruppe, damit persönliche Ziele und individuelle Wünsche erfüllt werden können. Kleingruppen sind nämlich gekennzeichnet durch große gegenseitige Abhängigkeit der Mitglieder/innen, die 'soziale Distanz' zwischen den Einzelnen ist gering, so daß zentrale Regionen der Persönlichkeit durch die Gruppe berührt werden. Allerdings kann diese soziale Nähe in bestimmten Zeiten gesucht werden und eine wichtige Funktion erfüllen, wie etwa im Prozeß des coming out und der Identitätsfindung. Hohe Integration und starke Identifikation mit der Gruppe sind mögliche Folgen, verbunden mit einer ausgeprägten Sensivität gegenüber Mängeln und Versagen der anderen Mitglieder/innen. Als einen der wichtigsten Faktoren für die Häufigkeit von Konflikten und emotionalen Ausbrüchen sieht deshalb Lewin das allgemeine Spannungsniveau an, unter dem die Gruppe oder ein Individuum steht. Ob ein bestimmtes Ereignis zum Konflikt führt, hängt in erster Linie vom Grad der Gespanntheit der sozialen Atmosphäre in einer Gruppe ab. Ursachen der Spannungen sind nun nach Lewin der Grad der Bedürfnisbefriedigung, der den Mitgliedern zugestandene 'freie Raum' und die äußeren Barrieren, die die Möglichkeit, 'aus dem Feld zu gehen' begrenzen, das heißt andere Alternativen zu besitzen.

Hier zeigt sich wieder das Dilemma der Emanzipationsgruppen lesbischer Frauen. Einerseits müssen sie auf Klarheit der Ziele hinwirken, um die Organisation voranzutreiben und attraktiv für neue Mitglieder/innen zu sein. Andererseits sind die Frauen durch ihre individuelle Vergangenheit, ihre Lebensweise oder ihr Selbstverständnis nicht oder noch nicht eindeutig lesbisch (wie zum Beispiel Frauen nach einer Ehe, Frauen, die testen wollen, ob Frauenbeziehungen ihren Bedürfnissen entsprechen, bisexuelle Frauen oder sogar transsexuelle Frauen). Im Interesse einer Gruppenkonstituierung wird der 'freie Raum' für diese langsamen Identitätsfindungsprozesse begrenzt. Diese Diffusitäten sind der Entwicklung eines Gemeinschaftsgefühls als lesbische Frauen hinderlich, allenfalls entwickelt sich ohne diese Begrenzungen ein Gemeinschaftsgefühl als Angehörige sexueller Minderheiten. Der Großteil der Frauen in den Emanzipationsgruppen möchte jedoch eine eindeutige Identität als Lesbierin finden. Dies bedingt die oft beklagte Rigidität in den Emanzipationsgruppen. Denn durch Normen und Konformitätsdruck schafft die Gruppe die soziale Identität als lesbische Frau. Das Profil der Gruppe ist eine Abgrenzung nach außen. Eine abweichende Identität wird durch die Abgrenzung erst möglich. Bei einer Konfrontation etwa mit bisexuellen Frauen oder gar Mann-zu-Frau-Transsexuellen wird die gesamte soziale Identität in Frage gestellt.

Die Frauen der Gruppe L 74, die in der Regel schon älter als dreißig sind und ihr coming out individuell durchliefen und von denen viele verheiratet waren, sind hinsichtlich der Gruppennormen weniger rigide als die Frauen im LAZ. Ihre Gruppe ist daher an diesem Punkt weniger spannungsgeladen, da den einzelnen Frauen mehr ‚freier Raum' zugestanden wird.

Nach Lewin gib es noch eine weitere Quelle für Gruppenkonflikte. Es ist ein Problem, mit dem alle Minderheiten zu kämpfen haben, das sich zwischen der Mehrheit und der Minderheit abspielt, und das ist in erster Linie das Problem der Grenze: je schwächer die Gruppe, desto stärker der Konflikt (allerdings gilt dies nur für Fälle, in denen Mitglieder/innen ihre Gruppen tatsächlich verlassen können). Nur dann kann es zu den Konflikten des ‚marginal man' (hier müßte es wohl ‚marginal woman' heißen) kommen, der nicht weiß, ob er noch oder schon zu einer Gruppe gehört, oder zu einem Konflikt zwischen dem Ziel, eine unterprivilegierte Gruppe zu verlassen oder seine Kräfte gerade für diese Gruppe einzusetzen — nach Lewin ein tiefsitzender Konflikt, der nicht allen Mitglieder/innen einer Minderheit stets bewußt sein muß. Dies ist — obwohl Lewin seine Erkenntnisse in der Minderheitenforschung an Negern und Juden gewann — eine exakte Beschreibung der Situation lesbischer Frauen. Sie sind nicht identifizierbar, es sei denn, sie selbst tragen zur Identifizierung bei. Die Zugehörigkeit zu einer Emanzipationsgruppe macht sie erkennbar, sichtbar. Sie bewegen sich in einem Spannungsfeld, in dem sie entscheiden müssen, ob sie ihre Bedürfnisse nach Klärung oder Identität, Finden einer Partnerin etc. nachgehen wollen oder ob sie unerkannt, unentdeckt und damit nicht diskreditiert leben wollen. Aber auch die Entscheidung, sich für eine Entstigmatisierung und Entdiskriminierung einzusetzen, macht sie zur Zielscheibe von Benachteiligung.

Die Konsequenzen aus der Unterschiedlichkeit beider Organisationen

Vom LAZ und von der Gruppe L 74 erwarten die Frauen Hilfe beim Umgang mit der Diskriminierung in Beruf, Familie und Nachbarschaft. Die lesbische Gemeinschaft, die sich um beide Organisationen kristallisiert, wird aber genauso als wichtige Hilfe empfunden. Sie dient dem Aufbau eines Bekanntenkreises oder einer Clique. Im LAZ wird diese Gemeinschaft jedoch eher als Experimentierfeld von alternativen Lebensformen verstanden, was der allgemeinen Situation dieser Frauen entspricht, da die Mehrzahl von ihnen in dem Alter der Loslösung von der Herkunftsfamilie ist. Die Frauen der Gruppe L 74 erleben dagegen ihre Emanzipationsgruppe eher als Heimat, Familienersatz oder Schutzgemeinschaft.

Die US-amerikanische Geschichte hat gezeigt, daß dort soziale Bewegungen am erfolgreichsten waren, wenn sie ausgeprägt pluralistisch waren, wenn in den sozialen Bewegungen die verschiedenen Gruppen selbst eine solide eigene Identität und ein klares Selbstverständnis von ihrem Zweck hatten, statt zu versuchen, daß alle das gleiche machen. Das Ergebnis ist eine Arbeitsteilung hinsichtlich des Arbeitsauftrages und der Aktualitäten, die ein großes Ausmaß an Flexibilität erlaubt. Es ist wichtig und notwendig für unterschiedliche Gruppen, daß sie verschiedenartige Rollen übernehmen; so kann eine Druck ausüben, während die andere sich mehr konziliant verhalten kann, ohne direkt für die Aktionen der anderen verantwortlich zu sein. In der US-amerikanischen Frauenbewegung gab die Unterstützung der Frauen von etablierten und respektablen Organisationen dem Feminismus eine Aura von Respektabilität. Das leichtere Akzeptieren feministischer Anliegen wurde durch solche Gruppen gesteigert, die in den Medien als radikal oder revolutionär bezeichnet wurden. Diese Gruppen bildeten eine radikale Flanke, gegenüber der andere feministische Organisationen und Individuen respektabler erscheinen konnten. In ähnlicher Weise profitierte die Gruppe L 74 von dem Image des LAZ. Ohne das buntschillernde LAZ wäre die Gruppe L 74 von vielen Frauen und der Öffentlichkeit als zu radikal und zu weitgehend empfunden worden.

Die Frauen im LAZ konnten sich von der Biederkeit der Gruppe L 74 abgrenzen und experimentierfreudiger sein. Sie mußten nicht Rücksicht nehmen auf die Bedürfnisse nach langjährigen Beziehungen, die monogam gestaltet werden sollten. Sie konnten aber auch Aktionen in der Öffentlichkeit unternehmen, zu denen die Mitglieder der Gruppe L 74 durch ihre Berufstätigkeit und die damit verbundene soziale Kontrolle nicht in der Lage gewesen sind.

Für eine Organisation ist es schwierig, auf alle Bedürfnisse der potentiellen Mitglieder/innen einzugehen, es sei denn, sie arbeitet dezentralisiert. Homogenität dagegen entspricht eher den unterschiedlichen Bedürfnissen. Keine der beiden Organisationen kann jedoch alle Bedürfnisse, Erwartungen und Wünsche erfüllen. Nutznießerinnen der Angebote organisatorischer, kultureller und emotionaler Art sind eher die stabilen Frauen. Die Einsicht in die massiven Probleme der anderen Frauen kann auch erschrecken. Das gilt für die Emanzipationsgruppe lesbischer Frauen wie für alle Emanzipationsgruppen unterschiedlichster Herkunft:

,,Individuen finden sich in Gruppen zusammen nicht nur, weil sie zu etwas fähig sind, sondern auch und vor allem weil sie zu vielem unfähig sind. Das gilt in besonderem Maße für die undogmatischen Gruppen, deren Mitglieder sich zusammenfinden, um etwas bestimmtes *nicht* sein oder *nicht* tun zu müssen. Aus der Addition von Schwierigkeiten entsteht aber noch keine produktive Alternative zu dem, was man ablehnt.''[281]

Trotz der Schwierigkeiten gibt es zur Gruppe keine Alternative, die Gruppe ist schon die Alternative.

Mythos und Realität
der lesbischen Subkultur

Die vermeintliche Sexualisierung

Martin Dannecker und Reimut Reiche berichten in ihrer umfangreichen empirischen Studie über homosexuelle Männer über die gelebte Schizophrenie der Homosexuellen, die öffentlich nicht zu ihrer Homosexualität stehen (können). Dieses Gespaltensein sei auch der Grund für die Überbetonung der Homosexualität und der Sexualität im Milieu der Bars und Lokale. Die Gettobildung schaffte erst, was den Homosexuellen als wesensmäßig nachgesagt wird: das Vorurteil, sie hätten ausschließlich Interesse an sexueller Betätigung und Befriedigung.

Dies mag oft die Realität in der Subkultur der schwulen Lokale sein. Hier setzt dann ein Teufelskreis ein: Homosexualität wird spontan mit Subkultur assoziiert, was natürlich nicht zutrifft, da lesbische Frauen und homosexuelle Männer den Großteil ihres Lebens außerhalb der Lokale verbringen und insbesondere die lesbischen Frauen die Lokale weniger besuchen als die homosexuellen Männer. Zur gesellschaftlichen Produktion des sexualisierten Homosexuellen schreiben Martin Dannecker und Reimut Reiche:

,,Damit wird ein bestimmter — meist der sexuelle — Aspekt des Lebens der Homosexuellen zum Hauptsächlichen gemacht; sie werden in der Regel auf ihre sexuelle Dimension reduziert, und der Unterschied zwischen dem *Leben der Homosexuellen,* das aus viel mehr besteht als aus der Subkultur, und dem *homosexuellen Leben der Homosexuellen* gerät gar nicht erst in den Blick (. . .) Auch Homosexuelle können sich erst nach der Arbeit als sexuelle Wesen realisieren.''[282]

Dieses Klischee der sexuellen Homosexuellen, mag es der Wirklichkeit von Teilen der Subkultur der homosexuellen Männer entsprechen oder nicht, wird ungeprüft auf lesbische Frauen übertragen und wurde bisher bedauerlicherweise von ihnen auch teilweise übernommen. Die Sexualisierung hat Geschichte. In den frühen Publikationen der Mediziner und Psychiater vor und um die Jahrhundertwende wird immer wieder gerade die Sexualität der lesbischen Frauen betont. Im Gegensatz zur proklamierten Asexualität und sexuellen Passivität der nichtlesbischen Frauen wird die sexuelle Potenz und Begehrlichkeit der lesbischen Frauen überdimensional hervorgehoben:

,,Die N. leidet angeblich seit ihrem achten Jahre an einer Wuth, Frauen zu lieben und mit ihnen ausser Scherzen und Küssen Onanie zu betreiben.''[283]

So der Mediziner Westphal in einer Falldarstellung. Bei einer weiteren hospitalisierten Frau wurde festgestellt, ,,dass die Person noch voll von sinnlichen Gelüsten ist.''[284] Aber auch bei der wegen Tragens von Männerkleidern und dem als-Mann-Sich-Ausgeben zum Tode verurteilten Catharina Margaretha Lincken interessierte das sexuelle Verhalten: ,,. . . des Morgens, Abends, auch Mitternacht hätte sie ihm (der als Mann verkleideten, I.K.) müssen hinhalten.''[285] Die

Betonung der Sexualität setzt sich fort in der Schilderung von F. Baumann aus dem Jahre 1912 über die ,,Duelle homosexueller Frauen in Paris'', die diese aus Leidenschaft und Eifersucht begangen hatten.[286]

In der Darstellung der lesbischen Subkultur werden sowohl von Ruth Margarete Roellig als auch von Curt Moreck die erotischen und sexuellen Aspekte der Berliner Subkultur der damaligen Zeit besonders hervorgehoben, wobei Moreck — dem Zweck seines Buches entsprechend — die lasterhafte Sexualität betont. Diese Vorurteile und Klischees wurden auch von den lesbischen Frauen übernommen, wie sich anhand der Schrift von Roellig und der in der Weimarer Zeit publizierten Zeitschriften belegen läßt.

Bei den wenigen ausführlichen Interviews und den vielen Gesprächen habe ich immer wieder zu hören bekommen, daß die Sexualisierung der Bars als bedrohlich empfunden und abgelehnt wurde; das Ablehnen des ,Abschleppens', das Hochhalten der sexuellen Treue in einer Partnerschaft und die verächtliche Darstellung von erotisch-sexuellen Kontakten war auffallend. Eine Gesprächspartnerin sprach davon, daß die jüngeren Frauen sich ,wild paarten'. Die Abgrenzungsstatements der Frauen aus den Emanzipationsgruppen gegenüber den Damenbars beziehen sich ebenfalls häufig auf sexuelle Inhalte. Angeprangert wird das Taxieren anderer Frauen, das Betrachten von Frauen unter ausschließlich sexuellen Gesichtspunkten, die Suche nach einer Partnerin für eine Nacht:

,,Wie ein Neuling bald herausfindet, bilden Herumflippen oder Abschleppen den Mittelpunkt der Bar (. . .) Sie suchen eine Frau für eine Nacht. Es herrscht eine sexuelle Drucksituation vor. Am Ende des Abends geht die Paarung für manche auf.''[287]

Die erotische Atmosphäre in einer Bar wird nicht nur als bedrohlich empfunden, sie wird sogar als Leistungszwang erlebt, der eine Genußfähigkeit und Gelassenheit behindert:

,,Diese Erfahrungen haben mir gezeigt, daß die erotisierende Atmosphäre des Sub, der Leistungszwang, der dort herrscht, es jedesmal verhinderte, einer Frau offen zu erklären, daß ich entweder nur mit ihr schlafen wollte, oder aber, daß ich mich einsam fühlte und zunächst einmal nichts weiter wollte als Zuneigung und Zärtlichkeit und erst später Sex.

Gerade im Sub hatte ich diesen alles zerstörenden Leistungszwang erfahren, der mich regelmäßig nach so einem Abenteuer frustrierte, leer und allein auf mich selbst zurückwarf.''[288]

In diesem Zusammenhang wird auch von Frauen aus den Emanzipationsgruppen angenommen, daß die Damenbars von ,,menschenverachtenden Normen geprägt'' seien.[289]

Bevor über eine Sexualisierung der Damenbars — oder auch der Emanzipationsgruppen, wie ich noch ausführen werde — diskutiert werden kann, muß auf die Rolle der Sexualität und die allgemeine Sexualisierung menschlicher Lebenszusammenhänge kurz hingewiesen werden. Eine Sexualisierung und ein Ausdrücken von sexuellen Bedürfnissen sowie deren Befriedigung ist in bestimmten Bereichen (zum Beispiel in der Werbung), bestimmten Gruppen (zum Beispiel jüngeren Paaren) und in bestimmten Situationen (zum Beispiel auf Festen und Tagungen) zugelassen und wird sogar gefördert. Die Sexualisierung geschieht zum Nutzen der Männer, zu Lasten der Frauen. Anna Petermann und Christiane Darmstadt stellen in diesem Zusammenhang für die Kneipen fest:

,,Kommunizieren, sich entspannen, Alkohol konsumieren, jemand zum Vögeln finden, sind wohl die Hauptmotive zum Kneipenbesuch. Obwohl zahlenmäßig noch überwiegend von

Männern praktiziert, nehmen immer mehr Frauen voller Tapferkeit diese Art der Erholung für sich wahr.''²⁹⁰

Gemessen an diesen, der Alltagserfahrung jederzeit zugänglichen Situationen, ist das, was an Erotisierung und an sexuellen Kontakten in den Frauenlokalen geschieht, zurückhaltend, verhalten und ritualisiert. Es ist nur ungewöhnlich, weil es zwischen Frauen geschieht und keine Männer im Spiel sind. Befragt man/frau nichtlesbische Frauen, weshalb sie Damenbars aufsuchen, geben sie fast immer an, hier würden sie nicht als Sexualobjekte betrachtet werden.

Meine Beobachtungen lassen eher auf ein entsexualisiertes Handeln in den Bars schließen. Es entspricht einer männlichen Sichtweise anzunehmen, in den Bars fände ein Sexmarkt statt, der über das hinausgehe, was überall geschieht, was Regel in unserer Gesellschaft ist. Die lesbische Frau betritt in der Regel nicht die Damenbar, um zu gucken und festzustellen, welche potentiellen sexuellen Partnerinnen anwesend sind. Andere Frauen werden mit Neugierde und Ablehnung gemustert, dies gilt ganz besonders für neuhinzugekommene Frauen. Ein Neuling in der Damenbar muß erst beweisen, daß sie dazugehört. In vielen Bars für homosexuelle Männer ist es dagegen eher so, daß ein Neuling ein besonderes Interesse erregt und die anderen Männer sich ihm zielbewußt nähern.

Im Gegensatz zu den homosexuellen Männern unterscheiden lesbische Frauen zwischen Personen, die sie erotisch finden, die erotisch für sie attraktiv sind, und denen, die sozial attraktiv sind. Die Schönsten sind nicht die Begehrenswertesten. Attraktive Frauen werden wohl gern betrachtet, sie bringen eine erotische Stimmung in die Bar, aber sie kommen nicht als Partnerinnen in Frage. Sie sind zwar als erotische Symbole interessant, aber es wird erst gar nicht auf eine dauerhafte Beziehung spekuliert. Meine Beobachtungen konnten allerdings nicht die Frage klären, ob das Beobachten anderer Frauen und die Aufteilung zwischen dem, was als erotisch empfunden wird und dem, was für eine Partnerschaft als wichtig erachtet wird, in Verbindung zu bringen ist mit einer gebremsten Begehrlichkeit, die als ein Ausdruck eines niedrigen Anspruchniveaus und einer Selbstgenügsamkeit zu betrachten wäre, oder ob diese Aufteilung einen Mechanismus darstellt, der die Konkurrenz und Eifersucht, die bei einer ungebremsten Begehrlichkeit entstehen könnte, kanalisiert. Einer weiteren Interpretation zufolge könnte diese 'gebremste Begehrlichkeit' der Ausdruck eines Unbehagens sein: frau möchte der lesbischen Gemeinschaft in der Bar keinen Anlaß zu Sanktionen geben.

In einem Lokal für lesbische Frauen findet kein 'Sexmarkt' statt. Ins Auge fällt dagegen der häufige Austausch von körperlichen Berührungen mit zärtlichem Charakter. Dieser Austausch von leichten Zärtlichkeiten, an dem sich fast alle Stammkundinnen beteiligen, ist von großer Wichtigkeit. Es beginnt bereits mit dem Eintritt einer Frau, sie wird — je nach Nähe zur Barfrau — mit einem Händedruck oder einem leisen Kuß auf die Wange begrüßt. Während der Gespräche wird die Hand leicht berührt oder die Hand bleibt auf dem Arm der Gesprächspartnerin liegen. Frauen, auch Barfrauen, die durch den Raum gehen, berühren leicht die Schultern einiger Anwesenden. Frauen, die tanzen, oder Frauen, die an den Tanzenden vorbeigehen, berühren sich leicht mit dem ganzen Körper. Ich spreche hier nicht von Frauen, die miteinander Partnerschaften eingegangen sind. Hier ist der Austausch von Zärtlichkeiten offensichtlicher und auch eindeutig auf eine bestimmte Frau gerichtet. Wenn in der Bar Partnerschaftsprobleme ausgetragen werden, zeigt sich das Trösten durch andere Frauen oft in körperlichen Berührungen, wie in die Arme nehmen und streicheln. Es erinnert an die Tröstungen, die manchmal Mütter ihren Kindern gewähren. Ich vermute, daß bei diesem Austausch von Zärtlichkeiten das Band der Gemeinschaft hergestellt und fester geknüpft wird. William Masters und Virginia Johnson[291] fanden eine Parallele hierzu bei ihren Forschungen über das sexuelle Verhalten von lesbischen Frauen und schwulen Männern. Sie berichten von der größeren Zärtlichkeit beim Liebesspiel der lesbischen Frauen im Vergleich zu ihren anderen Versuchsgruppen (heterosexuelle Frauen, heterosexuelle Männer, homosexuelle Männer) und führen dies auf die unterdrückte Situation der lesbischen Frauen zurück. Masters und Johnson nehmen an, daß lesbische Beziehungen von den beteiligten Frauen als Fels in der Brandung einer feindlichen Umwelt erlebt und dementsprechend auch geschätzt werden. Ob sich das Verhalten in Intimsituationen, das zudem im Labor beobachtet wurde, auf ein Gesellungsverhalten übertragen läßt, ist für mich fraglich. Mich fasziniert jedoch die Parallelität.

Das Taxieren spielt eine bedeutende Rolle in der Bar. In einem Gedicht über die Kommunikation in einer Frauenbar wird es thematisiert:

,,Im roten Lampenschein
heute Musik Zigarettenqualm
immer dasselbe Spiel
Blicke fangen
Blicke taxieren
Frauen lieben
Rollen spielen''[292]

Dieses Taxieren zeigt die Art und Weise, in der sich Frauen innerhalb einer Bar wahrnehmen und wie sie kommunizieren. Ein großer Teil der Kommunikation ist nicht verbal, und die Wahrnehmung erfolgt nach barinternen Statussymbolen und einem sexuellen Interesse im weitesten Sinne. Die Leitfigur oder das Ideal in einer Bar ist die unabhängige, erfolgreiche und selbständige Frau. Je nach Schichtzugehörigkeit wird sie repräsentiert durch die Berufe Ärztin, Rechtsanwältin, Besitzerin einer Boutique, eines Blumenladens oder eines Jeansladens. Für Arbeiterinnen und Angestellte in Büros repräsentiert die Taxifahrerin oder erfolgreiche Vertreterin das Ideal der unabhängigen Frau. Es wird gemustert und abgewogen, was eine Frau beruflich macht, ob sie über Geld verfügt, was für ein Auto sie fährt. Dies sind Dinge, die dazugehören, um eine Frau als potentielle (Sexual-)Partnerin auf- oder abwerten zu können. Nach diesen Statussymbolen erfolgt auch die eigene Profilierung.

Die Kontaktaufnahme und insbesondere die Kontaktaufnahme für eine emotional-sexuelle Partnerschaft erfolgt auf eine indirekte Weise. Bevor eine Frau als Mitgliederin in einer Clique oder als Partnerin in einer Beziehung in Betracht kommt, muß sie eine Reihe von Merkmalen aufweisen. Im Augenblick des Kennenlernens wird die soziale Situation und hier wiederum insbesondere die materielle Situation mit in Betracht gezogen.

Ich komme aufgrund meiner Feldforschung zu dem Schluß, daß zwar ein Taxieren stattfindet, daß dies aber von zwei Momenten mitbestimmt wird, die verallgemeinerbar sind. Ein Neuankömmling, der sich zu einer geheimen Gesellschaft Zutritt verschafft, wird immer begutachtet. Hier nun wird abgeschätzt, ob die neuhinzugekommene Frau in die Gemeinschaft paßt. Frauen, von denen angenommen wird, daß dies nicht der Fall ist, werden ignoriert und abgelehnt. Die neue Frau muß sich einem Ritual unterwerfen, bis sie in die Gemeinschaft der Barbesucherinnen aufgenommen wird. Dieses Ritual ist um so stärker, je ausgeprägter die allgemeine Unterdrückung ist und je exklusiver sich die Bar mit ihren Besucherinnen versteht. Während die homosexuellen Männer in der Bar in der Anonymität der Menge ihren Schutz suchen, besteht in der Damenbar der Schutz gerade darin, daß man/frau sich gut kennt.

Da das Lokal als das „zweite Wohnzimmer"[293] verstanden wird, werden die Schranken von Privatheit und Intimität von der Neueingetretenen durchbrochen. Im Taxieren wird der soziale Hintergrund der Frau abgeschätzt, erfolgreiche, beruflich selbständige Frauen stehen hoch in der Hierarchie. Wenn ein Taxieren in der sexuellen Dimension stattfindet, geschieht dies in der Regel äußerst zurückhaltend und abgepuffert, keineswegs aber offensiv.

Ich habe dargelegt, daß die Gesellschaft allgemein, aber auch die Frauen aus den Emanzipationsgruppen, speziell der Damenbar eine sexualisierte Atmosphäre zuschreiben. Statt dessen ist dort eher eine ritualisierte Zärtlichkeit vorzufinden. Ich vermute, daß hier eine Projektion stattfindet, weil die gesellschaftliche Zuschreibung der sexualisierten lesbischen Frau zwar für sich nicht akzeptiert, aber bei einer anderen Gruppierung lesbischer Frauen vermutet wird. Diese Annahme wird auch dadurch bestätigt, daß die Frauen, die Damenbars besuchen und den Emanzipationsgruppen ablehnend gegenüberstehen, bei diesen den 'Sexmarkt' und die sexualisierte Atmosphäre zu finden glauben. Die Ablehnung der Emanzipationsgruppen wird zumeist mit der angeblich lockeren Sexualmoral in den Emanzipationsgruppen, den häufigen Partnerinwechseln und den ‚Mehrfachbeziehungen' der Gruppenfrauen begründet.

Es gehört zu den Verdrängungsleistungen an beiden Orten — der Damenbar und der Emanzipationsgruppe —, daß Sexualität und Erotik in der eigenen Umgebung unterdrückt und der anderen zugeschrieben werden. Frauen, die offensiv und offensichtlich eine Partnerin suchen, werden an beiden Orten gemieden. Es gehört zu den Widersprüchen beider Manifestationen lesbischer Existenz, daß sie die einzigen Orte sind, an denen lesbische Frauen offen eine Partnerin suchen können, dies zugleich jedoch tabuisiert wird. Frauen, die den Mut aufbringen, eine andere Frau anzusprechen, werden skeptisch betrachtet, obgleich häufig eine bestimmte Bewunderung aus der Skepsis herauszuhören ist.

Die Verdrängung von Sexualität und Erotik — die in den Emanzipationsgruppen lesbischer Frauen noch stärker als in den Bars spürbar ist — läßt sich nur schwer belegen und ist sicher nur mit den Mitteln der Psychoanalyse darzulegen. Es schien mir einmal möglich zu sein, die sexuelle Binnenstruktur einer Gruppe lesbischer Frauen, beziehungsweise deren Umgang mit Sexualität während einer Gruppendiskussion festhalten zu können, was mir aber dann doch nicht gelang:

Im Januar 1981 zogen mir bekannte lesbische Frauen gemeinsam in ein Haus. Eine Diskussion über die Beziehungen zwischen den Frauen in dieser Gruppe war angesetzt und fand auch mit vierzehn anwesenden Frauen statt. In dieser ersten Gruppendiskussion wurden Utopien über ein herrschaftsfreies Zusammenleben entworfen, wozu auch die Gestaltung offener Partnerschaften (sogenannter 'Mehrfachbeziehungen') proklamiert wurde. Meine Fragen konzentrierten sich damals auf die Gestaltung der Binnenstruktur, ob eine Erotik zwischen den Frauen allgemein und nicht innerhalb von Partnerschaften vorhanden wäre und wie die Frauen mit diesen Spannungen umgehen würden. Bei einem weiteren Besuch, der etwa einen Monat später stattfand, waren nur noch wenige Frauen zu einem Gespräch bereit. Die Mehrzahl der Frauen schlief noch und wollte weiterschlafen, obgleich die Gruppendiskussion vereinbart war. Meine Fragen waren diesmal, ob im Hause Paare wären, ob sich Paare gebildet hätten (denn nicht alle Frauen kannten sich vorher), ob die geplanten Mehrfachbeziehungen eingegangen worden seien und ob solche bestehen würden. In der Diskussion zeigte sich, daß die Frauen ihre Beziehungen außerhalb des Hauses intensiv hatten aufleben lassen und jede Gelegenheit nutzten, mit Frauen außerhalb des Hauses in Kontakt zu treten, beziehungsweise in Kontakt zu bleiben. Die Beziehungen innerhalb des Hauses stellten sich mir als erstarrt dar. Die Frauen waren bestrebt, kleine Wohneinheiten zu renovieren, um dort zu zweit mit einer Frau ihrer Wahl, zu der keine sexuelle Beziehung bestand, einzuziehen. In dieser zweiten Diskussion wurden die Themen Erotik, sexuelle Attraktion, Zuneigung und das Bilden von Partnerschaften als etwas völlig Unbekanntes behandelt. Ein weiterer Termin wurde mir nicht mehr gegeben, eine jüngere Frau bot mir als Trost ein Einzelgespräch an. Als im Juni und Juli ein Frauenfernsehteam einen Film über die Frauen drehte, griff man auf die von mir aufgenommenen Gruppendiskussionen zurück. Die Kassetten erhielt ich erst nach Monaten zurück, obwohl die Frauen intensiv nach ihnen gesucht hatten. Ich möchte betonen, daß es sich um gesprächsbereite und auseinandersetzungsfreudige Frauen handelte, die aufgrund einer jahrelangen beruflichen, wenn auch sporadischen Zusammenarbeit Vertrauen zu mir gefaßt hatten. Dieses Vertrauen durchbrach aber nicht die Verdrängung und das Tabu.[294]

Zusammenfassend läßt sich sagen, daß die allgemeine Annahme über die Sexualisierung und den 'Sexmarkt' in den Damenbars und Emanzipationsgruppen auf Vorurteilen beruht. Die einzelne lesbische Frau akzeptiert dieses Vorurteil zwar nicht für sich, glaubt es aber bei lesbischen Frauen, die einer anderen Gruppierung angehören, bestätigt zu finden. Das tatsächliche Verhalten ist eher von einer gewissen Prüderie gekennzeichnet. Gruppendynamische Probleme, die vermutlich bei einem Ausleben der erotischen und sexuellen Bedürfnisse entstehen würden, werden kanalisiert, indem die Kommunikation stark ritualisiert ist.

Das coming out als wichtiger Einschnitt
im Leben einer lesbischen Frau

In dieser Studie wird der Begriff coming out oft verwendet. Er wird aber auch von den interviewten Frauen benutzt, da dieses coming out in einem engen Zusammenhang mit dem Aufsuchen der Damenbars und den Aktivitäten in den Emanzipationsgruppen steht. Coming out ist ein US-amerikanischer Ausdruck für das Bekenntnis zum eigenen Lesbischsein und wird seit etwa 1976 auch im deutschen Sprachraum benutzt. Einen deutschen Begriff für dieses Eingeständnis und Öffentlichmachen gibt es noch nicht. Ich werde ihn deshalb darlegen und verwenden.

Seine Wurzel hat er im ersten öffentlichen Auftritt der Debütantinnen der amerikanischen und englischen Mittel- und Oberschicht. Die jungen Frauen wurden nach einer Vorbereitungszeit über einen Ball dem Heiratsmarkt zugeführt. Das coming out wurde in der deutschen wissenschaftlichen Literatur zuerst in der Studie von Martin Dannecker und Reimut Reiche über männliche Homosexuelle[295] und in den Arbeiten von Siegrid Schäfer[296] über sexuelle und soziale Probleme lesbischer Frauen dargestellt. In allgemeinster Form wird unter coming out der Entwicklungsprozeß verstanden, in dem homosexuelle Menschen ihre sexuellen Präferenzen erkennen und sich entscheiden, dieses Wissen in ihr persönliches und soziales Leben zu integrieren. Ich verstehe darunter einen komplexen Prozeß, der eine Serie von Ereignissen und/oder Phasen im Leben einer lesbischen Frau oder eines schwulen Mannes umfaßt. Es beginnt mit der Vermutung, frau/man könnte 'lesbisch' oder 'schwul' sein. Die Suche nach anderen Menschen, die 'auch so' sein könnten, ist ein weiterer wichtiger Schritt. In der Untersuchung von Schäfer und Schmidt wird das coming out, in Anlehnung an die von Dannecker und Reiche durchgeführte Untersuchung, als „Phase der Selbstentdeckung" umschrieben, das heißt als Prozeß, sich selbst als lesbisch wahrzunehmen. Dieser Prozeß verläuft nach Schäfer in drei Phasen; von der ersten Wahrnehmung eines 'besonderen Interesses' für das eigene Geschlecht bis hin zur Realisierung homosexueller Wünsche und schließlich der Gewißheit, homosexuell zu sein.[297] Die Arbeiten betonen, daß dieser Prozeß der Selbstfindung und Selbstakzeptierung ein außergewöhnlich schwieriger Prozeß ist[298], der von der Gesellschaft keine Unterstützung erhält.

Die „homosexuelle Selbstentfaltung"[299] findet entgegen der gesellschaftlichen Sozialisierung statt. Die Münchener Soziologin Lising Pagenstecher postuliert deshalb, daß der coming-out-Prozeß ein lebenslanger sein muß:

„Denn die Gewißheit, homosexuell zu sein und die Akzeptierung der eigenen Homosexualität, sich selbst und anderen gegenüber, klaffen in einer Gesellschaft, in der Homosexuelle Geächtete und Verachtete sind, auseinander, selbst, wenn man meint, ein relativ gutes 'homosexuelles' Selbstbewußtsein zu haben (. . .) Ich will damit nicht sagen, daß es keine Fortschritte im interaktiven Prozeß der Selbstakzeptierung oder Selbstaneignung gibt, aber ich meine, daß dies angesichts der offenen und verdeckten Formen gesellschaftlicher Unterdrückung und Sanktionierung von Homosexualität und Homosexuellen ein *lebenslanger*, also *nie abgeschlossener Prozeß* ist." (S. 7)

US-amerikanische Studien betonen die Wichtigkeit einer Umgebung, die diesen Prozeß unterstützt. Sowohl die Bars als auch die Emanzipationsgruppen werden hier mit ihren sozialunterstützenden Funktionen genannt. Autorinnen, die der Emanzipationsbewegung nahestehen, schreiben den Bars allerdings eine weniger positive Rolle zu:

,,For the Lesbian, the kind of social environment, she 'comes out' into is important in determining the kind of identity change she will make in the process of becoming a Lesbian. If the Lesbian 'comes out' into a community that consists of secret bars and social cliques for women who lead one life in public and another in private, her identity as a Lesbian is likely to be that of a deviant masquerading as 'normal' in a 'straight' society. On the other hand, if the Lesbian 'comes out' into a cómmunity where her Lesbianism is supported and valued and where she sees Lesbians who are unafraid to express their Lesbianism publicly, she is more likely to see herself as a member of an oppressed group possesing positiv qualities of which she can be proud.'' [300]

Die US-amerikanische und die deutsche Literatur betonen zwei unterschiedliche Schwerpunkte im Prozeß des coming out. In der deutschen Literatur wird die subjektiv-individuelle Seite mehr betont — und sei es, daß das coming out als ein lebenslanger Prozeß der Identitätsbildung und Selbstakzeptierung aufgefaßt wird —, in der US-amerikanischen Literatur hingegen ist der Begriff enger gefaßt und bezeichnet meist lediglich den Endpunkt der Entwicklung, nämlich das 'Herauskommen' aus der Isolation, also den Zeitpunkt, da sozialer Kontakt zu anderen Homosexuellen gesucht wird. Der darauf hinführende Prozeß wird auch untersucht, allerdings nicht unter diesem Oberbegriff. In den USA und England wird der Begriff zudem erweitert auf das Sichtbarwerden lesbischer Frauen und homosexueller Männer in der Öffentlichkeit [201], den Emanzipationskampf und den Kampf um das Sichtbarwerden.

,,'Coming out' is usually seen as a personal process, the acceptance, and public demonstration, of the validity of one's own homosexuality. But it can also be seen as a historic process, the gradual emergence and articulation of homosexual identity and public presence.'' [302]

Den Begriff coming out verwende ich vor allem für das Bewußtwerden der eigenen Homosexualität und die Suche nach Gleichbetroffenen, die dann die Frauen veranlaßt, die Bars aufzusuchen oder in den Emanzipationsgruppen mitzuarbeiten. Meinen Beobachtungen zufolge wird dieser Begriff auch nur von den Frauen benutzt, die Kontakt zu den Emanzipationsgruppen lesbischer Frauen und zur Frauenbewegung haben. Ich habe keine Frau kennengelernt, die ohne Bezug zu diesen Gruppen diesen Prozeß treffend benannte. Eine häufig benutzte Umschreibung ist: 'Als ich merkte, daß etwas nicht mit mir stimmte.' Eine derartige Bemerkung läßt auf eine negative Bewertung dieses Prozesses schließen. Der Sprachgebrauch und die Verwendung des Begriffs coming out ist dagegen positiv, hier wird signalisiert, daß man/frau zu etwas Positivem gefunden haben.

Funktionen und Ziele
der Gesellungsformen lesbischer Frauen:
Damenbars und Emanzipationsgruppen im Vergleich

Der US-amerikanische Soziologe Everett C. Hughes vertritt die Auffassung, wo immer eine Gruppe von Menschen ein Stück gemeinsames Leben habe: gemeinsame Probleme, ein wenig Isolierung von anderen Menschen, eine gemeinsame Ecke in der Gesellschaft und vielleicht gemeinsame Feinde dort, erwachse Kultur.[303] Andere Soziologen vertreten die Auffassung, Kultur entstehe im wesentlichen als Antwort auf ein Problem, das sich einer Gruppe von Menschen gemeinsam stelle, soweit diese in der Lage sind, aufeinander einzuwirken und effektiv miteinander zu kommunizieren.[304] Menschen, die in Handlungen verwickelt sind, welche gesellschaftlich als abweichend betrachtet werden, stehen allerdings vor dem Problem, daß ihre Einstellung zu dem, was sie tun, von den übrigen Mitglieder/innen der Gesellschaft nicht geteilt wird.

Howard S. Becker, der sich in den USA als Soziologe mit der Entstehung subkultureller Verhaltensweisen befaßt hat, argumentiert, daß Menschen, die sich auf abweichende Handlungen einlassen, wahrscheinlich eine Kultur entwickeln, wenn sie Gelegenheit haben, miteinander in Interaktion zu treten. Diese Kultur gruppiere sich um die Probleme, welche sich aus dem Unterschied zwischen ihrer Definition dessen, was sie tun, und der von anderen Mitglieder/innen der Gesellschaft vertretenen Definition dieses Tuns ergeben. Die Abweichungen entwickeln ein Bild von ihren eigenen Perspektiven und ihren abweichenden Handlungen durch die Kommunikation untereinander und die Konfrontation mit der Umwelt. Weil diese Kulturen sich innerhalb der Kultur der Gesamtgesellschaft und in Unterscheidung zu ihr entfalten, werden sie häufig Subkulturen genannt.[305] In der Betrachtungsweise von Howard S. Becker entstehen soziale Probleme aufgrund unterschiedlicher Definitionen. Dieser Auffassung, die eine Ausklammerung des Macht- und Herrschaftsgefälles beinhaltet, schließe ich mich nicht an, meine aber, daß der Aspekt der Interaktion bei der Betrachtung von Subkulturen, und hier in meiner Arbeit der sich entwickelnden Subkultur lesbischer Frauen, eine Funktion hat.

Soziologische Modelle für die Dynamik von Subkulturen sind noch nicht hinreichend entwickelt worden. Unter Subkulturen werden relativ kohärente kulturelle Systeme verstanden, die innerhalb des Gesamtsystems einer nationalen Kultur eine Welt für sich darstellen. Wesentliche Merkmale für eine Subkultur sind ein erhöhter Binnenkontakt zwischen den Mitglieder/innen bei der gleichzeitigen Verringerung der Außenkontakte und die allmähliche Ausdifferenzierung gruppenspezifischer kultureller Normen, Werte und Symbole, die von der umgebenden Gesamtgesellschaft in mehr oder minder großem Maße abweichen. Daraus folgt, daß die Subkultur ihren Mitglieder/innen einerseits ein erhöhtes Maß an Identifikationsmöglichkeiten bietet, weil sie zumeist die speziellen Lebensprobleme und Daseinsbedingungen besser berücksichtigt. Sie schafft auf diese Weise eine höhere Verhaltenssicherheit für ihre Mitglieder/innen als die allgemeinen Verhaltensmuster der Gesamtkultur. Andererseits kann eine Subkultur gerade durch die Entwicklung eigener, andersartiger Normen und Wertsysteme unter Umständen in offenen Gegensatz zur Gesamtkultur geraten. Sie ist dann als Kontra- und Gegenkultur zu verstehen. Damit ergibt sich ein Unterschied zwischen Subkulturen, die sich als bloße Teilkulturen der Gesamtkultur verstehen, und Subkulturen, die Gegenkulturen sind. Unter Teilkulturen wird ein System von Werten und Verhaltensweisen verstanden, das innerhalb der Gesamtkultur eigenständig ist. Die Subkulturen als Gegenkulturen, die progressiven Subkulturen hingegen, sind solche, die sich als entschiedene Opposition zum bestehenden System ausdrücken und auch so verstanden werden.[308]

Mit dieser Differenzierung des Begriffs Subkultur lassen sich auch die unterschiedlichen Inhalte und Zielsetzungen der Frauenlokale und der Emanzipationsgruppen fassen. Beide sind Manifestationen lesbischer Existenz. Sie weisen eine Reihe von Gemeinsamkeiten auf, haben aber auch bedeutende Unterschiede. In einem ersten Schritt werde ich die Gemeinsamkeiten aufzählen und in einem zweiten die Unterschiede.

Gemeinsamkeiten

1) Frauenlokale und Emanzipationsgruppen sind Organisationsformen lesbischer Frauen, in denen ihre Existenz sichtbar wird. An beiden Orten entwickelt sich eine eigene Subkultur, die für die Frauen eigene Interpretationen und Einstellungen zur lesbischen Lebensweise bietet, die sich von denen der Gesamtgesellschaft unterscheiden. Beide Orte bieten Identifikationsmöglichkeiten, ermöglichen den Frauen eine Sozialisation als Lesbierinnen und erleichtern das coming out.

2) Beide Organisationsformen benötigen als Voraussetzung für ihre Existenz die räumliche Möglichkeit zur Kommunikation. Kommunikation stellt sich aufgrund von wiederholten Begegnungen ein. Beide Organisationsformen, als Orte, an denen sich lesbische Frauen treffen können, müssen für diese leicht erreichbar sein. Eine urbane Umgebung ermöglicht dies. Erst nach mehrmaligen Begegnungen stellt sich Vertrautheit ein, die wiederum eine Basis für ein Kontaktnetz ist. Eine weitere Voraussetzung stellt die Anonymität dar, wie sie in einer größeren Stadt gewährleistet ist. In einer Atmosphäre von starker sozialer Kontrolle können homosexuelle Frauen als Stigmatisierte nicht öffentlich, das heißt nicht sichtbar sein. Starke soziale Kontrolle läßt allenfalls Geheimgesellschaften zu. Der Stadtbewohner kümmert sich um seine eigenen Angelegenheiten und unternimmt selten etwas gegen Regelverstöße, solange seine eigenen Angelegenheiten nicht betroffen sind. Seine Bereitschaft, diese Verstöße zu ignorieren, beruht auf dem Wissen, daß die Regeldurchsetzung und die Sanktionierung von abweichendem Verhalten Professionellen — in diesem Falle Medizinern, Psychiatern, Polizisten — überlassen wird. Diese Reserviertheit beinhaltet also nicht Toleranz, da sich unter der äußeren Reserve Aggression verbergen kann.

3) Frauenlokale und Emanzipationsgruppen werden von lesbischen Frauen — zumindest in einer bestimmten Phase ihres Lebens — als Heimat und Familienersatz betrachtet. Beide haben eine Schutzfunktion gegenüber der Umwelt. Nur hier können Frauen öffentlich lesbisch handeln, ohne Sanktionen befürchten zu müssen. Hier können sie öffentlich den frauenbezogenen Teil ihre Lebens zeigen — wie etwa, zärtlich zueinander zu sein oder aber Konflikte in Partnerschaften auszutragen.

4) Damenbars und Emanzipationsgruppen schaffen aus der Sozialkategorie 'Lesbierinnen' die Gruppe 'Lesbierinnen', da sowohl die Bar als auch die Gruppe ein 'Wir-Bewußtsein' ermöglicht. Lesbische Frauen sind nämlich gesellschaftlich so etwas wie 'Null-Personen', denen keine eigene Existenz zugebilligt wird. Hier zeigen sich auch die positiven Wirkungen für lesbische Frauen gegenüber der feindlich eingestellten Umwelt. Weil sie sich ein 'Wir-Gefühl' und eine eigene Identität angeeignet haben, eignen sie sich auch weniger zum 'Sündenbock' für eine heterosexuelle Umwelt. In einem Aufsatz über Gruppenverhalten beschreiben James Garland und Ralph Kolodny das 'Sündenbock-Problem', wie es im Rahmen von kleinen Gruppen anzutreffen ist. Sie führen aus, daß beim Sündenbockmechanismus auf seiten des Individuums, das als Sündenbock fungiert, starke passive und masochistische Züge vorhanden sein müssen, die seine Unfähigkeit bewirken, mit Aggressionen fertig zu werden. Eine Bedingung für eine solche Persönlichkeitsstruktur des 'Sündenbocks' kann unter anderen „unklare sexuelle Identität" sein.[307]

5) Damenbars und Emanzipationsgruppen können als freiwillige Organisationen verstanden werden, die zur Rekrutierung von Mitgliederinnen keinen Zwang ausüben können. Allerdings haben lesbische Frauen keine anderen Alternativen zur Isolation. Die Rekrutierung erfolgt an beiden Orten selbstselektiv. Das bewirkt eine relativ stark ausgeprägte Homogenität unter den teilnehmenden Frauen. Eine Differenzierung und damit eine gewisse Arbeitsteilung ergibt sich durch die Existenz von verschiedenen Bars und verschiedenen Emanzipationsgruppen. Bars und Gruppen lassen sich danach kategorisieren, ob sie mehr zur Geheimhaltung oder mehr zur Offenheit neigen.

6) Beide Manifestationen kollektiver lesbischer Existenz dienen außenstehenden Frauen, also solchen, die noch nicht lange lesbisch sind, oder solchen, die aufgrund räumlicher Distanz keine Möglichkeit zur Teilnahme haben, als Bezugspunkte. Frauenlokal und Emanzipationsgruppe signalisieren die Existenz lesbischer Gemeinschaft, an der sie zumindest in Gedanken teilnehmen können.

7) Beide Institutionen, Bar und Emanzipationsgruppe, verhelfen lesbischen Frauen zum Aufbau eines lesbischen Bekanntenkreises. Über diese dort entstandenen Cliquen konstituiert sich die unsichtbare lesbische Gemeinschaft einer Großstadt, die über einzelne Mitglieder Kontakt zueinander hält. Die Teilnahme von Frauen an Festen, die von Damenbars oder den Emanzipationsgruppen organisiert werden, läßt das Ausmaß des Kommunikations- und Kontaktnetzes ahnen. Die Zahl der an diesen Festen teilnehmenden Frauen ist wesentlich größer als die Zahl der Frauen, die Frauenlokale besuchen oder in Emanzipationsgruppen mitarbeiten. Die Cliquen sind homogen hinsichtlich des sozialen Status, der Ausbildung, des Berufs und der politischen Auffassungen.

8) Die Damenbar wird nur während einer bestimmten Phase im Leben einer lesbischen Frau intensiv besucht, das gilt auch für die Emanzipationsgruppe. In dieser Phase wird häufig das coming out erlebt, bzw. der Teil des coming out, der mit dem Öffentlichmachen der eigenen Homosexualität verbunden ist und mit dem bewußten lesbischen Handeln. Der Besuch dieser beiden Institutionen steht im Zusammenhang mit dem Aufsichnehmen des Stigmas. So werden die Damenbar und die Emanzipationsgruppe intensiv überwiegend von jüngeren Frauen besucht. Es gibt aber auch Emanzipationsgruppen, die vor allem ältere Frauen zu ihren Mltgliedern zählen, so wie es auch Damenbars gibt, deren

Stammpublikum zum großen Teil aus älteren Paaren besteht (quiet couples bars).

9) An beiden Orten herrschen informelle Regeln und Tabus. Es bedarf der Zeit und eines Rituals, um von einer Randfigur, das heißt einer neueingetretenen Frau, zum Mitglied einer dominanten Clique zu werden. Damenbars und Emanzipationsgruppen sind in gewissem Ausmaß hierarchisch strukturiert und ritualisiert. Die Struktur und die Hierarchie sind in der Damenbar jedoch leichter zu erkennen, hier konzentriert sich alles um die Barfrau. In der Emanzipationsgruppe gibt es informelle Führerinnen. In beiden Institutionen durchläuft die einzelne Frau eine gewisse Karriere, in deren Verlauf sie lernt, Bar oder Gruppe zu nutzen.

10) Damenbar und Emanzipationsgruppe sind konfrontiert mit intensiven Gefühlen, deren Ausleben den Frauen in der heterosexuellen Umwelt nicht erlaubt ist. Der Umgang mit ihnen kann zu einem Problem werden. In beiden Institutionen wird versucht, mit der gefühlsbetonten und erotischen Atmosphäre umzugehen. Eine wichtige Funktion als Puffer übernehmen die Cliquen. Spezielle Aspekte, wie sexuelle Stigmatisierung und Leidenschaften, werden auf die jeweils andere Institution projiziert.

Unterschiede

1) Die Damenbar und die Emanzipationsgruppe verhelfen isolierten lesbischen Frauen zu einem Bekanntenkreis. Ist dieser Bekanntenkreis aufgebaut, die Isolierung also aufgehoben, erfolgt in der Regel ein Ausscheiden. Der Damenbar wird aber eine gewisse Treue gehalten. Sie dient weiterhin als der Ort, an dem sich Frauen mit Freundinnen aus der Damenbar treffen, sich vom Alltag entspannen, tanzen oder ungehindert Zärtlichkeiten austauschen können. Nach einer Mitarbeit in einer Emanzipationsgruppe erfolgt ebenfalls ein Rückzug in die Privatheit. Gelegentlich erfolgt dann ein Engagement in einer Gruppe oder einem Projekt der Frauenbewegung, in der Zusammenarbeit mit homosexuellen Männern oder in einer anderen Gruppe lesbischer Frauen.

2) In den Bars werden zwar Informationen über die Emanzipationsbestrebungen lesbischer Frauen und die Geschehnisse in den Emanzipationsgruppen ausgetauscht, in der relativ kurzen Geschichte der Emanzipationsgruppen haben jedoch nur wenige Frauen vom Stammpublikum einer Damenbar an einer Emanzipationsgruppe teilgenommen. Die Emanzipationsgruppen dagegen befähigen zum Besuch der Damenbars, sie führen den Lokalen neue Frauen zu. Paare und Grüppchen von Frauen besuchen nach den Veranstaltungen der Emanzipationsgruppe gemeinsam die Frauenlokale, das Vertrautmachen in der Bar geschieht im geschützten Rahmen der Partnerschaft oder der Clique. Nach dem Ausscheiden aus einer Emanzipationsgruppe wird die Bar auch von den Frauen besucht, die sie vorher ablehnten. Dieses Verhalten sollte jedoch nicht statisch betrachtet werden. Es könnte sein, daß auch Emanzipationsgruppen wiederaufgesucht werden, wenn sie als Institution über einen längeren Zeitraum bestehen und wenn sich eine gewisse personelle Kontinuität entwickelt hat. Zum gegenwärtigen Zeitpunkt lassen die Emanzipationsgruppen noch keine selektive Nutzung zu. Sie verlangen ein intensives kontinuierliches Engagement, das schon nach kurzer Zeit die einzelnen Frauen zu einer Kosten-Nutzen-

Überlegung veranlaßt. Außerdem vertragen sich harmonisches Beisammensein, innere Streitigkeiten und der Kampf gegen von außen drohende Gefahren nicht miteinander, und in gewissem Ausmaß behindert jeder dieser Faktoren die Wirksamkeit der beiden anderen.

3) Die Damenbar und die Emanzipationsgruppe haben in einem Prozeß der Interaktion unterschiedliche Ideale über das Frausein entwickelt: In der Bar ist die Idealfrau diejenige, die elegant (aber nicht zu elegant) und beruflich selbständig ist. Das Selbständigsein nimmt in der jeweiligen sozialen Schicht, der eine Frau angehört, einen hohen Rang ein. Eine hohe Wertschätzung genießen aber auch die Frauen, die in der Lage sind, viel Geld — in Relation zu den finanziellen Möglichkeiten, über die Frauen üblicherweise verfügen — ausgeben zu können. In der Emanzipationsgruppe gilt als Ideal der emanzipierten Frau die aktive Intellektuelle, die sich in der Bewegung der lesbischen und nichtlesbischen Frauen engagiert, verbal gewandt ist, über viele Kontakte verfügt und viele Veranstaltungen besucht. Gruppenintern hat sie hilfsbereit zu sein. Eine hohe Wertschätzung genießen auch die Frauen, die oft die Konfrontation mit der Umwelt suchen, also sich offen als lesbische Frauen zu erkennen geben.

4) Damenbars und Emanzipationsgruppen lassen sich auch hinsichtlich ihrer Ziele unterscheiden. Die Bar will ausschließlich für die Besucherinnen von Nutzen sein, natürlich für die Inhaberin, deren Existenzgrundlage sie ist. Der Besuch einer Damenbar ist ein Schritt zur Selbstannahme und ein individueller Stabilisierungsversuch. Er signalisiert aber auch eine gewisse Bescheidenheit im Anspruch. Den meisten Frauen genügt es, eine Partnerin zu finden, einen Bekanntenkreis aufzubauen und einen Zufluchtsort zu haben. Die Emanzipationsgruppen dagegen wollen — zumindest als deklariertes Ziel — den Mitgliederinnen wenig bieten. Sie wollen nach außen wirken, andere lesbische Frauen erreichen und auf die öffentliche Meinung Einfluß nehmen. Die Emanzipationsgruppen formulieren kollektiv die Diskriminierung und Stigmatisierung lesbischer Frauen als ein gesellschaftliches Problem und entwickeln Ideologien über die Ursachen und die Zwecke der Benachteiligung. Sie machen auf die Diskrepanz der gesellschaftlichen Gleichheitspostulate und deren Anwendung aufmerksam. Dies hat zur Folge, daß die Emanzipationsgruppen produkt- und aufgabenorientiert sind. Sie streben aktiv den Aufbau eines Kommunikations- und Kontaktnetzes zwischen den lesbischen Frauen an und schaffen dafür die Medien wie Zeitschriften, Bücher und Veranstaltungen.

5) In ihrer kurzen Geschichte haben die lesbischen Emanzipationsgruppen im Gegensatz zu den Bars Veränderungen in der gesellschaftlichen Einstellung gegenüber homosexuellen Frauen bewirkt, zumindest bei einigen gesellschaftlichen Gruppierungen wie der Frauenbewegung und den dem linken Spektrum zuzuordnenden politischen Gruppen. Sie haben aber auch wesentlich zu einer neuen Selbstdefinierung beigetragen, die jenseits des Pathologisierungskonzeptes liegt. Mit der Existenz von Emanzipationsgruppen zeigte sich ein 'Sprachschub', der die differenzierte Existenz lesbischer Frauen aufzeigt. Dieser Sprachschub deutet auf eine Desensibilisierung gegenüber dem allgemeinen, diskriminierenden Sprachgebrauch hin und auf die Aneignung einer eigenen Definitionsgewalt. Ich möchte dies an einem kleinen Abschnitt illustrieren der nur das Wort ,,Lesbe'' variiert:

,,Tarnlesben, Landlesben, Sublesben, Radikallesben, Stadtlesben, Bewegungslesben, Urlesben, Altlesben, Edellesben, Oberlesben, Überseelesben, Auswanderlesben, Magielesben, Alternativlesben, Zentrumslesben, Zufallslesben, Zeitungslesben, Beziehungslesben, Aktionslesben, Archivlesben, Friedenslesben, Motorradlesben, Radlesben, Nur-Lesben, Noch-nicht-Lesben . . .[308]

Dieser neue Sprachgebrauch wurde seit etwa 1974 auch von den Medien der liberalen Presse übernommen.

6) Lesbische Frauen haben so wenig Informationen über sich, daß sie auch kein Wissen über die Verschiedenheit von Lebensmöglichkeiten haben. Sie sind deshalb auch unfähig, die Stereotypen und Vorurteile in ihrem ganzen Ausmaß zu erkennen, die das Wissen über lesbische Frauen begründen. Aus diesem Grund gibt es Lesbierinnen, die andere homosexuelle Frauen ablehnen oder sogar hassen. Dazu gehört auch, daß sie sich selbst für die Schwierigkeiten verantwortlich machen, die ihnen begegnen. Die Emanzipationsgruppen setzen dagegen neue Statushierarchien durch: Oben ist nicht mehr, wer sich am ‚normalsten' verhält und in der ‚Normalität' den größten Erfolg erzielt, sondern wer offen mit der eigenen Homosexualität umgeht. Die Emanzipationsgruppen wirken damit einer Überangepaßtheit entgegen, die in der Bar eher noch gefördert wird.

7) Die Damenbars sichern das Überleben der öffentlichen Existenz lesbischer Frauen auch in Zeiten starker Repression wie etwa in der Nachkriegszeit. Sie haben trotz einer gewissen Fluktuation eine Kontinuität entwickelt, die sie jederzeit auffindbar macht. Die Emanzipationsgruppen hingegen haben eine Vorwärtsstrategie entwickelt, sind aber noch zu schwach, um eine Kontinuität im Angebot und in der Existenz zu bieten. Frauen, die auf die lesbische Gemeinschaft dringend angewiesen sind — sei es aus akuten Gründen —, finden in den Emanzipationsgruppen schwerlich eine Unterstützung. Der Arbeitsaufwand und die kontinuierliche Teilnahme, die die Emanzipationsgruppen von ihren Mitgliederinnen verlangen, überfordern zumindest auf längere Sicht die teilnehmenden Frauen. Der Überforderung wird noch durch einen strukturlosen Rahmen der Gruppen Vorschub geleistet (so wurde die Gruppe L 74 nicht produktiver, als sie ihre offizielle hierarchische Struktur aufgab). Die Ideologie der Gleichheit innerhalb der Emanzipationsgruppen fördert die Bildung von tabuisierten Hierarchien, deren Erkennen viele Energien kostet.

Die Damenbars und die Emanzipationsgruppen sichern die Befriedigung persönlicher Bedürnisse, unter anderem nach Kommunikation, sozialer Geborgenheit, nach Klärung der Identität und dem Finden einer Partnerin. Emanzipationsgruppen hingegen formulieren darüber hinaus Ziele einer Emanzipation lesbischer Frauen. Einen Schritt weiter gehen solche Emanzipationsgruppen, die nach außen agieren und Einfluß auf die Umwelt nehmen möchten. Wichtige Voraussetzungen für das Entstehen einer sozialen Bewegung sind durch die Emanzipationsgruppen gegeben, trotzdem können die gegenwärtigen Emanzipationsbemühungen noch nicht als soziale Bewegung bezeichnet werden. Andererseits werden wichtige Funktionen wie Bedürfnisbefriedigung, Formulierung von Emanzipationszielen und Interaktion mit der Umwelt schon jetzt erfüllt. Diese Funktionen können auch als Fragmente einer sozialen Bewegung wahrgenommen werden. Die Damenbars und die Emanzipationsgruppen wirken mit an der Bildung einer kollektiven Identität, an der Herausbildung eines Kommunikations- und Kontaktnetzes, kurz gesagt, an der Herausbildung einer Subkultur lesbischer Frauen. Diese wiederum ist die Voraussetzung einer sozialen Bewegung lesbischer Frauen, die kontinuierlich mit einer von wachsender Mitgliedszahl getragenen Aktion zur Durchsetzung radikaler gesellschaftlicher Veränderungen antritt.

Sowohl der Besuch von Damenbars als auch die Teilnahme an einer Emanzipationsgruppe ist in hohem Maß auf eine bestimmte Lebensphase (coming out) zugeschnitten. Obwohl innerhalb der Bar eine Fluktuation des Publikums stattfindet, bleibt die Institution bestehen, während die Individuen kommen und gehen. Die Emanzipationsgruppen leiden aber unter dieser lebensgeschichtlich stark mitbedingten Fluktuation. Es müßte gelingen, die Mitgliederinnen in einer Emanzipationsgruppe zu einer längeren Mitarbeit zu veranlassen und das Engagement auf weitere Altersgruppem auszudehnen, wie etwa in der Gruppe L 74 bemerkbar ist.

Daß unterschiedliche Institutionen bestehen, kann nur von Vorteil sein. Mayer N. Zald und Roberta Ash heben in ihrem Aufsatz über die Organisationsformen sozialer Bewegungen und deren Wachstum, Zerfall und Wandel[309] hervor, daß die Gesellschaft radikale Außenseitergruppen benötigt, die dem Wechsel von auf und ab unterworfen sind. Die Gesellschaft benötige aber auch liberale institutionalisierte Gruppen, die weniger Forderungen stellen, dafür aber dem Zerfall und Wandel weniger unterworfen sind (S. 13). Dieser Gedankengang läßt sich auch auf die unterschiedlichen Frauenlokale mit den verschiedenen Graden der Offenheit und auf die Emanzipationsgruppen mit dem unterschiedlichen Grad der Konfrontation mit der Umwelt übertragen. Soziale Bewegungen sind keine Gruppen, Organisationen und Institutionen, aber sie bestehen aus ihnen. Sie machen erst die Vielfalt einer Bewegung aus und sind dadurch erfolgreich. Sie entsprechen unterschiedlichen Bedürfnissen und verschiedene Ziele werden durch sie verwirklicht.

Fazit:
Subkultur und Lesbenbewegung

Die Großstadt Berlin war im Deutschen Reich um die Jahrhundertwende der Ort, an dem das Thema weibliche Homosexualität diskutiert wurde und an dem lesbische Frauen am meisten sichtbar waren. Die Belege über die Existenz lesbischer Frauen in der damaligen Weltstadt Berlin nehmen in den ersten Jahrzehnten nach der Jahrhundertwende zu. Oft sind sie uns nur noch in der Form von wiedergegebenen Zeitungsartikeln und Leserbriefen erhalten[310], die die Entrüstung der damaligen Zeit und die beginnenden Reaktionen auf das Sichtbarwerden widerspiegeln. In den gar nicht so 'Goldenen Zwanziger Jahren' der Weimarer Republik war es lesbischen Frauen dennoch möglich, ein Kommunikationsnetz herzustellen, das heute noch rekonstruiert werden kann.

Ganz anders gestalteten sich die Lebensverhältnisse lesbischer Frauen in den ländlichen Gebieten der Gegenwart. In den Dörfern und Kleinstädten ist ihre Situation durch soziale Kontrolle gekennzeichnet und es zeigt sich, wie die soziale Kontrolle ein individuelles Arrangieren mit den Verhältnissen erzwingt; wie sie die Bildung von Cliquen (Freundschaftszirkeln) behindert und eine politische Organisierung als lesbische Frauen fast völlig verhindert. Die Frauenzentren und die Hochschulen bieten Schutzräume, in denen lesbische Frauen mit Kontakten und Gesellungsformen experimentieren können. Bars und Emanzipationsgruppen für lesbische Frauen haben für die isoliert lebenden lesbischen Frauen und für die, die keinen Zugang zu den Gruppen der Frauenbewegung haben, die Bedeutung einer Bezugsgruppe. Die Bars sind zugleich Orte, die die Umwelt an eine lesbische Existenz erinnern, Orte zum Stabilisieren der lesbischen Identität. Berlin spielt für die Frauen in der Provinz als Bezugspunkt eine hervorgehobene Rolle unter den Großstädten der Bundesrepublik Deutschland.

Die Belastung durch die soziale Ordnung und die daraus erwachsende Unzufriedenheit allein reichen nicht aus, eine Protestbewegung lesbischer Frauen einzuleiten und dadurch soziale Verbesserungen für sie zu erreichen. So zeigten meine Studien über das Sichtbarwerden lesbischer Frauen in der jüngeren Geschichte bzw. über die Situation lesbischer Frauen in ländlichen Gebieten, daß sehr wohl ein Anlaß zur Unzufriedenheit bestand und noch besteht, daß diese Unzufriedenheit aber nicht automatisch den Wunsch bewirkte, aktiv an einer Veränderung mitzuarbeiten.

Die Mehrzahl der lesbischen Frauen in Schleswig-Holstein, die mit mir Gespräche führten, thematisierten ihre Unzufriedenheit mit der Benachteiligung und Diskriminierung an der gesellschaftlichen Situation der Frau allgemein. Eine Unzufriedenheit mit den Benachteiligungen als *lesbische* Frauen wurde weitaus weniger thematisiert. Die Unzufriedenheit mit der Situation als Frau führte bei einigen von ihnen zu einem Engagement in der Frauenbewegung. In Lübeck und Kiel, den beiden größten Städten in Schleswig-Holstein, bildeten lesbische Frauen jedoch kleine Gruppen, um ein Kommunikationsnetz zwischen lesbischen Frauen in der Provinz aufzubauen und die Umwelt mit der Existenz lesbischer Frauen zu konfrontieren, Lesbischsein also sichtbar zu machen. Die soziale Kontrolle, die Möglichkeit von Sanktionen durch die Umwelt, veranlassen die Frauen in der Provinz zu Kosten-Nutzen-Überlegungen, die ein Offenlegen der Homosexualität als nachteilig erscheinen läßt. Die lesbischen Frauen dort werden voraussichtlich weiterhin weitgehend unsichtbar bleiben.

Der Aufbau eines Kommunikationsnetzes, die rudimentäre Entwicklung eigener Ideologien sowie deren Artikulation und damit Politisierung der sozialen Unzufriedenheit schildere ich in diesem Buch, das von den Gesellungsformen lesbischer Frauen in einer Großstadt handelt. Hier fungieren die Damenbars und Emanzipationsgruppen lesbischer Frauen als die öffentlichen Orte der Kommunikation. Für die Entwicklung einer sozialen Bewegung müssen ausreichende Kommunikationsorte zur Verfügung stehen, denn ohne sie müssen sowohl eine Ideologie für die Betroffenen als auch Bemühungen um ihre organisatorische Zusammenfassung wirkungslos bleiben. Das Bestehen eines Kommunikationsnetzes läßt sich anhand zweier unterschiedlicher Manifestationen lesbischer Existenz, der Damenbar und der Emanzipationsgruppe, nachweisen. Es zeigt sich aber, daß die lesbische Gemeinschaft einer Großstadt sich über die Cliquen konstituiert. Diese Cliquen, die sich sowohl in den Bars als auch in den Emanzipationsgruppen bilden können, sind eine Hilfe beim coming out, dem Prozeß der Aneignung der eigenen Homosexualität. Zudem sind Cliquen ein Puffer gegenüber der diskriminierenden Umwelt, sie bilden eine lesbische Insel in der heterosexuellen Umwelt und unterstützen die lesbische Identität. Die Cliquen tragen vermutlich auch stark zur Reduzierung von Verhaltensunsicherheiten bei, die sich schon daraus ergeben, daß in keiner Sozialisationsinstanz der bestehenden Gesellschaft die lesbische Lebensweise eingeübt und praktiziert werden kann. Die Clique unterstützt die Selbstdefinition als lesbische Frau.

Ein Wunsch nach Veränderung entsteht nur, wenn die Einschätzung der Situation vermuten läßt, daß eine Chance für Veränderung besteht. Solange keine Alternativen gesehen werden, wird das Bewußtsein über die Unterdrückung auch nicht an die Oberfläche gelassen, sondern es finden stets neue Rationalisierungen statt, die begründen sollen, daß so gelebt werden muß, wie bisher gelebt wurde. Lesbische Frauen ohne Alternative arrangieren sich mit den Verhältnissen. Apathie und Resignation sind eine Verhaltensantwort auf eine Situation, die objektiv widersprüchlich ist. Dies erklärt auch mit die Tatsache, daß viele homosexuelle Frauen für die Gesellschaft nicht sichtbar sind. Diese Arbeit befaßt sich jedoch mit den teilweise oder voll sichtbaren lesbischen Frauen. Die Schlußfolgerungen können deshalb nicht auf alle lesbischen Frauen bezogen werden.

Ein Schritt aus Apathie und Resignation ist das Bewußtsein von der Unterdrückung als Frau. Die Unzufriedenheit mit der diskriminierenden Situation als lesbische Frau führt allein nicht zur Organisierung. Diese Unzufriedenheit wird zum Teil autoaggressiv verarbeitet: dem eigenen Ungenügen, der eigenen Schwäche zugeschrieben. Die Unzufriedenheit kann auch der gesellschaftlichen Situation als Frau zugeschrieben werden, wie sich besonders an der Situation lesbischer Frauen in ländlichen Gebieten zeigt. Einige Frauen ziehen daraus die Konsequenz, als Frauen beruflich erfolgreich zu sein und über diesen Weg Identität, Selbstwertgefühl und Achtung der Umwelt zu gewinnen. Andere Frauen organisieren sich in verschiedenen Gruppen, Projekten und Institutionen der Frauenbewegung. Die gegenwärtige Frauenbewegung bietet ihnen einen Freiraum für eine lebbare lesbische Lebensweise, wie es auch schon die erste deutsche Frauenbewegung getan hat. Die unterschiedlichen Konsequenzen schließen einander nicht aus. Sie können sich auch ergänzen.

Eine Reaktion auf die gesellschaftliche Diskriminierung ist der Besuch von Damenbars, die damit eine Art Zufluchtsort darstellen. Hier treffen lesbische Frauen zusammen und entwickeln in der Kommunikation ein Bild von sich selbst und anderen lesbischen Frauen. Bar und Emanzipationsgruppe lesbischer Frauen dienen als Umschlagplätze für Informationen. Ohne Austausch gibt es keine lesbische Gemeinschaft. An diesen Treffpunkten bauen lesbische Frauen ihre Cliquen auf, die in gewisser Weise das Überleben als lesbische Frauen sichern. Hier findet die Manifestation lesbischer Existenz eine gesellschaftliche Nische. Von einem abstrakt-kritischen Standpunkt aus läßt sich vielleicht argumentieren, daß die Frauen, die das Stammpublikum in den Bars bilden und die die selbstgenügsame Trias von Tanz, Unterhaltung und Trinken wählen, als Agentinnen des gesellschaftlichen Systems handeln, indem sie die Trennung von Privat und Öffentlich nachvollziehen und ihre Homosexualität nur an diesem Ort ausleben. Solche Kritik wird vor allem von Frauen aus der Frauenbewegung und hierbei noch besonders von Frauen in lesbischen Emanzipationsgruppen formuliert. Die unbewußten Quellen dieser Kritik liegen gewiß aber auch in der Angst begründet, daß nach Beendigung des Aufenthaltes im Freiraum Emanzipationsgruppe sie selbst in der Lage dieser Frauen und auf die Bar angewiesen sein werden. Hierbei lassen sich zwei Ebenen unterscheiden: die Ebene des Individuums 'lesbische Frau' und die Ebene 'Sozialkategorie lesbische Frau'. Als Individuum sind sie vielleicht einmal bei der Suche nach einer Partnerin oder auf der Suche nach einer Bekannten auf die Bar angewiesen. Als Angehörige der Sozialkategorie Lesbierin erleben sie, daß die Bar und ihre Besucherinnen keine Bündnispartner/innen haben. Die Bar ist autonom, frei und — verlassen. Die Bar ist aber zugleich der Ort, an dem sich die lesbische Gemeinschaft konstituiert. Hier bilden sich die Cliquen, die das Kommunikations- und Kontaktnetz der lesbischen Gemeinschaft in einer Großstadt tragen. Cliquen steuern erheblich zur emotionalen Existenzsicherung lesbischer Frauen bei, sie machen das Verstecken erträglich, zugleich sind sie aber auch die ersten Träger der Sichtbarkeit.

Wie aus der Kleingruppenforschung bekannt ist, vermitteln die informellen und solidarischen Gruppen ihren Mitglieder/innen eine tiefe emotionale Befriedigung. Anerkennung, Zuneigung und Loyalität in den Beziehungen zwischen den Frauen sind von wesentlicher Bedeutung für deren Selbstbild und emotinales Gleichgewicht. Die emotionale Sicherheit, welche die Clique vermitteln kann, ist eine wesentliche Motivation für den Eintritt in eine Clique und für das Engagement der Mitglieder. Diese potentielle intensive Befriedigung gibt der Clique allerdings sehr wirksame Sanktionsmittel in die Hand. Zieht man zudem die unmittelbare und detaillierte Sichtbarkeit des Verhaltens innerhalb einer Clique in Betracht, so wird klar, daß eine intensive und subtile soziale Kontrolle ausgeübt werden kann. In der Clique wird deshalb auch die Identität als lesbische Frau mit erworben; das was eine lesbische Frau zu sein hat, wird in den Cliquen geprägt. Ob zum Beispiel die traditionelle heterosexuelle Ehe als Vorbild für die eigene Partnerschaft genommen oder abgelehnt wird, regelt sich über die Auffassung derartiger informeller Kleingruppen zu diesem Thema.

Die Cliquen haben für lesbische Frauen unterschiedliche Funktionen. Für Frauen, die sich ihres Lesbischseins bewußt werden, ist die Clique eine Stütze im Prozeß des coming out, eine Hilfe bei der Suche nach einer neuen Identität. Für Frauen, die schon länger lesbisch sind, bildet die Clique, der sie angehören, einen Puffer gegenüber der feindlich eingestellten und feindlich erlebten Umwelt.

Die Cliquen konstituieren sich in den Damenbars und in den Emanzipationsgruppen. An beiden Orten manifestiert sich lesbische Lebensweise und es entwickelt sich eine spezifische Subkultur. Bar und Emanzipationsgruppe stehen sich trotz vieler Gemeinsamkeiten ablehnend gegenüber. Die Bar sichert das Überleben lesbischer Existenz in Zeiten antilesbischer Repression. Die Emanzipationsgruppe dagegen formuliert die Ziele einer Emanzipation. Sie knüpft aktiv die Kontakte zu einem Kontakt- und Kommunikationsnetz zwischen den Frauen, sie sucht die Konfrontation mit der Umwelt und trägt damit zu einem Meinungsumbildungsprozeß bei. Ein Indiz für diesen Prozeß der Meinungsänderung ist der Sprachschub, den die Emanzipationsgruppen bewirkt haben, der sich zuerst in den Emanzipationsgruppen selbst zeigte und seit etwa 1975 von den Medien übernommen wird, wenn auch in abgeschwächter Form.

Die Mitgliedschaft in den Emanzipationsgruppen ist jedoch von relativ kurzer Dauer. Es genügt nicht, daß eine soziale Bewegung immer mehr 'Betroffene' erfaßt, die Betroffenen müssen auch bleiben und Kompetenzen entwickeln. Der Prozeß des Protestes muß bewußt getragen werden und seine Institutionen finden. Ich habe gezeigt, daß viele Frauen während einer bestimmten Lebensphase die Emanzipationsgruppen besuchen und aktiv mitarbeiten. Sie engagieren sich nach dem Ausscheiden entweder in privaten Zirkeln, in Projekten der Frauenbewegung, in der von Männern dominierten Homosexuellenbewegung und nur sehr selten in anderen Emanzipationsgruppen lesbischer Frauen. Es entsteht hierbei so etwas wie eine politische Subkultur, die mit von Konsumzielen geprägt ist. Findet sich in der Bar eine selbstgenügsame Beschränkung auf das Kommunizieren, Tanzen und Trinken, so ergibt sich in der Aktionsgruppe eine vergleichbare Reduktion auf die Subkultur mit den kulturellen und politischen Angeboten.

Eine Konfrontation mit der Umwelt wird nicht mehr geplant und gesucht. Diese selbstgenügsame Beschränkung auf die Subkultur kritisierte schon 1975 Ursula Krechel[311] an den linken Frauen der Frauenbewegung. Ihr Gedankengang läßt sich auch auf die lesbischen Frauen übertragen, die in den Emanzipationsgruppen aktiv waren:

„Die selbstgenügsame Beschränkung auf die Subkultur hat aber zur Folge, daß man sich leicht Täuschungen über den Erfahrungsstand von anderen Frauen hingibt. Dieses linke Milieu setzt politisches Handeln nicht mehr unbedingt voraus; es ist vielmehr zum Ersatz für politisches Handeln geworden. Der äußerliche Ablauf, die Rituale der Aktivitäten werden wichtiger genommen als die Inhalte. Allen, die Zugang zur Subkultur haben, ist 'klar, daß was getan werden muß . . .'. Auf diesem Bewußtsein kann man sich ausruhn. Im subkulturellen Milieu, in dem bestimmte Schwierigkeiten einfach nicht vorkommen (dürfen), können kaum Handlungsstrategien für die Frauen entwickelt werden, die täglich mit diesen Schwierigkeiten umgehen und sie manchmal auch in den Griff bekommen. Es könnte sein, daß die Isolierung der linken und halblinken Frauen aus der Subkultur über die wahren Kräfteverhältnisse in der Gesellschaft hinwegtäuscht. Im Grunde genommen verbirgt sich in der Beschränkung auf die Subkultur die fatalistische Erwartung, die anderen, der Frauenbewegung noch fremd gegenüberstehenden Frauen, würden schon selbst zu alternativen Lebensformen finden und dann wie reife Früchte der Frauenbewegung zufallen. Alternative Lebensformen entwickeln sich aber nur in bestimmten historischen Situationen aus genau auszumachenden Bedürfnissen." (S. 114)

In den Cliquen erwerben die Frauen eine Identität als lesbische Frau, sie eignen sich Wissen über lesbische Existenz an, geben das Wissen aber nur selten weiter. Forderungen an die Umwelt werden kaum noch gestellt. Die politische Subkultur im Rahmen der Frauenbewegung und der sich herausbildenden 'alternativen' Bewegung stellt viele Angebote bereit, die die Subkultur der Bars nicht bietet: Auftritte lesbischer Sängerinnen, Lesbenkabaretts, Veranstaltungen von Schriftstellerinnen usw. Es kann konsumiert, es muß aber nicht mehr gearbeitet werden. Diese Arbeit würde auch bedeuten, daß man sich mit der Lebenssituation und den jeweiligen Anpassungsstrategien derjenigen lesbischer Frauen auseinandersetzt, die nicht dem Milieu der Emanzipationsgruppen zugehörig sind.

Entstigmatisierung heißt nicht nur in einem subkulturellen Milieu 'offen sein', sondern auch zu sich selbst und zu den abweichenden Formen der lesbischen Lebensweise stehen, wie etwa den sogenannten 'kessen Vätern' oder zu den Frauen, die eheähnliche Partnerschaften führen. Dies sind unvermeidbare, historisch überkommene Ausprägungen. Das Überleben der verschiedenen lesbischen Existenzweisen und ihre Integration in eine lesbische Gemeinschaft gehört meiner Auffassung nach mit zu einem emanzipatorischen Standpunkt, wie ihn die Emanzipationsgruppen in allgemeiner Form vertreten. Andererseits entwickelt sich dieses Kontakt- und Kommunikationsnetz weiter. Es differenziert sich, die Kultur- und Literaturangebote werden professioneller, das Wissen über lesbische Frauen wächst.

Es stellt sich die Frage nach den weiteren Wegen der ‚Lesbenbewegung'. Gegenwärtig zeigt sich ein Trend, der nicht allein die soziale Bewegung lesbischer Frauen betrifft, nämlich der Pädagogisierung und Therapeutisierung Die erfolgreichsten Veranstaltungen von und für lesbische Frauen verfolgten zugleich immer pädagogische Absichten, wenn nicht gelegentlich sogar ausgesprochen therapeutische. Erinnert sei hier an das alljährlich stattfindende Pfingsttreffen, an die Sommeruniverstität für Frauen oder die ebenfalls von ca. 7000 Besucherinnen sehr erfolgreich verlaufene Hamburger Frauenwoche. Ein Zehntel der etwa dreihundert Veranstaltungen in Hamburg hatten lesbischen Inhalt. Dies veranlaßte kritische Anfragen im Landesparlament. Hier zeigt sich, daß die Emanzipationsgruppen lesbischer Frauen auf organisierten Widerstand stoßen. Beim Hamburger Ärztetag 1981 fanden ebenfalls mehrere Veranstaltungen zum Thema weibliche Homosexualität statt. Erinnert sei auch an die Frauen- und Lesbenreferate der studentischen Vertretungen (AStA) an verschiedenen Universitäten, die Seminare und Vortragsreihen zum Thema Lesbianismus initiierten.

In Berlin gibt es gegenwärtig zwei Projekte von lesbischen Frauen, die Beratung im Sinn einer Lebenshilfe und Kommunikation anbieten. Professionelle Therapie können lesbische Frauen von ausgebildeten Psychologinnen und Ärztinnen in den verschiedenen Einrichtungen der Frauenbewegung erhalten. Dies alles sind Vorformen von Organisierung.

Einen weiteren Standpunkt sehe ich in der Entwicklung von Tradition. Hier sind vor allem wieder die Pfingstreffen lesbischer Frauen zu nennen. Von wachsender Bedeutung scheinen mir die seit einigen Jahren stattfindenden ,,gay pride weeks'' in den verschiedenen Großstädten, bei denen lesbische Frauen und homosexuelle Männer zusammenarbeiten und die Gemeinsamkeiten ihrer Unterdrückung hervorheben. Aber auch hier sind es vor allem Individuen, die organisieren. Mir scheint, als ob die engagierten Individuen zum gegenwärtigen Zeitpunkt die Kontinuität herstellen und nicht die Organisationen. An allen Veranstaltungen nimmt eine große Anzahl von — vor allem jüngeren — Frauen teil. Bei den einzelnen Veranstaltungen entstehen Quasi-Gruppen, die sich aber durch das Kontakt- und Kommunikationsnetz zu Gruppen und Organisationen entwickeln können. Darüber hinaus tragen diese Veranstaltungen in starkem Maße zu Ideologiebildung bei, wie dies in den Emanzipationsgruppen in derart ausgeprägter Weise nicht geschehen könnte.

Die soziale Realität der Existenz lesbischer Frauen läßt sich in Untersuchungen von verschiedenen Standpunkten aus betrachten. Die antilesbische Umwelt hält verschiedene Perspektiven zu diesem Phänomen bereit; etwa die konservativen Familienbefürworter, die von lesbischen Frauen die Zerstörung der 'Keimzelle des Staates' befürchten; oder Moralisten, die in der lesbischen Lebensweise einen ansteckenden liederlichen Lebenswandel erblicken; oder männliche Voyeure — die auch Wissenschaftler sein können — oder progressive Liberale, die in dem Phänomen Homosexualität eine Bereicherung der menschlichen Lebensweise und Ausdrucksformen sehen. Frauen aus der Frauenbewegung lernen aus der Existenz lesbischer Frauen gelegentlich, daß es möglich ist, emotional unabhängig von Männern zu werden. Dann gibt es noch das Interesse von Menschen, die sich mit der Thematisierung, dem Behandeln und Heilen lesbischer Neigungen ihre Existenz sichern und deshalb materielle und professionelle Interessen haben, wie etwa Schriftsteller, Wissenschaftler, Ärzte, Psychologen und Pastoren.

In dieser Arbeit habe ich mich entschieden, vor allem das Gesellungsverhalten lesbischer Frauen und den Prozeß ihres Sichtbarwerdens von einem Standpunkt der Betroffenheit aus zu beschreiben und zu analysieren. Ich habe mich entschieden, Partei zu ergreifen, weil ich selbst 'betroffen' und 'Partei' bin. Aus diesem Grund habe ich eine Reihe von Phänomenen, die mir begegnet sind, nicht intensiv untersucht. Bei der Diskussion einzelner Teile dieser Arbeit wurde ich darauf hingewiesen, die negativen Folgen der Diskriminierung und damit der Gettoisierung, wie etwa Klatsch in den Damenbars, Alkoholismus, Überanpassung und Hierarchisierung in den Emanzipationsgruppen nicht umfassend genug dargestellt und analysiert zu haben. Da es sich um Auswirkungen der gesellschaftlich marginalen Situation lesbischer Frauen handelt, habe ich diese Phänomene nicht in das Zentrum meines Interesses gerückt.

Nicht berücksichtigt habe ich ferner in meinen Studien Persönlichkeitsmerkmale lesbischer Frauen, die zur Teilnahme an einer Protestbewegung führen. Ich habe also nicht gefragt, welche Merkmale die Individuen aufweisen, die sich gegenwärtig in den Emanzipationsgruppen für eine Entstigmatisierung engagieren. Im Blickpunkt meines Interesses lagen die Rahmenbedingungen, die jenseits individueller Befindlichkeiten in den sozialen Verhältnissen liegen, wie etwa die gesellschaftliche Akzeptanz eines sozialen Protestes (die sich darin zeigt, daß die Artikulationen von Emanzipationsgruppen in den Medien eine Verbreitung finden), räumliche Nähe für Kommunikation, Abwesenheit von rigider sozialer Kontrolle und die Existenz eines Kontakt- und Kommunikationsnetzes für die betroffenen Frauen. Die Bars haben dieses Kontakt- und Kommunikationsnetz seit Jahrzehnten aufgebaut und erneuert. Seit einem Jahrzehnt etablieren lesbische Frauen ein Kontaktnetz für eine Kommunikation mit ausdrücklich politischem Inhalt.

Allerdings dürften nur relativ stabile Frauen die Möglichkeit zum Protest haben, vor allem sie sind in der Lage, die zeitlichen, finanziellen und emotionalen Kosten zu tragen, und können Nutzen aus ihren Aktivitäten ziehen. Eine emotionale Bedürftigkeit ist zwar der Anlaß, einer Gruppe oder Organisation lesbischer Frauen beizutreten, es gehört aber auch Selbstwertgefühl und Selbstvertrauen dazu, die soziale Mißbilligung zu tragen, die das Offenlegen des Lesbischseins mit sich bringt.

Summary

,,Forms of Lesbian Subculture
Growing Visibility and Social Movement''

In this study we find described and analyzed the so far highest developed form of lesbian existence, how apparently it could form itself only during the last ten years in a metropolitan city like Berlin, and how perhaps in beginnings it had once already formed itself in the twenties.

The authoress describes the structure and dynamics of social relations between lesbian women in three subcultural fields: Bar, clique, and emancipation group. Their contact systems, connections, and differences are identified. The result is the first reconstruction of lesbian subculture in sociology. The subtleties of different roles in a bar (for example barmaid, regular customer, newcomer) are differentiated with clarity and sensitivity. The courses of mutual relations are depicted as well as the individuals' handling them, identity contributions are given, and two Berlin emancipation groups, ,,Lesbisches Aktionszentrum'' (Lesbian Action Centre) LAZ, and ,,Gruppe L 74 (Group L 74) are portrayed. The two groups differ in their objectives, the social make-up of their members, and their activities. Not but towards the end of her field studies discovered the authoress the clique which seems to be a typical feature of lesbian social life. The lesbian society of a large city is made up of cliques who have contact with each other through some of their members. These cliques are homogenous with regard to social status, profession, and political point of view. They form crystallization points in bars and emancipation groups. Surprisingly, both, bar and emancipation group are similarly structured.   Translated by Käte Weiss

Anmerkungen

[1]   Herbert Blumer, Collective Behavior, in : Review of Sociology: Analysis of a Decade, ed. by Joseph B. Gittler, New York 1957; ders., Soziale Probleme als kollektives Verhalten, in: Karl Otto Hondrich, Menschliche Bedürfnisse und soziale Steuerung, Reinbek bei Hamburg, 1975, S. 102—113

[2]   Jo Freeman, The Politics of Women's Liberation: A Case Study of an Emerging Social Movement, New York 1975; dies., Structure and Strategy in the Women's Liberation Movement, in: Urban and Social Change Review, Vol. 5, Nr. 2, Spring 1972, S. 71—75; dies., The Legal Basis of Sexual Caste System, in: Valparaiso Law Review, Nr. 5, Spring 1971, S. 203—236

[3]   Ilse Kokula, Weibliche Homosexualität um 1900 in zeitgenössischen Dokumenten, München 1981

[4]   Gary Alan Fine and Sherryl Kleinman, Rethinking Subculture: An Interactionist Analysis, in: American Journal of Sociology, Nr. 1, Vol. 85, July 1979, S. 1—20

[5]   Kurt Lewin, Die Lösung sozialer Konflikte, Bad Nauheim 1953, S. 242

[6]   Hans Anger, Kleingruppenforschung heute, in: Günther Lüschen (Hrsg.), Kleingruppenforschung und Gruppe im Sport. Kölner Zeitschrift für Soziologie und Sozialpsychologie, Sonderheft 10, Köln und Opladen 1966, S.

[7]   vgl. hierzu die Untersuchungen von Cory, Lewis, Raphael und Wolf sowie die Arbeit von Fritz/von Streit. Eine plastische Darstellung der Isolierung eines lesbischen Paares findet sich in der Geschichte ,,Sonja'' von Judith Ofenbach, Frankfurt 1980/81

[8]   Donald Webster Cory, The Lesbian in America, New York 1965, S. 90

[9]   vgl. Klaus Laermann, Über einige Interaktionsformen in Kneipen und Bars, in: Materialien zur Soziologie des Alltags, hrsg. von Kurt Hammerich und Michael Klein, Kölner Zeitschrift für Soziologie und Sozialpsychologie, Sonderheft 20/1978, S. 420—430; Klaus Laermann, Kneipengerede, in: Kursbuch 37, Berlin 1974, S. 168—180

[10] vgl. Kokula, 1981

[11] Zu den gleichen Ergebnissen kam Deborah Goleman Wolf, The Lesbian Community, Berkeley/Los Angeles/London 1979, S. 44 f.; aber auch in der Arbeit von Mehri Samandari Jensen wird dies erwähnt, Role Differentiation in Female Homosexuel Quasi-Marital Unions, in: Journal of Marriage and the Family, Vol. 36, May 1974, S. 360—367

[12] Hinweise auf diese Gruppenaktivitäten, Veranstaltungen und Festlichkeiten geben die Zeitschriften ,,Die Freundin'' und ,,Garconne'', die in der Weimarer Zeit erschienen, sowie die niedergeschriebenen Erinnerungen von Frauen, die daran teilnahmen:
Gertrude Sandmann, Anfang des lesbischen Zusammenschlusses: die Clubs der Zwanziger Jahre, in: UKZ, Nr. 7/8 (Juli/August) 1976, 2. Jg., S. 4—8;
G. B., Frauenlokale im Vorkriegs-Berlin. Authentischer Bericht, in: UKZ, Nr. 7/8 (Juli/August) 1976, 2. Jg., S. 10—11;
G. B., Noch einmal: die goldenen Zwanziger, in UKZ, Nr. 9 (September) 1976, 2. Jg., S. 14—15;
Ilse Kokula, Lesben in der Nazi-Zeit, Interview mit . . ., in: Lesben Ja! Buch, Dedendorf 1980, S. 25—33;
Ilse Kokula, Da habe ich jeden Kontakt zu Lesben verloren. Gespräch mit Gerda Madsen, in: Courage, Nr. 6 (Juni) 1981, 6. Jg., S. 44—47

[13] Ruth Margarete Roellig, Berlins lesbische Frauen, Leipzig o. J. (1928 oder 1929); Curt Moreck, Führer durch das 'lasterhafte' Berlin, Leipzig 1930

[14] vgl. Ilse Kokula, Arbeits- und Berufssituation lesbischer Frauen. Eine Bestandsaufnahme und Analyse der bisherigen wissenschaftlichen Ergebnisse und Thesen, Referat, gehalten auf der 5. Sommeruniversität für Frauen, Berlin, 30. 9. 1980

[15] Die Historikerin Gudrun Schwarz stellte nach einer Auszählung der zwischen 1924 und 1933 erschienenen fünf Zeitschriften für lesbische Frauen 60 Lokale fest, in denen 'Damenclubs' ihre Treffen und Bälle abhielten. 15 dieser Lokale waren allein rund um den Nollendorfplatz angesiedelt. Die Umgebung dieses Platzes ist heute wieder Zentrum der lesbischen Subkultur, Gudrun Schwarz, Lesbische Stadtrundfahrt, in: Lesbenpresse, Nr. 7 (Mai) 1980, S. 14—15

[16] z. B. Maximiliane Ackers, Freundinnen, Hannover 1923

[17] Roellig, o. J., S. 7

[18] J. Harry, Urbanisation and the Gay Life, in: Journal of Sex Research, Nr. 10, 1974, S. 238—274, wiedergegeben nach einer Zusammenfassung im Journal of Homosexuality, Nr. 1, Vol. I, Fall 1974, S. 139

[19] Hinweise finden sich z. B. in der Ausgabe von ,,Die Freundin'' vom 30. 7. 1930

[20] Sharon M. Raphael, 'Coming out': The Emergence of the Movement Lesbian, unveröffentl. Dissertation an der Case Western Reserve University, Cleveland/Ohio 1974, S. 13, Fußnote 15

[21] Sasha Gregory Lewis, Sunday's Women. A Report on Lesbian Life Today, Boston 1979, S. 45

[22] ,,Tatsächlich versammeln sich um die Stunde, in der die Löwen zur Tränke ziehen — in Tokio oder New York —, die Päderasten in unendlich vielen Kneipen . . . während es praktisch keine Treffs für Lesbierinnen gibt. Weder Bars noch Restaurants, noch Diskotheken. So verfügt Paris gegenwärtig lediglich über zwei oder drei solcher Lokale, in Athen gibt es ein einziges, in Amsterdam zwei, in London eins, in Brüssel eins, zwei in New York, zwei in Los Angeles, ein paar in Deutschland, und das in Rio existiert nicht mehr. Dagegen findet man in Paris ungefähr fünfzig Lokale speziell für Männer, etwa zehn in Athen.''
Elula Perrin, Nur Frauen können Frauen lieben. Der erotische Lebensroman einer Pariserin, München 1979 (franz. 1977)

[22] Jutta Brauckmann, Geschlechtsrollen und Antihomosexualität. Eine Analyse der Situation und Diskriminierung lesbischer Frauen, Philosophische Hausarbeit an der Universität Münster 1978, S. 48. Diese Arbeit erschien unter dem Titel ,,Weiblichkeit, Männlichkeit und Antihomosexualität. Zur Situation der lesbischen Frau'', Berlin 1981, in überarbeiteter Form ohne die genannten Angaben

[23] Thomas Grossmann, Schwul — na und?, Reinbek bei Hamburg 1981, S. 42

[24] Gmünder/Maltzahn (Hrsg.), Berlin von hinten. Lese- und Reisebuch für Schwule, Gays und andere Freunde, Berlin 1981, S. 159—174

[25] vgl. hierzu die Arbeiten von Cory, Sweet sowie Abbott/Love

[26] z. B. Donna M. Tanner, The Lesbian Couple, London 1978, S. 84

[27] Elisabeth Barnhart, Friends and Lovers in a Lesbian Counterculture Community, in: Old Family/New Family: Interpersonal Relationships, (ed.) Nona Glazer Malbin, New York 1975, S. 90—115

[28] Die Informationen auf den Plakaten und Aufklebern betrafen im Beobachtungszeitraum den ,,Notruf für Frauen'', Angebote über diverse Selbsthilfe- und Karategruppen und Pfingsttreffen lesbischer Frauen. Darüber hinaus gab es noch viele Zettel mit individuellen Wünschen und Angeboten.

[29] vgl. hierzu Cory, Sweet und Lewis (bes. S. 47 f.)

[30] Einen Hinweis geben Abbott/Love, die von ,,der Unmoral der Mafia'', die die Frauenbars in der Hand habe, sprechen. Sidney Abbott und Barbara Love, Zufluchtsort, in: Frauenliebe, Berlin 1975, S. 107—116

[31] a.a.O., S. 109; die Rechtsprechung in den USA, zumindest in einigen Bundesstaaten, erlaubt Festnahmen wegen des Besuches eines 'unordentlichen Hauses'.

[32] Eine Informantin prophezeite mir schon im Mai 1981, kurz nach der Eröffnung, daß diese Bar nicht halten würde, da ihrer Meinung nach ,,die Atmosphäre'' fehlen würde.

[33] Sidney Abbott, Barbara Love, 1975, S. 108

[34] a.a.O., S. 108

[35] O.V., Lesbische Subkultur, in: Die Tageszeitung (TAZ) vom 25. 1. 1980, S. 10

[36] Judith Offenbach, Sonja. Eine Melancholie für Fortgeschrittene, Frankfurt 1980/81, S. 103 f.

[37] Hier handelt es sich um einen Roman, bzw. um den Ausschnitt eines Romans, der die lesbische Existenz in Berlin-West nachzeichnet.
Sonja Lasserre, Nachtreise — Wartesaal Lesbenklasse, Berlin 1981, S. 34 f.

[38] Ursula Linnhoff, Weibliche Homosexualität zwischen Anpassung und Emanzipation, Köln 1976, S. 45

[39] Klaus Laermann, 1974

[40] Jean-Marie Lacrosse, Bemerkungen über die sozialen Bedingungen für das Gelingen von ,,Parties'', in: Materialien zur Soziologie des Alltags, hrsg. von Kurt Hammerich und Michael Klein. Kölner Zeitschrift für Soziologie und Sozialpsychologie, Sonderheft 20/1978, Opladen 1987, S. 377—388

[41] Hier zur illustration zwei Beispiele: Eine Gruppe von Frauen, die alle an der Theke saßen, entwickelte eine Fröhlichkeit, die durch Lachen und Rhythmusklopfen erkennbar wurde. Die Barfrau, die die Musik bediente, griff dies auf und spielte Charleston Lieder aus den zwanziger Jahren. Alle Anwesenden in der Bar wurden von der ausgelassenen Stimmung erfaßt. In einer anderen Bar begannen gegen 2.00 Uhr morgens drei Frauen allein auf der Tanzfläche Charleston zu tanzen, wobei eine ein sehr gekonntes Solo aufs Parkett legte. Die Barfrau, die die Musik bediente, griff dies auf und plötzlich tanzte die Hälfte der anwesenden Frauen, ca. 12, Charleston auf der Tanzfläche. Die übrigen standen um die Tanzfläche oder klatschten Beifall von den Tischen aus.

[42] vgl. Ilse Kokula, Teure Freizeitgestaltung, in: UKZ, Nr. 6, Juni 1979, 5. Jg., S. 13

[43] Marilyn G. Fleener, The Lesbian Lifestyle, (Report Presented to the Western Social Science Association, April 1977, S. 15) zitiert nach Sasha Gregory Lewis, Sunday's Women, A Report on Lesbian Life Today, Boston 1979, S. 48

[44] Andrea Kincses Oberstone, Dimensions of Psychological Adjustment and Style of Life in Single Hetero-Sexual Women, unveröffentl. Dissertation, California School of Professional Psychology, 1974

[45] Alice B. Moses, Playing it Straight: A Study of Identity Management in a Sample of Lesbian Women, unveröffentl. Dissertation, University of California, Berkeley 1977, S. 89

[46] Joyce C. Albro/Carol Tully, A Study of Lesbian Lifestyles in the Homosexual Micro-Culture and the Heterosexual Macro-Culture, in: Journal of Homosexuality, Vol. 4 (4), Sommer 1979, S. 331—344 (S. 338)

[47] Alan P. Bell/Martin S. Weinberg, Der Kinsey Institut Report über weibliche und männliche Homosexualität, München 1978, S. 468, Tabelle 19.9

[48] vgl. Mehri Samandari Jensen, 1974; diese Arbeit wurde bereits 1968 durchgeführt; Donna M. Tanner, 1978, S. 84

[49] Elisabeth Barnhart, 1975

[50] Rita Bass-Hass, The Lesbian Dyad, Basic Issues and Value Systems, in: The Journal of Sex Research, Vol. 4, No. 2, May 1968, S. 108—126 (S. 114)

[51] Siegrid Schäfer/Gunter Schmidt, Weibliche Homosexualität. Dokumentation und Ergebnisse einer Untersuchung an homosexuellen und bisexuellen Frauen in der BRD. Institut für Sexualforschung Hamburg, Hektographierte Ausgabe 1973, S. 9

[52] Susanne von Paczensky, Verschwiegene Liebe, Zur Situation lesbischer Frauen in der Gesellschaft, München 1981

[53] Der Begriff ,,Bewegungslesbe'' bezeichnet die lesbische Frau, die in der Lesben- oder Frauenbewegung aktiv ist. Der Begriff steht im Gegensatz zu ,,Sublesbe'', der die Besucherin von Damenbars aus der Sicht der ,,Bewegungslesben'' kennzeichnet. Die Unterscheidung von Sub- und Bewegungsfrauen wird bereits bei Linnhoff (1976) und in der Zeitschrift Lesbenpresse Nr. 3/1976 und Nr. 9/1976 als bekannt vorausgesetzt.

[54] Das gilt, wie ich später ausführen werde, auch für den Beitritt zu einer Emanzipationsgruppe

[55] Gisela E., Wie Pfingsten 1973 für mich war, in: Internationales Lesbentreffen Pfingsten 1972—1975 (,,Pfingst-Dokumentation''), Berlin o. J. (1975), S. 6

143

[56] Die Bedeutung des Begriffs coming out und den Prozeß des coming out werde ich später darlegen

[57] vgl. die Zitate bei Susanne von Paczensky, 1981, S. 154—156

[58] zitiert nach Susanne von Paczensky, 1981, S. 154

[59] Neil R. Tuller, Couples, the Hidden Segment of the Gay World, in: Journal of Homosexuality, Vol. 3, Nr. 4, Summer 1978, S. 334

[60] Donna M. Tanner, 1978, S. 66 und S. 70

[61] Letitia Anne Peplau, Susan Cochran, Karen Rook, and Christine Padesky, Loving Women: Attachment and Autonomy in Lesbian Relationships, in: Journal of Social Issues, Nr. 3, Vol. 34, 1978, S. 20;
Bei dieser Studie ist anzumerken, daß im Sample ungewöhnlich viele Studentinnen sind, was seine Auswirkungen auf die Nähe zur Bewegung lesbischer und nichtlesbischer Frauen hat.

[62] Joyce C. Albro / Carol Tully, 1979, s. 338;
Die Fragebögen dieser Studie wurden an eine Organisation lesbischer Frauen mitverteilt. Das gesamte Sample umfaßte 91 beantwortete Fragebögen.

[63] Siegrid Schäfer / Gunter Schmidt, 1973, S. 92

[64] Jutta Brauckmann, Weiblichkeit, Männlichkeit und Antihomosexualität, Berlin 1981, S. 31 f.

[65] Sidney Abbott / Barbara Love, 1975, S. 111

[66] a.a.O., S. 111

[67] Nach Tanner haben es diese Frauen aber leichter, eine Freundin zu finden, weil sie schon einen Bekanntenkreis aufgebaut haben. ,,In this situation, everyone seems to know everyone else, and if two partners brake up, the news that they are available for dating spreads quickly. Unlike the currently unattached lesbian they have a wider and different social base from which to operate. The gay bar seems to be the major network for single, currently unattached homosexual female.''
Donna M. Tanner, 1978, S. 67

[68] Sidney Abbott / Barbara Love, 1975, S. 111

[69] E. Goffman, La Mise en Scène de la Vie quotidienne, 2 Bde., Paris 1973, Bd. 2, S. 197, zitiert nach Jean-Marie Lacrosse, Bemerkungen über die sozialen Bedingungen für das Gelingen von 'Parties', S. 381, in: Materialien zur Soziologie des Alltags, hrsg. von Kurt Hammerich und Michael Klein, Kölner Zeitschrift für Soziologie und Sozialpsychologie, Sonderheft 2/1978, Opladen 1978, S. 377—388

[70] Evelyn Hooker stellt diese Funktion der Bars auch für homosexuelle Männer fest.
Evelyn Hooker, The Homosexual Community, in: John H. Gagnon and William Simon (Ed.), Sexual Deviance, London, Evanston and London 1967, S. 167—184

[71] Jutta Brauckmann, 1981, S. 29

[72] a. a. O., S. 33;
Auf einer mehr intuitiven Ebene hatte schon 1910 ein anonymer Autor das Dilemma erfaßt. Er teilte in seinem Buch ,,Das perverse Berlin'' die homosexuellen Berlinerinnen und Berliner in zwei Gruppen. Bei der Darstellung artikulierte er ungewollt seine Angst vor dem Öffentlichwerden der Homosexualität:
,,Im großen und ganzen scheiden sich die Homosexuellen Berlins — Männer sowohl als Frauen — in zwei ziemlich gesonderte Gruppen. Die eine sucht ihren geschlechtlichen Hang vor der Gesellschaft, selbst vor den allernächsten Angehörigen, auf jede nur denkbare Weise zu verbergen. Sie lügt, weil sie eben lügen muß. Sie will eben nicht der Verachtung und Verfemtheit preisgegeben sein. Manchen dieser Bedauernswerten glückt es zeitlebens; andere wieder kommen durch arges Ungefähr zum Straucheln. Ich erinnere nur an Graf Edgar Wedel. Der Sturz pflegt dann allerdings so tief zu sein, daß ein Wiederemporkommen nicht leicht möglich ist. Geschlechtliche Zerstreuung sucht man also ganz im Geheimen. In steter Furcht und darum ohne echte Freude. Bis man dann einem Erpresser in die Finger fällt oder Liebe sucht, wo sie zurückgewiesen wird — und statt dessen Hohn, Spott oder sogar die Bekanntschaft mit dem Strafgericht erntet. Diese Leute sind durch die Bank höchst unglücklich. Sie wagen sich auch

vielleicht einmal in eins der homosexuellen Restaurants; allein doch höchst selten und stets nur mit Zagen. Denn schon auf die bloße Kunde hiervon kann ihr ohnehin nur mühsam zusammengekittetes Lebensglück in Scherben gehen.

Weit geringer freilich ist die Zahl derer, die an der Oberfläche schwimmen — also die in Lokale gehen; aber dafür genießen diese letzteren wenigstens das Leben in ihrer Art. Oft bis zur Neige. Immer sind sie in der Lage, Bekanntschaften und wieder Bekanntschaften einzugehen. Sie lieben und werden geliebt. Sobald ein Schönheitsstern am homosexuellen Himmel auftaucht — ihnen leuchtet er bestimmt. Über alle Raffinements und Finessen im Anknüpfen von Beziehungen verfügen sie. Kurzum, oftmals entwickeln sie sich zu echten Don Juans. In etlichen Lokalen dieser Art, die bald auftauchen, bald wieder verschwinden, geht es allerdings mitunter zu wie in einem Hexenkessel. Meist bemühen sich so wenig die ‚Schwestern‘ oder ‚Tanten‘ — so nennt sich diese Art Konträrsexueller im Verkehr untereinander — die weibische Ader in ihrem Wesen zu unterbinden, daß sie vielmehr Gefallen daran finden, auch die letzte Spur von Männlichkeit bei Seite zu werfen. Damit leider auch oftmals alle Scham. Sie kreischen, juchzen und sprechen im Fistelton. Sie kleiden sich auffällig bis zum Ekel. So benimmt sich kein wirklicher Mann — auch nicht der erbärmlichste seines Geschlechts, so lange er Anrecht auf die Achtung der Mitgeborenen erhebt. So benimmt sich auch nicht das Weib, das doch von diesem Gelichter mit so großer Vorliebe kopiert zu werden beliebt. So benimmt sich allein die Dirne. Die leider so tief gewurzelte Abneigung ganzer Bevölkerungsschichten wider die Homosexualität rührt zumeist von dem Ekel her, der dem Geschlechtlichnormalen aufsteigt, wenn er einmal das Treiben dieses Abhubs aus hinreichender Nähe beobachtet hat.'' (S. 144 ff.);

zitiert nach Manfred Herzer, Liebe und Vernunft der Urninge. Das schwule Berlin vom 18. Jahrhundert bis zum Jahr 1933, in: Gmünder/von Maltzahn (Hrsg.), Berlin von hinten, Berlin 1981 S. 7—37 (S. 22 f.)

[73] Donald Webster Cory: ,,to spend a few hours with otherlike themselves; to drop the mask, to stop pretending, to let down the guards, and to laugh with their friends and to laugh at life. Sometimes, they travel from the heart of a city to the country to lose themselves in the faceless anonymity of similar clubs and bars. Some are seen once by a bartender, and then disappear; others make the bar a regular hangout. Comes a friday or a saturday night and they surely appear, perhaps a couple together, perhaps a girl who usually comes alone but always leaves with company, or perhaps a group.

Some come for exitement and adventure, some are on the prowl, and a few may be hustling to make a dollar — rare in the lesbian world compared to the widespread phenomenon of male prostitution, but not unknown. But many find here a relaxation, from the burden of a family that does not know, from friends, and co-workers who are straight and presumably strait-laced. An air of vivacity and joviality is found; there is something literally gay about the group, unlike the somber and frequently depressing air in the men's gay bar.'', S. 154;

,,They are paying for the privilege of spending a few hours in a place where they can be themselves, and socialize the way they like. Here they feel no hostile stars, imagine or overhear no malicious whispering. The bar is theirs; for some it is more home than any other place they call home . . . Theirs is a sense of belonging, of strength through viewing so many others like themselves, of dignity in knowing that, here, to be gay is to be accepted.'' S. 160

[74] Gisela E., 1975, S. 5—11

[75] Die Bar könnte in dieser Hinsicht am ehesten mit einer Kneipe in einer Nachbarschaft verglichen werden, die allerdings nur von Männern besucht wird.

[76] Judith Offenbach, 1980/81

[77] Elula Perrin, Nur Frauen können Frauen lieben. Der erotische Lebensroman einer Pariserin, München 1979, S. 253

[78] Dies gilt nicht für Bars, die ein gemischtes Publikum haben. Hier sind die Voraussetzungen bekannt, die Frauen haben dann auch nicht das Gefühl, sie seien unter sich, sondern sie haben das Gefühl, es sei eine Bar für sexuelle Minderheiten oder eine Bar, in

der ein tolerantes Klima herrscht. In Berlin gibt es eine Reihe von Lokalen, die auch in den entsprechenden Führern für ihr ‚tolerantes, aufgeschlossenes Klima‘ gerühmt werden. Der Hinweis ist dann ‚gemischtes Publikum‘ oder ‚sehr gemischtes Publikum‘.

[79] Elula Perrin, 1979, S. 214 f.; Die plastische Typisierung sei hier wiedergegeben: „Die letztgenannten sind die sympathischsten. Sie kommen zu uns, weil sie hier nicht die Zielscheibe der Werbung eines Animiermädchens sind und weil sie, wenn sie sich mit einer Lesbierin unterhalten, ihr nicht automatisch den Hof zu machen brauchen und auch nicht befürchten müssen, sie dadurch zu beleidigen. Sie sehen in uns den Kumpel, und wir sind eben ein hübscherer Anblick als der Kumpel im Straßenanzug. Sie hocken sich an die Bar, interessieren sich nicht für das, was auf der Tanzfläche vor sich geht, trinken, reden, verhalten sich ruhig, bezahlen und verschwinden wieder. Wenn ich über sie spreche, sage ich: ‚Das sind keine Männer. Das sind Freunde‘.

Die ‚Problemheinis‘, die Gequälten, die Schwachen, die Oberstarken, die Masochisten, die Schüchternen, die vor Selbstsicherheit Strotzenden, kurzum, die die irgendeinen Komplex haben, die kommen in unsere Lokale, um Beachtung zu finden.

Wer hat sie gelehrt zu küssen, zu streicheln, zu lieben? Ein paar Pornobücher, die im Internat unter der Bettdecke verschlungen wurden, hin und wieder ein Bordellbesuch während der Militärzeit . . .

Die dritte Gruppe bilden die ‚Lustmolche‘.

Zwei Frauen beobachten, die sich lieben! Welch ein Zauberwort! Voller Verachtung spucken sie aus, wenn es um so eine Geschmacklosigkeit wie die Beziehung zweier Päderasten geht, beim Anblick zweier umschlungener Lesbierinnen aber wird ihnen der Mund wässrig vor Lust und ‚rein künstlerischem‘ Vergnügen.

Sie möchten gerne der gute Kumpel werden, der treue Freund, der auf seine Chance wartet, sich irgendwann einmal doch in das Bett der beiden Freundinnen zu mogeln, um dort das Fähnchen seiner Ausdauer zu hissen.

Wie viele Frauen sind ‚dank‘ ihres Ehemannes oder Geliebten lesbisch geworden!‘‘

[80] z. B. Cory, 1965; Barnhart, 1975; Bell/Weinberg, 1978; Ettore, 1980; Ponse, 1978, Wolff, 1979

[81] Bertha Harris, The More Profound Nationality of their Lesbianism: Lesbian Society in Paris in the 1920's, in: Phyllis Birkby, Bertha Harris, Jill Johnston, Ester Newton, Jane O'Wyatt (Ed.), Amazon Expedition, Washington 1973, S. 77—78

[82] Vern Bullough and Bonnie Bullough, Lesbianism in the 1920s and 1930s: A New Found Study, in: Signs, Nr. 4, Vol. 2, Summer 1977, S. 895—904

[83] Ich benutze hier in der Übersetzung Ausdrücke, die in den Bars angewandt werden.

[84] Rita Bass-Hass, 1968, S. 114

[85] Sharon M. Raphael, 1974, S. 13

[86] Mehri Samandari Jensen, 1974, S. 363

[87] Lena Blanco Furgeri, The Lesbian/Feminist Movement and Social Change: Female Homosexuality, A New Consciousness, unveröffentlichte Dissertation, Columbia University Teachers College, 1976/77, S. 69

[88] Sasha Gregory Lewis, 1979, S. 56—65

[89] Barbara Ponse, Identities in the Lesbian World. The Social Construction of Self, Westport, London, 1978

[90] a. a. O., S. 90; Barbara Ponse erklärt hier allerdings nicht, was die separatistischen Philosophien beinhalten.

[91] Die gesellschaftliche Diskriminierung und die daraus resultierende Schwierigkeit, eine Identität zu erwerben, habe ich an anderer Stelle dargelegt.
Ilse Kokula, Homosexuelle Frauen — fehlende Sexualerziehung. Schikanen im Beruf und Diskriminierung ihrer Lebensgemeinschaften, in Marie-Louise Janssen-Jurreit (Hrsgin.) Frauenprogramm — Gegen Diskriminierung — Reinbek bei Hamburg 1979, S. 220—230; zahlreiche US-amerikanische Studien befassen sich ebenfalls mit der Schwierigkeit, eine Identität zu erlangen, wie z. B. die von Sharon M. Raphael und Barbara Ponse.

[92] A. Pepitone, Attraction and Hostility, London 1966, wiedergegeben nach Hubert Feger,

Gruppensolidarität und Konflikt in: Handbuch der Psychologie, 7. Bd. Sozialpsychologie, 2. Halbband, hrsg. von C. F. Graumann, Göttingen 1972, S. 1594—1653

[93] vgl. Gunther Teubner, Organisationsdemokratie und Verbandsverfassung, Tübingen 1978

[94] In einem Bericht über eine Schweizer Gruppe zeigt sich deutlich die Bedürfnishierarchie auch bei politisch motivierten Frauen. Ein Teil des Berichts sei hier wegen seiner Anschaulichkeit dokumentiert:
„Ich erinnere mich an unsere erste Sitzung im Mai, gegen 30 Frauen waren wir. (Für wie viele Frauen war der Entschluß ans Treffen zu kommen bereits ‚Öffentlichkeitsarbeit'?) An der ersten Wand hing ein Papier für Arbeitsgruppen, einige wurden vorgestellt und näher erklärt. Nun sollten wir uns, kaum angekommen, oft ohne den Namen der Frau neben uns zu kennen, ohne die Möglichkeit einer ersten Kontaktaufnahme, für eine der AG's entschließen. Während ich versuchte herauszufinden, in welcher Gruppe ich mich würde engagieren wollen/können, realisierte frau plötzlich, daß da Termine sind, die frau als Floh wahrnehmen müßte, und daß die kurzfristig sind. Die Arbeitsgruppen traten in den Hintergrund, wichtig wurden die Termine, Flugis, die entworfen werden mußten, Transparente, Vorbereitungen. Ja klar, es hat geklappt. Wir haben uns eingebracht, die Floh hat als Gruppe funktioniert: an der Gay 81 ebenso wie an der Schwulentagung in Boldern, (Sexualstraf(un)recht). Diese Aktivitäten waren gut und wichtig, das ist die eine Sache, fact ist aber auch, daß an der nächsten Sitzung nur noch knapp die Hälfte der Frauen erschienen ist.
Ich verstehe diese Frauen, die nicht mehr gekommen sind. Haben sie doch einen großen Schritt getan gegen außen und wir haben ihn, mindestens scheinbar, nicht wahrgenommen, weil wir andern diesen Schritt schon gemacht haben, er uns mehr oder weniger selbstverständlich ist. Was müssen diese Frauen gespürt haben, wenn sogar ich Wärme vermißt habe, trotzdem ich einige der Floh-Frauen gekannt habe und in einem Umfeld lebe, wo meine Entscheidung zwischen Hetero- und Homosexualität nicht viel wichtiger ist als die Entscheidung zwischen Tee und Kaffee zum Morgenessen. Die Wärme, die ich eigentlich nur bei Frauen finde und die für mich lebenswichtig ist. Ich will in der Floh nicht nur eine potentielle Arbeitskraft für die notwendige Öffentlichkeitsarbeit sein, will mich selber einbringen können, als Mensch, als Frau mit meinen Bedürfnissen, Problemen, Träumen, auch mit meiner Freude, meinen Hoffnungen.
An der Juni-Sitzung haben wir darüber diskutiert. Meiner Meinung nach geht es nicht um die Entscheidung zwischen Kaffeekränzchen und Lesben-Politbüro. Es muß einen anderen Weg geben, einen, der unser Sehnsucht nach Verständnis und Wärme ebenso entgegenkommt wie unserem Anspruch nach Öffentlichkeit herzustellen."
Ursi, Floh (**F**rauen **l**esbisch **o**der **h**omosexuell)
in: Lesbenfront, Nr. 12, Sept. 1981, S. 19

[95] Ferdinand Tönnies, Gemeinschaft und Gesellschaft (1887), Darmstadt 1963, Neuausgabe 1979

[96] Georg Simmel. Soziologe. Untersuchungen über die Formen der Vergesellschaftung. Leipzig 1908, zitiert nach der 3. Auflage, München/Leipzig 1923

[97] Renate Mayntz, Soziologie der Organisation, Reinbek bei Hamburg 1963, S. 36

[98] Ich folge hier der Argumentation des Soziologen Friedhelm Neidhardt, Das innere System sozialer Gruppen, in: Kölner Zeitschrift für Soziologie und Sozialpsychologie, Köln 1979, Heft 4, 31. Jg., 1979, S. 636—660

[99] etwa durch die „Institutionalisierung von Unpersönlichkeit", Niklas Luhmann, Funktionen und Folgen formaler Organisation, Berlin 1964, S. 19

[100] Horst E. Richter, Die Gruppe, Hoffnung auf einen neuen Weg, sich selbst und andere zu befreien, Reinbek bei Hamburg 1972, S. 223

[101] vgl. Friedhelm Neidhardt, 1979, S. 644

[102] Eleonor Maccoby, Die Psychologie der Geschlechter: Implikationen für die Erwachsenenrolle, in: Evelyne Sullerot (Hrsgin.) Die Wirklichkeit der Frau, München 1979, S. 284—306

[103] Rose Giallombardo, Society of Women. A Study of Women's Prison, New York 1966

[104] Kathryn Watterson Burkhart, Women in Prison, New York 1973

[105] Ich folge hier wieder der Darstellung von Friedhelm Neidhardt, 1979

[106] a. a. O., S. 652

[107] M. Deutsch, The Effects of Cooperation and Competition Upon Group Process, in: D. Cartwright und A. Zander (Hrsg.), Group Dynamics, Research and Theory, Evanston, Ill. 1960, 2. Auflage, wiedergegeben nach Hubert Feger, 1972

[108] L. Weller, The Effects of Anxiety on Cohesiveness and Rejection, in: Human Relation Nr. 16, 1963, S. 189—197, wiedergegeben nach Hubert Feger, 1972

[109] Rolf Schwendter, Theorie der Subkultur, Köln 1973, S. 23; Homogene Arbeiterquartiere helfen z. B. die Konsumzwänge zu mildern, die im heterogenen Milieu eher entstehen. U. Herlyn (Hrsg.), Stadt- und Sozialstruktur, Arbeiten zur sozialen Segregation, Ghettobildung und Stadtplanung, München 1974, S. 32

[110] Hans Anger, Kleingruppenforschung heute, in: Günther Lüschen (Hrsg.), Kleingruppenforschung und Gruppe im Sport, Kölner Zeitschrift für Soziologie und Sozialpsychologie, Sonderheft 10, Köln und Opladen 1966, S. 15—43

[111] Siegrid Schäfer, 1976

[112] E. E. Hirsch, Stichwort Diskriminierung, in: Wilhelm Bernsdorf (Hrsg.), Wörterbuch der Soziologie, Bd. 1, Frankfurt am Main, o. J., S. 159 f., (S. 159)

[113] Rüdiger Lautmann, Seminar Gesellschaft und Homosexualität, Frankfurt am Main 1977, S. 26

[114] Ursula Linnhoff, Die Neue Frauenbewegung, USA — Europa seit 1968, Köln 1974; Ursula Krechel, Selbsterfahrung und Fremdbestimmung. Bericht aus der Neuen Frauenbewegung, Darmstadt und Neuwied 1975; Jutta Menschik, Feminismus, Geschichte, Theorie, Praxis, Köln 1977; Lottemi Doormann, Keiner schiebt uns weg: Zwischenbilanz der Frauenbewegung, Weinheim und Basel 1979; Herrad Schenk, Die feministische Herausforderung, 150 Jahre Frauenbewegung in Deutschland, München 1980

[115] Rüdiger Lautmann, 1977; Thomas Grossmann, 1981

[116] Ina Kuckuc, Der Kampf gegen Unterdrückung. Materialien aus der deutschen Lesbierinnenbewegung, München 1975, Ursula Linnhoff, 1976

[117] Ina Kuckuc, 1975

[118] Frauenjahrbuch 1, herausgegeben und hergestellt von Frankfurter Frauen, Frankfurt/M. 1975; Frauenjahrbuch '76, herausgegeben von der Jahrbuchgruppe des Münchner Frauenzentrums, München 1976

[119] Frauen und Wissenschaft. Beiträge zur Berliner Sommeruniversität für Frauen, Juli 1976, herausgegeben von der Gruppe Berliner Dozentinnen, Berlin 1977;
Frauen als bezahlte und unbezahlte Arbeitskräfte, Beiträge zur 2. Berliner Sommeruniversität für Frauen, Oktober 1977, Herausgeberinnen: Dokumentationsgruppe der Sommeruniversität e.V., Berlin 1978;
Frauen und Mütter. Beiträge zur 3. Sommeruniversität von und für Frauen. Herausgeberinnen: 3. Sommeruniversität für Frauen 1978 e.V., Berlin 1978;
Autonomie oder Institution, über die Leidenschaft und Macht von Frauen, Beiträge zur 4. Sommeruniversität der Frauen, Berlin 1979, Herausgeberinnen: Dokumentationsgruppe der Sommeruniversität der Frauen e.V., Berlin 1981

[120] „Dort (in den USA, I. K.) haben sich in den Fünfzigern und Sechzigern jahrelang ehrenwerte Damen und Herren in wohlanständiger Weise für die Belange der ‚Homophilen' eingesetzt. Das Wort ‚homosexuell' kamen ihnen gar nicht über die Lippen, weil es zu deutlich klarmachte, daß es dabei um sexuelles Verhalten ging. Und von dem Geruch des Sexuellen wollte man wegkommen, sich als der liebe Nächste präsentieren, der nur halt ein ganz klein wenig anders liebt, aber sonst ein braver Amerikaner ist. Bittschriften an die Regierung und Privatgespräche mit Politikern sollten etwas ändern an der miesen Situation, in der die meisten amerikanischen Lesben und Schwulen leben müssen. Das Ergebnis ist gleich null. Die betulichen Aktivitäten der ‚Mattachine Society' (Schwule) und der ‚Daughter of Bilitis' (Lesben) bewirken kaum etwas." aus: Thomas Grossmann, 1981, S. 134 f.

¹²¹ vgl. Roxanna Thayer Sweet, 1975; Dennis Altmann, Homosexual, Oppression and Liberation, London 1974 (paperback edition), (Australien 1971)

¹²² Ray Rogers, Human Love in Action. An Informative Analysis with Constructive Concepts for Change. The Migrant Farmworker, Hunger and the Welfare System, Activism and Social Change, o. Ortsangabe (Washington) 1971; J. Craig Jenkins, Charles Perrow, Insurgency of the Powerless: Farmworkers Movements (1946—1972), in: American Sociological Review 1977, Vol. 42 (April), S. 249—268

¹²³ Ina Kuckuc, 1975; Frauenliebe, Texte aus der amerikanischen Lesbierinnenbewegung, übersetzt und herausgegeben von einer Arbeitsgruppe des Lesbischen Aktionszentrums Westberlin (LAZ), Berlin 1975

¹²⁴ James D. Steakley recherchierte für seine Doktorarbeit ,,The Homosexual Emancipation Movement in Germany'' (New York 1975) jahrelang in Berlin;
Rosa von Praunheim ließ sich für seinen Film ,,Nicht der Homosexuelle ist pervers, sondern die Situation, in der er lebt'' in den USA inspirieren.

¹²⁵ Ich gebe hier die Darstellung und Analyse von Roxanna Thayer Sweet in groben Zügen wieder.
Roxanna Thayer Sweet, Political and Social Action in Homophile Organizations, New York 1975, S. 45—50

¹²⁶ Donald Webster Cory, The Homosexual in America, New York 1951

¹²⁷ Robert Lindner, Homosexuality and the Contemporary Scene, in: R. Lindner, Must you conform? New York 1956, S. 46—47, wiedergegeben nach Sweet, 1975

¹²⁸ Sweet, 1975, S. 46 f.

¹²⁹ a. a. O., S. 48

¹³⁰ Kinsey 1953; Hooker 1956; Westwood 1953; Hauser 1962

¹³¹ abgedruckt im Interview von Jonathan Katz mit Barbara Gittings, in: Jonathan Katz, Gay American History. Lesbians and Gay Men in the USA, New York 1976, S. 420—433

¹³² so etwa bei der 1974 gegründeten Gruppe L 74, die im folgenden auch dargestellt wird

¹³³ Jonathan Katz, 1976, S. 426

¹³⁴ Ursula Linnhoff, Die Neue Frauenbewegung. USA—Europa seit 1968, Köln 1974, S. 18

¹³⁵ Hubert Feger, 1972, (S. 1622)

¹³⁶ P. C. Rosenblatt, Origins and Effects of Group Ethnocentrism and Nationalism, in: Journal Conflict Resolution, Nr. 8, 1964, S. 131—146, wiedergegeben nach Feger, 1972

¹³⁷ Howard S. Becker, Außenseiter. Zur Soziologie abweichenden Verhaltens, Frankfurt 1981, bes. S. 86—91 (amerik. 1963)

¹³⁸ Davin Riesman, Reuel Denney, Nathan Glazer, Die einsame Masse. Eine Untersuchung der Wandlungen des amerikanischen Charakters, Reinbek 1958, S. 297

¹³⁹ Kurt Lewin, Die Lösung sozialer Konflikte, Bad Nauheim 1953 (amerik. 1948), hier vor allem der Teil III ,,Intergruppenkonflikte und Gruppenzugehörigkeit''

¹⁴⁰ vgl. hierzu Ursula Linnhoff, 1976, S. 35 ff.

¹⁴¹ Jutta Menschik, Feminismus, Geschichte, Theorie, Praxis, Köln 1977

¹⁴² Charlotte Bunch, Lesbians in Revolt, in: Nancy Myron, Charlotte Bunch (Ed.), Lesbianism and the Women's Movement, Baltimore 1975, S. 30; Übersetzung von Jutta Menschik, a. a. O., S. 92 f.

¹⁴³ Charlotte Bunch, Rita Mae Brown, Was jede Lesbierin wissen sollte, in: Frauenliebe, 1975, S. 124

¹⁴⁴ Interviewteilnehmerin, in: Ursula Linnhoff, 1976, S. 83

¹⁴⁵ Die Entwicklung dieser Gruppen wird in ,,Keiner schiebt uns weg . . .'' von Lottemi Doorman, 1975, und im ,,Frauenjahrbuch 1'' ausführlich dargestellt.

¹⁴⁶ Anonym, Eine Frau aus dem Rheinland erzählt: Zur Geschichte einer lesbischen Gruppenbildung, in: Ursula Linnhoff, 1976, S. 122—132. (Von der gleichen Verfasserin stammt der Artikel ,,Lesben gemeinsam sind stark'', der im ,,Frauenjahrbuch 1'' abgedruckt ist und ebenfalls die Gründung dieser Gruppe mitbehandelt.)

¹⁴⁷ Ina Kuckuc, 1975, S. 50 sowie die Fußnoten 22 und 23, S. 134

¹⁴⁸ z. B. schildert die unbekannte Initiatorin den Selbstfindungsprozeß in der Gruppe und

das Glücksgefühl, andere lesbische Frauen getroffen zu haben, Anonym, Eine Frau aus dem Rheinland berichtet, 1976, S. 124

[149] O. V., Bericht von der 1. Itzehoe Aktion (15./15.9.74), in: Frauenzeitung Nr. 7, Berlin o. J. (1975), S. 12—16; Diese Ausgabe der „Frauenzeitung" hatte „Lesben in der Frauenbewegung" zum Heftthema.

[150] O. V., Lesbentreffen in Amsterdam, in: Frauenzeitung Nr. 7, Berlin o. J. (1975), S. 24—25

[151] Angaben finden sich hier in: Ina Kuckuc, 1975

[152] Ti-Grace Atkinson, Amazonen Odyssee, München 1978; die Arbeiten in diesem Buch stammen aus den Jahren 1969—1972

[153] Jill Johnston, Nationalität lesbisch. Die feministische Lösung, Berlin 1976; die einzelnen Schriften wurden bereits in den Jahren 1970—1973 veröffentlicht.

[154] Hier seien die verschiedenen kommunistischen oder ‚alternativen' Gruppierungen genannt sowie die Arbeitskreise in der FDP, SPD, der Kirche und den Gewerkschaften OTV und GEW.

[155] vgl. hierzu Ilse Kokula, Der lange Weg zur Emanzipation, in: Psychologie Heute, Juni 1980, Nr. 6, 7. Jg., S. 28—31; Thomas Grossmann, 1981, besonders S. 144

[156] Detaillierte Informationen liefern die Ausgaben der beiden Zeitschriften EMMA und COURAGE über Ablauf und Themen der Sommeruniversität.

[157] HAW-Frauen, Eine ist keine — gemeinsam sind wir stark, Berlin 1974 (Dokumentation)

[158] Ina Kuckuc, 1975

[159] O. V., Come out, Gespräche mit lesbischen Frauen 1, München 1978

[160] unveröffentlichtes Rundschreiben vom 23. 1. 1975; ein weiteres undatiertes Rundschreiben zirkulierte nur in Berlin und lud zu verschiedenen Veranstaltungen ein; außerdem zirkulierte ein Papier mit Informationen über acht aktive Arbeitsgruppen und vier geplante Vorhaben.

[161] unveröffentlichtes Protokoll vom 12. 1.1975

[162] siehe unveröffentlichtes Protokoll vom 12. 1. 1875

[163] Ina Kuckuc, 1975, S. 80

[164] mündliche Information einer Frau, die zeitweilig das Kassenbuch führte

[165] Ina Kuckuc, 1975, S. 83

[166] mündliche Information

[167] Ina Kuckuc, 1975, S. 97

[168] vgl. o. V., Internationales Lesbentreffen Pfingsten 1972—1975 o. O., O. J. (herausgegeben vom Lesbischen Aktionszentrum Berlin 1975) Dokumentation

[169] bei den nachfolgenden Treffen nahmen jeweils ca. 500 Frauen teil

[170] vgl. hierzu Ina Kuckuc, 1975, S. 79

[171] „1. als wir uns entschlossen, die Lesbenpresse zu machen, sind wir davon ausgegangen, daß ein großer Kommunikationsmangel unter den Lesbengruppen besteht. 2. haben wir in unserer Lesbengruppe, dem LAZ Westberlin, schon etliche miese Erfahrungen mit fälschlich wiedergegebenen Meldungen der Medien gemacht.", aus: Lesbenpresse Nr. 1, 1975, S. 2

[172] Interview in Linnhoff, 1976, S. 80

[173] O. V., Aus der Versenkung, in: Lesbenpresse, Nr. 4, 1976, S. 4

[174] A. Pepitone und G. Reichling, Group Cohesiveness and the Expression of Hostility, in: Human Relation, Nr. 8, 1955, S. 327—337, wiedergegeben nach Hubert Feger, 1972, S. 1618

[175] z. B. arbeiteten sie mit an der Titelgeschichte „Homosexuelle, befreit — aber geächtet" des Magazins „Der Spiegel" (Nr. 11, 27. Jg. 1973, vom 12. 3. 1973)

[176] vgl. Ina Kuckuc, 1975, S. 98

[177] Die erste Aktion fand am 16. 9. 1974 statt. Die Titel-Schlagzeile von „Bild" (Berliner Ausgabe) am 17. 9. 1974 lautete „Richter flüchten vor lesbischen Frauen". Die „BZ" (Berliner Zeitung) berichtete in einer Schlagzeile in der Berliner Ausgabe am gleichen Tag „Plötzlich sprangen 25 Mädchen auf und protestierten gegen den Prozeß um die beiden lesbischen Frauen." „Bild" hatte noch von 15 Mädchen berichtet. Weitere

ausführliche Darstellungen finden sich z. B. noch am 17. 9. 1974 in „Die Welt", „Der Abend", „Frankfurter Rundschau", „Süddeutsche Zeitung" sowie im „Stern" Nr. 40, 1974 (vom 26. 9. 1974) und „Die Zeit" Nr. 44, 1974 (vom 25. 10. 1974).

[178] Aus dokumentarischen Gründen sei hier die Pressemeldung wiedergegeben:
„zczc xna 126 0511311
protest gegen berichte ueber andersen/ihns-prozess berlin, 5. september 74 (ddp). — gegen die berichterstattung ueber den prozess gegen judy andersen und marion ihns wegen ermordung von wolfgang ihns haben 136 journalistinnen und 41 journalisten aus dem ganzen bundesgebiet und aus westberlin protestiert. die journalisten forderten am donnerstag in westberlin den deutschen presserat auf, die publikationen des springer-verlags „bild", „bz", die berliner zeitung „der abend", die hamburger „morgenpost", und die illustrierte „quick" wegen ihrer sensationsberichterstattung sei „aus gruenden uebler geschaeftemacherei" eine diffamierung lesbischer liebe und eine entwuerdigung der frauen allgemein. derartige berichte seien weder mit dem recht der oeffentlichkeit auf information noch mit der pflicht der presse zur wahrheitsgetreuen berichterstattung zu vereinen oder gar zu rechtfertigen."

[179] Schlagzeilen finden sich z. B. in den Berliner Tageszeitungen „BZ", „Bild" und „Morgenpost" vom 29. 11. 1975

[180] Das Magazin „Der Spiegel" erwähnt in seinem Bericht über das Tribunal die lesbischen Frauen.
„, . . . Als kämpferische Minderheit in der Minderheit formierten sich auf dem Kongreß in Brüssel vor allem die lesbischen Frauen. Ihr Kampfruf: „Schluß mit dem Versuch, das Lesbentum als ,Nebenwiderspruch der Frauenfrage' abzutun." Demonstrativ hefteten sich etwa 200 Lesbierinnen Schilder auf den Rücken und Brust. — Textbeispiel: ,Ich bin lesbisch, wie steht's mit Dir?' — und drangen geschlossen auf die Bühne vor, um einen amerikanischen Lesben-Song zu intonieren. ,Im feministischen Kampf', so die Parole, ,haben wir unseren Stolz wiedergefunden.'
In den Applaus, der die Lesben-Aktion aus den Sitzreihen unterstützte, mischte sich nur vereinzelte Mißfallensäußerungen." (S. 185), aus: Der Spiegel, Nr. 12, 29. Jg., 1976, vom 15. 3. 1976

[181] vgl. Ina Kuckuc, 1975

[182] O. V., Aus der Versenkung, 1976, S. 4

[183] Philip E. Slater, Mikrokosmos. Eine Studie über Gruppendynamik, Frankfurt 1978, S. 233, Fußnote 66 (amerik. 1966)

[184] Eva Rieger, Statements anläßlich des Treffens der Buchgruppe, am 31. 7. 1974 verteiltes internes Papier (unveröffentlicht)

[185] Gisela Necker, Laz — eine Alternative zur Subkultur?, in: Lesbenpresse, Nr. 5, Mai 1977, S. 17

[186] Anita Schuba, Subjektiver Bericht einer Lesbe aus dem Frankfurter Lesbenzentrum, die von Anfang an dabei war, in: Lesbenpresse, Nr. 4, November 1976, S. 29
„Stand der LZ-Frankfurt im September '76: Zur Zeit gibt es weder eine Ag noch sonstige Gruppen. Während einer existenziellen Diskussion über das LZ wurde deutlich, daß fast alle Frauen nun endlich das tun wollen, wovon wir uns bis jetzt immer noch vorbeimogeln konnten: nämlich über UNS reden. Wir wollen die Räume des LZ behalten und vorerst Selbsterfahrungsgruppen bilden und Offene Abende an jedem Freitag um 20 h halten."

[187] Eva Rieger, Gruppenerfahrung, in: UKZ, Nr. 6, 2. Jg., Juni 1976, S. 7

[188] Eva Rieger, Statements anläßlich des Treffens der Buchgruppe, 1974

[189] O. V., Aus der Versenkung, 1976, S. 5

[190] Gisela Necker, 1977, S. 17

[191] Albert O. Hirschmann, Exit, Voice and Loyality, Cambridge/Mass. 1970, wiedergegeben nach David Knoke, Commitment and Detachment in Voluntary Associations, in: American Sociological Review, Vol. 46, April 1981, S. 141—158

[192] David Knoke, Commitment in Voluntary Associations, 1981

¹⁹³ O. V., Einige Gedanken und Eindrücke zur momentanen Situation im LAZ, am 18. 1. 1976 verteiltes internes Papier (unveröffentlicht)

¹⁹⁴ Gabriele Pfaff, Da waren's nur noch drei, in: Lesbenpresse, Nr. 9, März 1981, S. 17

¹⁹⁵ Mündliche Informationen Hamburger Frauen, sowie Artikel in verschiedenen Frauenzeitschriften wie z. B.: O. V., In unserer Lesbengruppe, in: Frauenzeitung Nr. 15, Nov. 1977, des Frauenzentrums Hamburg, S. 10—13;
Aber auch die US-amerikanische Frauenbewegung beschäftigte sich mit dem Thema der Integration ehemaliger Männer, und es kam zu starken Auseinandersetzungen.

¹⁹⁶ Einladungsrundschreiben des LAZ zum Pfingsttreffen 1977, abgedruckt in: UKZ, Nr. 5, 3. Jg., Mai 1977, S. 3—4, (S. 3)

¹⁹⁷ Seit etwa Ende 1975 bestand der Verdacht, daß das LAZ vom Verfassungsschutz observiert wird. Der daraus resultierende psychische Druck hielt bis 1978 an. Mündliche Informationen.

¹⁹⁸ Die Berlinausgabe vom 9. 7. 1976 hatte die Titelstory: ,,Terror-Mädchen. Ausbruch weil sie lesbisch sind?''
In der Hamburger Ausgabe von Bild am 9. 7. 1976 wird berichtet, daß Hausdurchsuchungen stattfanden und daß die Fahndung auf mehr als 100 Clubs lesbischer Frauen ausgedehnt worden sei. ,,Möglich, daß die vier Ausbrecherinnen von Lesbierinnen versteckt werden.''
In einem Artikel kommentierte Eva Rieger den von der Presse unterstellten Zusammenhang zwischen Lesbianismus und der Neigung zu terroristischen Handlungen. Sie zitiert das Nachrichtenmagazin ,,Der Spiegel'', der in der Ausgabe Nr. 46 von 1977 geschrieben hatte: ,,Die Zielfahnder in den Ländern haben in monate-, ja jahrelanger Recherche gründliche Personagramme ihrer Fallpersonen erstellt. Welche Zigarettenmarke ihr Terrorist raucht, welche Mädchen lesbische Beziehungen unterhalten, — alles nur irgend zugängliche ist verzeichnet.''
Eva Rieger zitiert auch den Kölner Soziologen Erwin Scheuch, der in ,,Die Zeit'', Ausgabe Nr. 24, 1978, geschrieben hatte: ,,Den Führerinnen der Baader-Meinhofs werden lesbische Neigungen nachgesagt, und das Führen und Benutzen von Schußwaffen dürfte der entscheidende äußere Bruch mit der abgelehnten Weiblichkeit sein.''
Sie schreibt dazu: ,,Das heißt, daß die Treffpunkte der Frauenbewegung sowie lesbische Lokale kontrolliert werden. Das bedeutet erneutes Aufkommen von Angst — lähmender Angst. Nur — gegen wen richtet sich unsere Angst? Das ist die Frage, von der der Zusammenhalt einer Gruppe in ihrem Kampf für ein frauenwürdiges Leben abhängen wird.'' (S. 24), in: Eva Rieger, Gruppenkrisen, in: UKZ (Doppelnummer: Juli/August) Nr. 7/8, 4. Jg., 1978, S. 22—24

¹⁹⁹ O. V., Aus der Versenkung, 1976, S. 5

²⁰⁰ Käthe Kuse, Entstehung und Weiterentwicklung einer Gruppe von Lesbierinnen und deren Zeitung, vervielfältigtes Manuskript, Juli 1977 (Berlin)

²⁰¹ Renate Mayntz, Soziologie der Organisation, Reinbek bei Hamburg, 1963

²⁰² Käthe Kuse, 1977, S. 5 f.

²⁰³ Interviewpartnerin in einem Gruppengespräch, Ilse (Kokula), Was bedeutet mir die Gruppe, 2. Teil: in: UKZ, Nr. 2, 4. Jg., Februar 1978, S. 14—18 (S. 14)

²⁰⁴ Käthe Kuse, 1977, S. 4

²⁰⁵ Entwurf dieser Auflistung im eigenen Archiv, er wurde nicht in die Geschäftsordnung mit übernommen

²⁰⁶ O. V., Warum wir unsere kleine Zeitung ,,UKZ'' machen! Wen wir damit ansprechen wollen!, in: UKZ, Nr. 9, 1. Jg., Oktober 1975, S. 3

²⁰⁷ Eva Rieger, ,,Obszönität'' vor Gericht, in: UKZ, Nr. 11, 2. Jg., November 1976, S. 14—17 (S. 14). Es handelt sich hier um einen Artikel über das Leben der Schriftstellerin Radcliffe-Hall

²⁰⁸ Interview am 6. 1. 1982

²⁰⁹ O. V., Ziele der Gruppe L 74, in: UKZ, Nr. 1, 1. Jg., Februar 1975, S. 1

²¹⁰ Ky, Muß eine homosexuelle Frau Schwierigkeiten haben?, in: UKZ, Nr. 7, 1. Jg., August 1975, S. 27

211 O. V., ,,Die Redaktion: Liebe UKZ-Leserin'', in: UKZ, Nr. 2, 3. Jg., Februar 1977, S. 3

212 Eva Rieger, Gruppenkrisen, in: UKZ, Nr. 7/8, 4. Jg., Juli-August-Doppelnummer 1978, S. 22

213 vgl. hierzu Rundschreiben von Käthe Kuse vom 28.—30. März 1977 und Eva Rieger, ,,Anmerkungen zu Kittys Schreiben vom 28.—30. März 1977 an alle L 74-Frauen'' vom 5. 4. 1977 (eigenes Archiv) sowie Protokoll vom 20. 7. 1977: ,,Funktion der Sprecherin und Herausgeberin werden gestrichen, eine Frau zeichnet verantwortlich'' (ebenfalls eigenes Archiv)

214 Rundschreiben vom September 1975 (eigenes Archiv)

215 Gisela, Erfahrungen in einer Lesbengruppe, in: UKZ, Nr. 6, 5. Jg., Juni 1979, S. 5 (S. 5—6)

216 Ina Kuckuc, 1975, S. 108, es handelt sich hier um die Aussage eines Gründungsmitgliedes.

217 a. a. O., S. 122

218 Ilse (Kokula), Was bedeutet mir die Gruppe, 1. Teil, in: UKZ, Nr. 1, 4. Jg., Januar 1978, S. 5; es handelt sich hierbei um Interviews mit Mitgliedern der Gruppe L 74 (S. 3—7)

219 a. a. O., S. 6

220 Ilse (Kokula), Was bedeutet mir die Gruppe, 2. Teil . . . , S. 17

212 Ilse (Kokula), Was bedeutet mir die Gruppe, 2. Teil . . . , S. 17

222 a. a. O., S. 16

223 Ina Kuckuc, 1975, S. 107

224 a. a. O., S. 111

225 a. a. O., S. 107

226 a. a. O., S. 123

227 O. V., Warum gehen Lesben in Gruppen. Warum gehe ich in die L 74, in: UKZ, Nr. 6, 6. Jg., Juni 1980, S. 9

228 a. a. O., S. 17

229 Eva Rieger, Gruppenerfahrung, 1976, S. 7

230 Gisela, 1979, S. 6

231 Eva Rieger, 1976, S. 7

232 Ina Kuckuc, 1975, S. 110f.

233 Ilse (Kokula), Was bedeutet mir die Gruppe, 1. Teil . . . , S. 3

234 O. V., Warum gehen Lesben in Gruppen . . . , S. 9

235 Ilse (Kokula), Was bedeutet mir die Gruppe, 2. Teil . . . , S. 16

236 a. a. O., S. 14

237 Ilse (Kokula), Was bedeutet mir die Gruppe, 1. Teil . . . , S. 4

238 Ina Kuckuc, 1975, S. 11

239 a. a. O., S. 118

240 vgl. hierzu Roxanna Thayer Sweet, 1975, S. 39; Susanne von Paczensky, 1981, S. 116—135

241 vgl. Ina Kuckuc, 1975, S. 90

242 O. V., Wir sind die Lesben aus dem LAZ, in: Lesbenpresse, Nr. 4, 1976, S. 3

243 Ina Kuckuc, 1975, S. 116

244 a. a. O., S. 117

245 a. a. O., S. 107

246 Ilse (Kokula), Was bedeutet mir die Gruppe, 2. Teil . . . , S. 16

247 a. a. O., S. 14

248 Ina Kuckuc, 1975, S. 115

249 Ina Kuckuc, 1975, S. 110

250 O. V., L wie Lesbos, in: Courage, Nr. 1, 3. Jg., 1978, S. 50

251 O. V., Warum gehen Lesben in Gruppen, 1980, S. 7

252 a. a. O., S. 3

253 a. a. O., S. 7

254 a. a. O., S. 7

255 a. a. O., S. 8

[256] a. a. O., S. 9

[257] Lilo, Warum ich trotzdem in die Gruppe gehe, in: UKZ, Nr. 6, 6. Jg., Juni 1980, S. 11

[258] Christel Boll, Selbstdarstellung ./. Kritik, in: UKZ, Nr. 9, 5. Jg., September 1979, S. 22

[259] Christel I. Boll, Was gibt mir die Gruppe, in: UKZ, Nr. 6, 5. Jg., Juni 1979, S. 4

[260] Ina Kuckuc, 1975, S. 123

[261] Ilse (Kokula), Was bedeutet mir die Gruppe, 1. Teil . . ., S. 4

[262] Gisela, Erfahrungen in einer Lesbengruppe, 1979, S. 6

[263] O. V., Warum gehen Lesben in Gruppen, 1980, S. 8

[264] a. a. O., S. 8

[265] Claudia, Warum ich noch immer in die Gruppe gehe, in: UKZ, Nr. 6. 6. Jg., Juni 1980, S. 12

[266] Ilse (Kokula), Was bedeutet mir die Gruppe, 1. Teil . . ., S. 7

[267] Renate Mayntz, 1963, S. 22

[268] a. a. O., S. 22

[269] Ph. E. Slater, Constructing Correlates of Group Size, in: Sociometry, Nr. 21, 1958, S. 129—139; wiedergegeben nach Hubert Feger, Gruppensolidarität und Konflikt . . ., S. 1630

[270] Renate Mayntz, 1963, S. 86

[271] vgl. a. a. O., S. 67

[272] Lothar Binger, Kritisches Plädoyer für die Gruppe, in: Kursbuch 37, Oktober 1974, S. 5

[273] Renate Mayntz, 1963, S. 120

[274] a. a. O., S. 114

[275] a. a. O., S. 121

[276] Lothar Binger, 1974, S. 15

[277] N. B. Cottrell, Means — Interpendence, Prior Acquaintance, and Emotional Tension during Cooperation and Subsequent Competion, in: Human Relation, Nr. 16, 1963, S. 249—262; wiedergegeben nach Hubert Feger, 1972, S. 1610

[278] H. Giesecke, Didaktik der politischen Bildung, München 1965, 6. Aufl., S. 145

[279] Joachim Israel, Der Begriff Entfremdung, Makrosoziologische Untersuchung von Marx bis zur Soziologie der Gegenwart, Reinbek bei Hamburg 1972, S. 284 (Fußnote)

[280] Kurt Lewin, 1953

[281] Lothar Binger, 1974, S. 5

[282] Martin Dannecker, Reimut Reiche, Der gewöhnliche Homosexuelle. Eine soziologische Untersuchung über männliche Homosexuelle in der Bundesrepublik Deutschland, Frankfurt 1974, S. 93

[283] Carl Friedrich Otto Westphal, Die conträre Sexualempfindung, in: Archiv für Psychiatrie und Nervenkrankheiten, Berlin 1869, II. Band, 1. Heft, S. 73—108, (S. 73); wiederabgedruckt in Joachim S. Hohmann (Hrsg.), Der unterdrückte Sexus, Lollar / Lahn 1977

[284] Kelp, Casuistik. Über den Geisteszustand der Ehefrau Catharine Margarethe S-r. Conträre Sexualempfindung, in: Allgemeine Zeitschrift für Psychiatrie und psychisch gerichtliche Medicin, Bd. 36, H. 6, Berlin 1880, S. 716—724 (S. 718); wiederabgedruckt in Ilse Kokula, 1981, S. 82—90

[285] Dr. F. C. Müller, Ein weiterer Fall von conträrer Sexualempfindung, in: Friedrichs Blätter für gerichtliche Medizin, 42. Jg., H. 4, Berlin 1891, S. 279—300 (S. 289); wiederabgedruckt in: Ilse Kokula, 1981, S. 91—112; zu diesem Komplex gehören auch die zahllosen Falldarstellungen von Richard von Krafft-Ebing vor der Jahrhundertwende und von Wilhelm Hammer nach der Jahrhundertwende.

[286] F. Baumann, Duelle homosexueller Frauen in Paris, in: Die Zeitschrift, 3. Jg., H. 2, 1912, S. 54—63; wiederabgedruckt in: Ilse Kokula, 1981, S. 279—288

[287] Sidney Abbot, Barbara Love, 1975, S. 110 f.

[288] O. V., Potente Lesbe, in Lesbenpresse Nr. 4, Nov. 1976, S. 7—8 (S. 7)

[289] Angelika, Und immer die Angst erkannt zu werden, in: Lesbenstich Nr. 2, 2. Jg., Mai 1981, S. 27

[290] Anna Petermann, Christine Darmstadt, Frauen in Kneipen, in: Kursbuch 47, Berlin 1977, S. 57—69 (S. 47)

[291] William H. Masters, Virginia E. Johnson, Homosexualität, Berlin, Frankfurt/M., Wien, 1979 (amerik. 1979), bes. S. 188—203

[292] Marion, Sub, in: Lesbenzeitung Juli 1978, herausgegeben vom Hamburger Frauenzentrum, S. 32

[293] Titel eines Artikels über eine Berliner Damenbar in der Frauenzeitschrift Courage, H. 5, 3. Jg., Berlin 1978, S. 24—25

[294] Mir erging es statt dessen so, wie es Claessens in dem Exkurs über ‚Gruppen Tabus' und ‚Gruppenselbstbetrug' beschreibt, daß von seiten der Gruppenmitglieder dem Untersuchenden eine Welle von Ablehnung entgegenschlägt. Dieter Claessens, 1977, S. 37—40

[295] Martin Dannecker, Reimut Reiche, 1974

[296] Siegrid Schäfer, Gunter Schmidt, 1973; Siegrid Schäfer, Sexuelle und soziale Probleme von Lesbierinnen in der BRD, in: Eberhard Schorsch, Gunter Schmidt, Ergebnisse zur Sexualforschung, Frankfurt, Berlin, Wien 1976

[297] Siegrid Schäfer, 1976, S. 300 f.

[298] z. B. ,,Die Phase der Selbstentdeckung, d. h. der Prozeß, sich selbst als lesbisch wahrzunehmen, ist bei den meisten Lesbierinnen sehr langwierig. Sie beginnt im allgemeinen in der Pubertät und dauert bis in die späte Adoleszenz.'' Schäfer, 1976, S. 299

[299] Lising Pagenstecher, (Homosexuelles) Coming out — ein lebenslanger Prozeß, in: Dokumentation der Tagung Frauenforschung in den Sozialwissenschaften, München, Oktober 1978, hektographiert

[300] Sharon Maxine Raphael, 1974, S. 15

[301] Vgl. hierzu Sharon Maxine Raphael, 1974, und John Alan Lee, Going Public: A Study in the Sociology of Homosexual Liberation, in: Journal of Homosexuality, Vol. 3, No. 1, Fall 1977, S. 49—77; John Alan Lee unterscheidet in diesem erweiterten ,,coming out'' drei Phasen, signification, coming out und going public. Jede dieser Phasen ist in Schritte eingeteilt, die jedoch nicht alle durchlaufen werden müssen. Die meisten Homosexuellen stoppen vor allem diesen Prozeß vor dem ,,going public''.

[302] Mit diesen Worten leitet Jeffrey Weeks sein Buch ein. Jeffrey Weeks, Coming out — Homosexual Politics in Britain, from the Nineteenth Century to the Presents, London, Melbourne, New York 1977

[303] Everett C. Hughes, Students Culture and Perspectives: Lectures on Medical and General Education, Kansas 1961, S. 28 f.; wiedergegeben nach Howard S. Becker, 1981, S. 72

[304] Howard S. Becker nimmt an, daß diese Position außer ihm noch von Cohen (1955), Cloward und Ohlin (1960) sowie Geer, Hughes und Strauss (1961) vertreten wird, Howard S. Becker, 1981, S. 72

[305] a. a. O., S. 73

[306] Walter Hollstein, Der Untergrund, Neuwied-Berlin 1969, S. 17 und 158; wiedergegeben nach Rolf Schwendter, Theorie der Subkultur, Köln 1973, S. 11

[307] James A. Garland, Ralph L. Kolodny, Das ,,Sündenbock''-Phänomen. Kennzeichen und Bewältigung, in: Saul Bernstein und Louis Lowy (Hrsg.) Neue Untersuchungen zur sozialen Gruppenarbeit, Freiburg i. B. 1975, S. 111—134

[309] Sabine Werth (ohne Titel), in: UKZ, Nr. 9, 7. Jg. (September 1981), S. 37

[309] Mayer N. Zald, Roberta Ash, Organisationsformen sozialer Bewegungen; Wachstum, Zerfall und Wandel, in: Walter Heinz und Peter Schöber (Hrsg.) Theorien Kollektiven Verhaltens. Die Frage zur Analyse sozialer Protestaktionen und sozialer Bewegungen. Darmstadt und Neuwied 1972, Bd. 2, S. 7—44

[310] E. F. W. Eberhard, Die Frauenemanzipation und ihre erotischen Grundlagen, Wien und Leipzig 1924, S. 520 ff.

[311] Ursula Krechel, Selbsterfahrung und Fremdbestimmung. Bericht aus der Neuen Frauenbewegung, Darmstadt und Neuwied 1975

Literaturverzeichnis

Sidney Abbott, Barbara Love
Zufluchtsort,
in: Frauenliebe, Berlin 1975

Maximiliane Ackers
Freundinnen, Hannover 1923

Joyce C. Albro, Carol Tully
A Study of Lesbian Lifestyles in the Homo-
sexual Micro-Culture and the Heterosexual
Macro-Culture,
in: Journal of Homosexuality, Nr. 4, Vol. 4,
Summer 1979, S. 331—344

Hans Anger
Kleingruppenforschung heute,
in: Günther Lüschen (Hrsg.) Kleingruppenforschung und Gruppe im Sport, Kölner
Zeitschrift für Soziologie und Sozialpsychologie, Sonderheft 10, Köln und Opladen
1966

Anonym
Bericht von der 1. Itzehoe-Aktion (15./16.
9. 1974),
in: Frauenzeitung Nr. 7, Lesben in der
Frauenbewegung, Berlin o. J. (1975),
S. 12—16

Anonym
Lesbentreffen in Amsterdam,
in: Frauenzeitung Nr. 7, Lesben in der
Frauenbewegung, Berlin o. J. (1975),
S. 24—25

Anonym
Eine Frau aus dem Rheinland erzählt: Zur
Geschichte einer lesbischen Gruppenbildung,
in: Ursula Linnhoff, Weibliche Homosexualität. Zwischen Anpassung und Emanzipation, Köln 1976, S. 122—132

Ti-Grace Atkinson
Amazonen Odyssee, München 1978

Elizabeth Barnhart
Friends and Lovers in a Lesbian Counterculture Community,

in: Nona Glazer Malbin (Hrsgin.) Old Fami-
ly/New Family: Interpersonal Relationships, New York 1975, S. 90—115

Rita Bass-Hass
The Lesbian Dyad,
in: Journal of Sex Research, Nr. 3, Vol. 4,
1968, S. 108—126

F. Baumann
Duelle homosexueller Frauen in Paris. Ein
Sittenbild,
in: Die Zeitschrift, Heft 2, 3. Jg., 1912,
S. 54—63; wiederabgedruckt in: Ilse Kokula, Weibliche Homosexualität um 1900 in
zeitgenössischen Dokumenten, München
1981

Howard S. Becker
Außenseiter. Zur Soziologie abweichenden
Verhaltens, Frankfurt 1981 (amerik. 1963)

Alan P. Bell, Marin S. Weinberg
Der Kinsey Institut Report über weibliche
und männliche Homosexualität, München
1978

Lothar Binger
Kritisches Plädoyer für die Gruppe, in:
Kursbuch 37, Berlin, Oktober 1974,
S. 1—25

Herbert Blumer
Collective Behavior,
in: Joseph B. Gittler (Ed.), Review of Sociology: Analysis of a Decade, New York 1957

Herbert Blumer
Soziale Probleme als kollektives Verhalten,
in: Karl Otto Hondrich, Menschliche Bedürfnisse und soziale Steuerung, Reinbek
bei Hamburg 1975, S. 102—113

Jutta Brauckmann
Geschlechterrollen und Antihomosexualität. Eine Analyse der Situation und Diskriminierung lesbischer Frauen, soziologische
Magisterarbeit, Münster 1978; erschienen
unter dem Titel: Weiblichkeit, Männlichkeit

und Antihomosexualität. Zur Situation der lesbischen Frau, Berlin 1981

Vern Bullough and Bonnie Bullough
Lesbianism in the 1920s and 1930s. A Newfound Study,
in: Signs: Journal of Women in Culture and Society, Nr. 4, Vol. 2, 1977, S. 895—904

Charlotte Bunch
Lesbian in Revolt,
in: Nancy Myron, Charlotte Bunch (Ed.) Lesbianism and the Women's Movement Baltimore 1975, S. 29—37

Charlotte Bunch, Rita Mae Brown
Was jede Lesbierin wissen sollte,
in: Frauenliebe, Berlin 1975, S. 124—131

Kathryn Watterson Burkhart
Women in Prison, New York 1973

Dieter Claessens
Gruppe und Gruppenverbände. Systematische Einführung in die Folgen von Vergesellschaftung, Darmstadt 1977

Come out.
Gespräche mit lesbischen Frauen 1, München 1978

Donald Webster Cory
The Homosexual in America, New York 1951

Donald Webster Cory
The Lesbian in America, New York 1965

Martin Dannecker, Reimut Reiche
Der gewöhnliche Homosexuelle. Eine soziologische Untersuchung über männliche Homosexuelle in der Bundesrepublik, Frankfurt 1974

Lottemi Doormann (Hrsg.)
Keiner schiebt uns weg: Zwischenbilanz der Frauenbewegung, Weinheim und Basel 1979

Gisela E.
Wie Pfingsten 1973 für mich war,
in: Internationales Lesbentreffen Pfingsten 1972—1975, hrsg. vom Lesbischen Aktionszentrum Berlin, Berlin o. J. (1975). S. 5—11

E. F. W. Eberhard
Die Frauenemanzipation und ihre erotischen Grundlagen, Wien und Leipzig 1924

Hubert Feger
Gruppensolidarität und Konflikt,
in: Handbuch der Psychologie, 7. Bd., Sozialpsychologie. 2. Halbband, hrsg. von C. F. Graumann, Göttingen 1972, S. 1594—1653

Leon Festinger, Stanley Schachter and Kurt Back
Social Pressures in Informal Groups. A Study of Human Factors in Housing, Stanford, Cal. 1963 (1. Aufl. 1950)

Gary Alan Fine and Sherryl Kleinman
Rethinking Subculture: An Interactionist Analysis,
in: Journal of Sociology, Nr. 1, Vol. 85, July 1979, S. 1—20

Jo Freeman
The Politics of Women's Liberation: A Case Study of an Emerging Social Movement, New York 1975

Frauenjahrbuch 1
herausgegeben und hergestellt von Frankfurter Frauen, Frankfurt 1975

Frauenliebe.
Texte aus der amerikanischen Lesbierinnenbewegung, übersetzt und herausgegeben von einer Arbeitsgruppe des Lesbischen Aktionszentrums Westberlin (LAZ), Berlin 1975

Ursula Fritz, Alexandra von Streit
Über weibliche Homosexualität und ihre wissenschaftliche Untersuchung,
in: Volkmar Sigusch (Hrsg.), Sexualität und Medizin, Köln 1979, S. 315—339

Lena Blanco Furgeri
The Lesbian/Feminist Movement and Social Change: Female Homosexuality, a New Consciousness, unveröffentlichte Dissertation, Columbia Teachers College (New York) 1976

Rose Giallombardo
Society of Women. A Study of a Women's Prison, New York 1966

Hans Giesecke
Didaktik der politischen Bildung, München
1965, 6. Aufl.

Bruno Gmünder, Christian von Maltzahn
(Hrsg.), Berlin von hinten, Berlin 1981

Erving Goffman
Stigma: Über Techniken der Bewältigung
beschädigter Identität. Frankfurt 1975
(amerik. 1963)

Thomas Grossmann
Schwul — na und?, Reinbek bei Hamburg
1981

Gruppe L 74 Berlin
Dokumentation S. Richter ./. Gruppe L 74,
März 1977 (eigenes Archiv)

Bertha Harris
The More Profound Nationality of their Lesbianism. Lesbian Society in Paris in the
1920s.
in: Phyllis Birkgy, Bertha Harris, Jill Johnston, Esther Newton, Jane O'Wyatt
(Hrsg.), Amonzon Expedition, Washington
1973

HAW-Dokumentation
Eine ist keine, gemeinsam sind wir stark,
HAW-Frauengruppe, Berlin o. J. (Juni
1974)

Rudolf Heberle
Social Movements, New York 1951

Rudolf Heberle
Die sozialen Bewegungen ,,ethnischer
Gruppen''.
in: Kölner Zeitschrift für Soziologie und Sozialpsychologie, Nr. 17, 1954, S. 217—229

Walter R. Heinz und Peter Schöber
Theorien kollektiven Verhaltens. Beiträge
zur Analyse sozialer Protestaktionen und
Bewegungen, 2. Bd., Darmstadt und Neuwied 1872

F. E. Hirsch
Stichwort: Diskriminierung.
in: Wilhelm Bernsdorf (Hrsg.), Wörterbuch
der Soziologie, Bd. 1, Frankfurt o. J.,
S. 159—160

Joachim Israel
Der Begriff der Entfremdung. Makrosoziologische Untersuchung von Marx bis zur Soziologie der Gegenwart, Reinbek bei Hamburg 1972

J. Craig Jenkins, Charles Perrow
Insurgency of the Powerless: Farmworker
Movements (1946—1972),
in: American Sociological Review, Vol. 42,
April 1977, S. 249—268

Mehri Samandari Jensen
Role Differentiation in Female Homosexual
Quasi-Marital Unions,
in: Journal of Marriage and the Family,
Vol. 36, May 1974, S. 360—367

Jill Johnston
Nationalität lesbisch. Die feministische Lösung, Berlin 1976

Jonathan Katz
Gay American History. Lesbian and Gay
Men in the U.S.A., New York 1976

Kelp
Casuistik. Über den Geisteszustand der
Ehefrau Catharine Margarethe S-r. Conträre Sexualempfindung,
in: Allgemeine Zeitschrift für Psychiatrie
und psychisch gerichtliche Medicin, Heft 6,
Bd. 36, Berlin 1880, S. 716—724; wiederabgedruckt in: Ilse Kokula, Weibliche Homosexualität um 1900 in zeitgenössischen
Dokumenten, München 1981

Ethel Klein
The Politics of Women's Liberation.
in: Political Science, Nr. 409 vom 14. 3.
1977

David Knoke
Commitment and Detachment in Voluntary
Associations.
in: American Sociological Review, Vol. 46,
April 1981, S. 141—158

Ilse Kokula
Homosexuelle Frauen — fehlende Sexualerziehung. Schikanen im Beruf und Diskriminierungen ihrer Lebensgemeinschaften,
in: Marie Louise Janssen-Jurreit (Hrsgin.),
Frauenprogramm — Gegen Diskriminierung, Reinbek bei Hamburg 1979, S. 220—
230

Ilse Kokula
Der lange Weg zur Emanzipation.
in: Psychologie Heute. Nr. 6. 7. Jg., 1980.
S. 29—31

Ilse Kokula
Arbeits- und Berufssituation lesbischer
Frauen. Eine Bestandsaufnahme und Ana-
lyse der bisherigen wissenschaftlichen Er-
gebnisse und Thesen. Referat bei der 5.
Sommeruniversität für Frauen. Berlin 1980

Ilse Kokula
Weibliche Homosexualität um 1900 in zeitgenössischen Dokumenten. München
1981

Igor S. Kon
Freundschaft. Geschichte und Sozialpsychologie der Freundschaft als soziale Institution und individuelle Beziehung. Reinbek
bei Hamburg 1979

Ursula Krechel
Selbsterfahrung und Fremdbestimmung.
Bericht aus der Neuen Frauenbewegung.
Darmstadt und Neuwied 1975

Ina Kuckuc (d. i. Ilse Kokula)
Der Kampf gegen Unterdrückung. Materialien aus der deutschen Lesbierinnenbewegung. München 1975

Käthe Kuse
Entstehung und Weiterentwicklung einer
Gruppe von Lesbierinnen und deren Zei-
tung. vervielfältigtes Manuskript. Juli 1977.
(Berlin). eigenes Archiv

L wie Lesbos.
in: Courage. Nr. 1, 3. Jg.. 1978. S. 50—51

Jean-Marie Lacrosse
Bemerkungen über die sozialen Bedingun-
gen für das Gelingen von ,,Parties''.
in: Kurt Hammerich und Michael Klein
(Hrsg.). Materialien zur Soziologie des All-
tags. Kölner Zeitschrift für Soziologie und
Sozialpsychologie, Sonderheft 20/1978.
Opladen 1978. S. 377—388

Klaus Laermann
Kneipengerede.
in: Kursbuch 37, Berlin 1974; S. 168—180

Klaus Laermann
Kommunikation an der Theke. Über einige
Interaktionsformen in Kneipen und Bars.
in: Kurt Hammerich und Michael Klein
(Hrsg.). Materialien zur Soziologie des All-
tags. Kölner Zeitschrift für Soziologie und
Sozialpsychologie. Sonderheft 20/1978,
Opladen 1978. S. 420—430

Sonja Lasserre
Nachtreise — Wartesaal Lesbenklasse.
Berlin 1981

Rüdiger Lautmann
Seminar: Gesellschaft und Homosexualität.
Frankfurt 1977

John Alan Lee
Going Public: A Study in the Sociology of
Homosexual Liberation.
in: Journal of Homosexuality. Nr. 1, Vol. 3,
Fall 1977

Herbert Leirer. Wolfgang Stangl. Heinz
Steinert. Hubert Treiber
Über die ,aktive Öffentlichkeit' als System
der Interessenartikulation.
in: Österreichische Zeitschrift für Politikwissenschaft. Nr. 2. 1974. S. 217—231

Sasha Gregory Lewis
Sunday's Women: A Report on Lesbian Life
Today. Boston 1979

Kurt Lewin
Die Lösung sozialer Konflikte. Bad Nauheim 1953 (amerik. 1948)

Ursula Linnhoff
Die Neue Frauenbewegung. USA — Europa seit 1968, Köln 1974

Ursula Linnhoff
Weibliche Homosexualität. Zwischen Anpassung und Emanzipation, Köln 1976

Eleanor Maccoby
Die Psychologie der Geschlechter: Implikationen für die Erwachsenenrolle.
in: Evelyn Sullerot (Hrsg.). Die Wirklichkeit
der Frau. München 1979. S. 284—306

William H. Masters. Virginia E. Johnson
Homosexualität. Berlin. Frankfurt. Wien
1979

Renate Mayntz
Soziologie der Organisation. Reinbek bei
Hamburg 1963

Jutta Menschik
Feminismus. Geschichte. Theorie. Praxis.
Köln 1977

Curt Moreck (d. i. Konrad Haemmerling)
Führer durch das lasterhafte Berlin. Leipzig
1930

Alice B. Moses
Playing it Straight: A Study of Identity Ma-
nagement in a Sample of Lesbian Women.
Dissertation, University of California, Ber-
keley 1977; erschienen unter dem Titel:
Identity Management in Lesbian Women,
New York 1979

Franz Carl Müller
Ein weiterer Fall von conträrer Sexualempfindung.
in: Friedreichs Blätter für gerichtliche Medizin, Heft 4, 42. Jg. 1891, S. 279—300; wieder abgedruckt in: Ilse Kokula, Weibliche
Homosexualität um 1900 in zeitgenössischen Dokumenten, München 1981

Friedhelm Neidhardt
Das innere System sozialer Gruppen.
in: Kölner Zeitschrift für Soziologie und Sozialpsychologie, Heft 4, 31. Jg., 1979,
S. 639—660

Andrea Kincses Oberstone
Dimensions of Psychological Adjustment
and Style of Life in Single Lesbians and
Single Heterosexual Women, unveröffentlichte Dissertation, California School of Professional Psychology 1974

Claus Offe
Politische Herrschaft und Klassenstruktu-
ren. Zur Analyse spätkapitalistischer Ge-
sellschaftssysteme.
in: Gisela Kress und Dieter Senghaas
(Hrsg.), Politikwissenschaft. Eine Einführung in ihre Probleme, Frankfurt 1972,
S. 135—164

Judith Offenbach
Sonja. Eine Melancholie für Fortgeschrittene, Frankfurt 1980/81

Susanne von Paczensky
Verschwiegene Liebe. Zur Situation lesbischer Frauen in der Gesellschaft. München
1981

Lising Pagenstecher
(Homosexuelles) Coming out, ein lebenslanger Prozeß.
in: Dokumentation der Tagung Frauenforschung in den Sozialwissenschaften, hrsg.
vom Arbeitskreis München der Sektionsini-
tiative „Frauenforschung in den Sozialwissenschaften". München, Oktober 1978,
hektographiert, S. 1—16

Peplau, Cochran, Rook, Padesky
Loving Women: Attachment and Autonomy
in Lesbian Relationship.
in: Journal of Social Issues, Nr. 3, Vol. 34,
1978, S. 7—27

Elula Perrin
Nur Frauen können Frauen lieben. Der erotische Lebensroman einer Pariserin. München 1979 (franz. 1977)

Anna Petermann, Christine Darmstadt
Frauen in Kneipen.
in: Kursbuch 47, Berlin 1977, S. 57—69

Maurice Pinard
Massengesellschaft und politische Bewegungen. Eine neue Formulierung.
in: Walter R. Heinz und Peter Schöber
(Hrsg.), Theorien kollektiven Verhaltens.
Beiträge zur Analyse sozialer Protestaktionen und Bewegungen, Darmstadt und Neuwied 1972, Bd. 2, S. 129—148

Barbara Ponse
Identities in the Lesbian World, Westport,
London 1978

Otthein Rammstedt
Soziale Bewegung, Frankfurt 1978

Otthein Rammstedt
Theorie der Sozialen Bewegung.
in: Soziologische Analysen. Referate aus
den Veranstaltungen der Sektionen der
Deutschen Gesellschaft für Soziologie und
der ad-hoc-Gruppen beim 19. Deutschen
Soziologentag, Berlin 1979

Sharon M. Raphael
'Coming out': The Emergence of the Movement Lesbian. unveröffentlichte Dissertation. Case Western Reserve University (Cleveland/Ohio), 1974

Horst Eberhard Richter
Die Gruppe. Hoffnung auf einen neuen Weg. sich selbst und andere zu befreien. Psychoanalyse in Kooperation mit Gruppeninitiativen. Hamburg 1972

David Riesman u. a.
Die einsame Masse. Eine Untersuchung der Wandlungen des amerikanischen Charakters. Reinbek 1958

Ruth Margarete Roellig
Berlins lesbische Frauen, Leipzig o. J. (1928 oder 1929)

Ray Rogers
Human Love in Action. An Informative Analysis with Constructive Concepts for Change. The Migrant Farmworkers. Hunger and the Welfare System. Activism and Social Change. o. O. (Washington) 1971

Siegrid Schäfer, Gunter Schmidt
Weibliche Homosexualität. Dokumentation und Ergebnisse einer Untersuchung an homosexuellen und bisexuellen Frauen in der BRD. Institut für Sexualforschung. Hamburg. 1973. hektographierte Ausgabe

Siegrid Schäfer
Sexuelle und soziale Probleme von Lesbierinnen in der BRD.
in: Eberhard Schorsch, Gunter Schmidt (Hrsg.). Ergebnisse zur Sexualforschung, Frankfurt, Berlin, Wien 1976

Herrad Schenk
Die feministische Herausforderung. 150 Jahre Frauenbewegung in Deutschland, München 1980

Rolf Schwendter
Theorie der Subkultur, Köln 1973

Georg Simmel
Soziologie. Untersuchungen über die Formen der Vergesellschaftung. Leipzig 1908

Philip E. Slater
Mikrokosmos: Eine Studie über Gruppendynamik, Frankfurt 1978 (amerik. 1966)

Seymour Spilerman
The Causes of Racial Disturbance: A Comparison of Alternative Explanations,
in: American Sociological Review, Nr. 4, Vol. 35. August 1970, S. 627—649

Roxanna Thayer Sweet
Political and Social Action in Homophile Organizations. New York 1975

Donna M. Tanner
The Lesbian Couple, London 1978

Gunther Teubner
Organisationsdemokratie und Verbandsverfassung. Tübingen 1978

Ferdinand Tönnies
Gemeinschaft und Gesellschaft. Neuausgabe Darmstadt 1979

Neil Tuller
Couples: The Hidden Segment of the Gay World,
in: Journal of Homosexuality, Nr. 4, Vol. 3, Summer 1978. S. 331—343

Bert Useem
Solidarity Model, Breakdown Model, and the Boston Anti-Busing Movement,
in: American Sociological Review, Vol. 45, (June) 1980. S. 357—369

Jeffrey Weeks
Coming out. Homosexual Politics in Britain, from the Nineteenth Century to the Present, London, Melbourne, New York 1977

Carl Friedrich Otto Westphal
Die conträre Sexualempfindung. Symptom eines neuropathischen (psychopathischen) Zustandes,
in: Archiv für Psychiatrie und Nervenkrankheiten, 1. Heft, II. Band, Berlin 1868, S. 73—108; wiederabgedruckt in Joachim S. Hohmann, Der unterdrückte Sexus, Lollar/Lahn 1977

Deborah Goleman Wolff
The Lesbian Community, Berkeley, Los Angeles, London 1979

Mayer N. Zald, Roberta Ash
Organisationsformen sozialer Bewegungen. Wachstum, Zerfall und Wandel.
in: Walter R. Heinz und Peter Schöber (Hrsg.), Theorien kollektiven Verhaltens. Beiträge zur Analyse sozialer Protestaktionen und sozialer Bewegungen. Darmstadt und Neuwied 1972, Bd. 2, S. 7—44

Zeitschriften und Reihen

Lesbenfront
Schweizer Zeitschrift, erscheint seit Oktober 1975 unregelmäßig, Zürich

Lesbenpresse
erscheint seit 1975 unregelmäßig in Berlin-West, vom Lesbenpresse-Kollektiv

Lesbenstich
erscheint seit 1980 zweimonatlich in Dortmund, vom Lesbenpresse-Verlag Dortmund

Unsere kleine Zeitung (UKZ)
Zeitung der Gruppe L 74: Die erste und bisher als einzige regelmäßig erscheinende Lesbenzeitschrift in der Bundesrepublik Deutschland und Berlin-West, erscheint seit 1975 monatlich

Die zahllosen Artikel aus diesen Zeitschriften, die in dieser Arbeit mitverwendet wurden, sind nicht in das Literaturverzeichnis aufgenommen worden. Sie finden sich mit detaillierten Angaben in den Anmerkungen.

Beiträge zur Sommeruniversität für Frauen:

Frauen und Wissenschaft
Beiträge zur Berliner Sommeruniversität für Frauen, Juli 1976; hrsg. von der Gruppe Berliner Dozentinnen, Berlin 1977

Frauen als bezahlte und unbezahlte Arbeitskräfte
Beiträge zur 2. Berliner Sommeruniversität für Frauen, Oktober 1977, hrsg. von der Dokumentationsgruppe der Sommeruniversität e. V., Berlin 1978

Frauen und Mütter
Beiträge zur 3. Sommeruniversität von und für Frauen, Oktober 1978, hrsg. von der 3. Sommeruniversität für Frauen 1978 e. V., Berlin 1978

Autonomie oder Institution
über die Leidenschaft und Macht von Frauen. Beiträge zur 4. Sommeruniversität der Frauen — Berlin 1979, hrsg. von der Dokumentationsgruppe der Sommeruniversität der Frauen e. V., Berlin 1981

Foto: Edeltraud Veidt, Berlin

Ilse Kokula, geboren 1944, ist Sozialarbeiterin und Erziehungswissenschaftle-
rin. Sie promovierte u. a. mit der vorliegenden Arbeit 1982 an der Universität
Bremen. Neben ihrer Berufstätigkeit war sie Lehrbeauftragte an der PH und TU
Berlin für den Bereich Frauenbewegung und Sozialarbeit.

   Bisherige Veröffentlichungen: „Der Kampf gegen Unterdrückung. Materialien
aus der deutschen Lesbierinnenbewegung'' und „Weibliche Homosexualität
um 1900 in zeitgenössischen Dokumenten'' sowie Aufsätze in Fachzeitschrif-
ten und journalistische Arbeiten.

   Ilse Kokula ist seit zehn Jahren in der Frauen- und Homosexuellenbewegung
aktiv.

Diese Arbeit hat dem Promotionsausschuß ,,Dr. phil.''
der UNIVERSITAT BREMEN als Dissertation unter dem Titel
,,Selbsthilfe und Selbstorganisation''
vorgelegen.
An dem Promotionsverfahren haben
Prof. Dr. Dr. Rüdiger Lautmann (Bremen)
und Prof. Dr. Christina Thürmer-Rohr (Berlin-West)
als Gutachter mitgewirkt.
Das Colloquium hat am 28. Juni 1982 stattgefunden.

Verlag rosa Winkel

Manfred Herzer

Verzeichnis

des deutschsprachigen
nichtbelletristischen
Schrifttums zur
weiblichen
und männlichen

Homosexualität
aus den Jahren
1466 bis 1975
in chronologischer
Reihenfolge

Bibliographie
ISBN 3-921 495-25-3
255 Seiten Ln. 110,- DM

Sozialwissenschaftliche
Studien zur Homosexualität
Herausgegeben von Rüdiger Lautmann

2

Jutta Brauckmann
**Weiblichkeit, Männlichkeit
und Antihomosexualität**
Zur Situation
der lesbischen Frau

Verlag rosa Winkel

W.U. Eissler

Arbeiterparteien und Homosexuellenfrage

**Zur Sexualpolitik von SPD und KPD
in der Weimarer Republik**
ISBN 3-921 495-50-4
144 Seiten 5 Abbildungen 18,- DM

Sein Ergebnis: Die Parteien forderten
die Abschaffung von § 175, ohne die
Diskriminierung der Homosexuellen
beenden zu wollen.

Jutta Brauckmann

Weiblichkeit, Männlichkeit und Antihomosexualität

Zur Situation der lesbischen Frau
ISBN 3-921 495-51-2
92 Seiten 14,- DM

Ihr Ergebnis: Solange Sexualverhalten
den normierenden Kategorien von
Männlichkeit und Weiblichkeit
untergeordnet ist, werden lesbische
Frauen doppelt diskriminiert.

Rolf Pingel, Wolfgang Trautvetter

Partnerschaften homosexueller Männer

Eine empirische Untersuchung
ISBN 3-921 495-52-0
ca 100 Seiten 14,- DM

Die Autoren untersuchen mit sozialpsychologischen Methoden, wie
festbefreundete Homosexuelle
zusammenleben. Erstmals in der
Literatur gibt es darauf eine Antwort,
die auf der Befragung einer großen Zahl
schwuler Männer mit Partnerschafts-
erfahrung beruht.

**Zu unserem
Programm gibt es
einen ausführlichen
Prospekt, den wir
auf Anfrage
gern zuschicken.**

Postfach 620 604 D 1000 Berlin 62